国家出版基金项目

NATIONAL PUBLICATION FOUNDATION

中宣部2022年主题出版重点出版物

“十四五”国家重点图书出版规划项目

纪录小康工程

全面建成小康社会

江西大事记

JIANGXI DASHIJI

本书编写组

江西人民出版社
Jiangxi People's Publishing House
全国百佳出版社

出版总监：张德意　梁　菁
项目协调：余　晖　李月华
责任编辑：汪维国　王珊珊　徐　旻
封面设计：石笑梦　章　雷　游　珑
版式设计：胡欣欣　章　雷
责任印制：潘　璐

图书在版编目（CIP）数据

全面建成小康社会江西大事记 /《全面建成小康社会江西大事记》编写组编 .—南昌：江西人民出版社，2022.10
（“纪录小康工程”地方丛书）
ISBN 978－7－210－13996－6

Ⅰ.①全…　Ⅱ.①全…　Ⅲ.①小康建设－大事记－江西　Ⅳ.①F127.56

中国版本图书馆 CIP 数据核字（2022）第 097440 号

全面建成小康社会江西大事记
QUANMIAN JIANCHENG XIAOKANG SHEHUI JIANGXI DASHIJI

本书编写组

江西人民出版社　出版发行
（330006　江西省南昌市三经路 47 号附 1 号）

南昌市红星印刷有限公司印刷　新华书店经销

2022 年 10 月第 1 版　2022 年 10 月南昌第 1 次印刷
开本：710 毫米 ×1000 毫米　1/16　印张：21
字数：270 千字

ISBN 978－7－210－13996－6　定价：72.00 元

邮购地址 330006　江西省南昌市三经路 47 号附 1 号
江西人民出版社发行部　电话：（0791）86898815

赣版权登字－01－2022－260

总 序

为民族复兴修史 为伟大时代立传

小康，是中华民族孜孜以求的梦想和夙愿。千百年来，中国人民一直对小康怀有割舍不断的情愫，祖祖辈辈为过上幸福美好生活劳苦奋斗。“民亦劳止，汔可小康”“久困于穷，冀以小康”“安得广厦千万间，大庇天下寒士俱欢颜”……都寄托着中国人民对小康社会的恒久期盼。然而，这些朴素而美好的愿望在历史上却从来没有变成现实。中国共产党自成立那天起，就把为中国人民谋幸福、为中华民族谋复兴作为初心使命，团结带领亿万中国人民拼搏奋斗，为过上幸福生活胼手胝足、砥砺前行。夺取新民主主义革命伟大胜利，完成社会主义革命和推进社会主义建设，进行改革开放和社会主义现代化建设，开创中国特色社会主义新时代，经过百年不懈奋斗，无数中国人摆脱贫困，过上衣食无忧的好日子。

特别是党的十八大以来，以习近平同志为核心的党中央统揽中华民族伟大复兴战略全局和世界百年未有之大变局，团结带领全党全国各族人民统筹推进“五位一体”总体布局、协调推进“四个全面”战略布局，万众一心战贫困、促改革、抗疫情、谋发展，党和国家事业取得历史性成就、发生历史性变革。在庆祝中国共产党成立100周年大会上，习近平总书记庄严宣告：“经过全党全国各族人民持续奋斗，我们实现了第一个百年奋斗目标，在中华大地上全面建成了小康社会，历史性地解决了绝对贫困问题，正在意气风发向着全面建成社会主义现代化强国的第二个百年奋斗目标迈进。”

这是中华民族、中国人民、中国共产党的伟大光荣！这是百姓的福祉、国家的进步、民族的骄傲！

全面小康，让梦想的阳光照进现实、照亮生活。从推翻“三座大山”到“人民当家作主”，从“小康之家”到“小康社会”，从“总体小康”到“全面小康”，从“全面建设”到“全面建成”，中国人民牢牢把命运掌握在自己手上，人民群众的生活越来越红火。“人民对美好生活的向往，就是我们的奋斗目标。”在习近平总书记坚强领导、亲自指挥下，我国脱贫攻坚取得重大历史性成就，现行标准下9899万农村贫困人口全部脱贫，建成世界上规模最大的社会保障体系，居民人均预期寿命提高到78.2岁，人民精神文化生活极大丰富，生态环境得到明显改善，公平正义的阳光普照大地。今天的中国人民，生活殷实、安居乐业，获得感、幸福感、安全感显著增强，道路自信、理论自信、制度自信、文化自信更加坚定，对创造更加美好的生活充满信心。

全面小康，让社会主义中国焕发出蓬勃生机活力。经过长期努力特别是党的十八大以来伟大实践，我国经济实力、科技实力、国防实力、综合国力跃上新的大台阶，成为世界第二大经济体、第一大工业国、第一大货物贸易国、第一大外汇储备国，国内生产总值从 1952 年的 679 亿元跃升至 2021 年的 114 万亿元，人均国内生产总值从 1952 年的几十美元跃升至 2021 年的超过 1.2 万美元。把握新发展阶段、贯彻新发展理念、构建新发展格局、推动高质量发展，全面建设社会主义现代化国家，我们的物质基础、制度基础更加坚实、更加牢靠。全面建成小康社会的伟大成就充分说明，在中华大地上生气勃勃的创造性的社会主义实践造福了人民、改变了中国、影响了时代，世界范围内社会主义和资本主义两种社会制度的历史演进及其较量发生了有利于社会主义的重大转变，社会主义制度优势得到极大彰显，中国特色社会主义道路越走越宽广。

全面小康，让中华民族自信自强屹立于世界民族之林。中华民族有五千多年的文明历史，创造了灿烂的中华文明，为人类文明进步作出了卓越贡献。近代以来，中华民族遭受的苦难之重、付出的牺牲之大，世所罕见。中国共产党带领中国人民从沉沦中觉醒、从灾难中奋起，前赴后继、百折不挠，战胜各种艰难险阻，取得一个个伟大胜利，创造一个个发展奇迹，用鲜血和汗水书写了中华民族几千年历史上最恢宏的史诗。全面建成小康社会，见证了中华民族强大的创造力、坚韧力、爆发力，见证了中华民族自信自强、守正创新精神气质的锻造与激扬，实现中华民族伟大复兴有了更为主动的精神力量，进入不可逆转的历史进程。今天，我们比历史上任何时期都更接近、更有信心和能力实现中华民族伟大复兴的目标，中国人民的志气、骨气、底气极大增强，奋进新征程、建功新时代有着前所未有的历史主动精神、历史创造精神。

全面小康，在人类社会发展史上写就了不可磨灭的光辉篇章。中华民族素有和合共生、兼济天下的价值追求，中国共产党立志于为人类谋进步、为世界谋大同。中国的发展，使世界五分之一的人口整体摆脱贫困，提前十年实现联合国2030年可持续发展议程确定的目标，谱写了彪炳世界发展史的减贫奇迹，创造了中国式现代化道路与人类文明新形态。这份光荣的胜利，属于中国，也属于世界。事实雄辩地证明，人类通往美好生活的道路不止一条，各国实现现代化的道路不止一条。全面建成小康社会的中国，始终站在历史正确的一边，站在人类进步的一边，国际影响力、感召力、塑造力显著提升，负责任大国形象充分彰显，以更加开放包容的姿态拥抱世界，必将为推动构建人类命运共同体、弘扬全人类共同价值、建设更加美好的世界作出新的更大贡献。

回望全面建成小康社会的历史，伟大历程何其艰苦卓绝，伟大胜利何其光辉炳耀，伟大精神何其气壮山河！

这是中华民族发展史上矗立起的又一座历史丰碑、精神丰碑！这座丰碑，凝结着中国共产党人矢志不渝的坚持坚守、博大深沉的情怀胸襟，辉映着科学理论的思想穿透力、时代引领力、实践推动力，镌刻着中国人民的奋发奋斗、牺牲奉献，彰显着中国特色社会主义制度的强大生命力、显著优越性。

因为感动，所以纪录；因为壮丽，所以丰厚。恢宏的历史伟业，必将留下深沉的历史印记，竖起闪耀的历史地标。

中央宣传部牵头，中央有关部门和宣传文化单位，省、市、县各级宣传部门共同参与组织实施“纪录小康工程”，以为民族复兴修史、为伟大时代立传为宗旨，以“存史资政、教化育人”为目的，形成了数据库、大事记、系列丛书和主题纪录片 4 方面主要成果。目前已建成内容全面、分类有序的 4 级数据库，编纂完成各级各类全面小康、脱贫攻坚大事记，出版“纪录小康工程”丛书，摄制完成纪录片《纪录小康》。

“纪录小康工程”丛书包括中央系列和地方系列。中央系列分为“擘画领航”“经天纬地”“航海梯山”“踔厉奋发”“彪炳史册”5 个主题，由中央有关部门精选内容组织编撰；地方系列分为“全景录”“大事记”“变迁志”“奋斗者”“影像记”5 个板块，由各省（区、市）和新疆生产建设兵团结合各地实际情况推出主题图书。丛书忠实纪录习近平总书记的小康情怀、扶贫足迹，反映党中央关于全面建成小康社会重大决策、重大部署的历史过程，展现通过不懈奋斗取得全面建成小康社会伟大胜利的光辉历程，讲述在决战脱贫攻坚、决胜全面小康进程中涌现的先进个人、先进集体和典型事迹，揭示辉煌成就和历史巨变背后的制度优势和经验启示。这是对全面建成小康社会伟大成就的历史巡礼，是对中国共产党和中国人民奋斗精神的深情礼赞。

历史昭示未来，明天更加美好。全面建成小康社会，带给中国人民的是温暖、是力量、是坚定、是信心。让我们时时回望小康历程，深入学习贯彻习近平新时代中国特色社会主义思想，深刻理解中国共产党为什么能、马克思主义为什么行、中国特色社会主义为什么好，深刻把握“两个确立”的决定性意义，增强“四个意识”、坚定“四个自信”、做到“两个维护”，以坚如磐石的定力、敢打必胜的信念，集中精力办好自己的事情，向着实现第二个百年奋斗目标、创造中国人民更加幸福美好生活勇毅前行。

目　录

一九四九年

10月1日 中共江西省委、江西省人民政府、江西省军区联合致电中央人民政府，祝贺中华人民共和国诞生，祝贺中央人民政府成立，祝贺毛泽东担任中央人民政府主席，祝贺周恩来、朱德分别担任中央人民政府政务院总理和中国人民解放军总司令。

11月29日 江西省第一届教育行政会议在南昌召开。会议明确教育方针、任务，解决教育经费问题，以便有计划、有步骤地恢复发展学校教育和社会教育，建立全省教育的基础。

是年 赣粤、赣浙、赣闽等干线公路修复通车。

一九五〇年

2 月 25 日　中共江西省委党校成立，4 月 29 日省委党校第一期开学。

3 月 5 日　省政府制订年度全省小型灌溉工程计划，预定在 82 个县修建小型农田水利工程 2460 座，每县平均 30 座。

8 月 27 日—9 月 6 日　江西省首届各界人民代表会议在南昌召开。各界人民代表会议代行省人民代表大会职权。会议选举产生省各界人民代表会议协商委员会，陈正人当选为主席。各民主党派、各地区、部队、各人民团体、各界及特邀代表 825 人出席会议。此次会议是江西省历史上第一次由全省各界人民代表参加的、真正意义上的参政议政大会。

一九五一年

4 月 10 日　省首届文学艺术工作者代表大会召开。

8 月 6 日　受中央委托，谢觉哉率中央人民政府南方老革命根据地访问团一行 319 人来江西慰问老区人民，并代表中共中央赠送中共中央主席毛泽东亲笔题词“发扬革命传统，争取更大光荣”。

11 月 22 日　省政府及南昌市政府机关、省内各民主党派、各大专学校组织 1100 人的工作队，分赴各乡村进行土地改革工作。

一九五二年

年初 省财政经济委员会编制江西省第一个综合性国民经济计划《1952年江西省国民经济计划》。

5月26日 省政府发布《关于开展造林护林运动的指示》。

5月 庐山登山公路修建工程开工，次年8月1日竣工通车。

10月1日 全省第一个初级农业生产合作社——永修县陈翊科初级农业合作社成立。

11月17日 省委、省政府发布《关于推行速成识字法，开展扫除文盲运动的联合指示》。

一九五三年

1 月初　江西开始执行第一个国民经济五年计划，全省工业以基本建设为中心，农业以合作化为中心。

1 月　大吉山、西华山、岿美山三大钨矿列入国家第一个五年计划苏联援建的重点工程项目。

2 月 20 日　中共中央主席毛泽东自武汉乘船深夜抵九江。次日，毛泽东在省委第一书记等陪同下视察九江。这是中共中央主席毛泽东在新中国成立后首次来江西。

5 月 10 日　中国新民主主义青年团江西省首届代表大会在南昌开幕，17 日结束。大会选出新青团江西省委员会。会议提出，团的一切工作必须服务生产、围绕生产，把带领团员青年为经济建设作贡献作为长期的中心工作。

5 月 23 日　省委发布《关于加强处理人民群众来信，接见人民群众来访工作的指示》，要求各级党委重视这一工作，配备专职或兼职干部，设立专门机构，分析、研究、综合一定时期群众来信来访的内容。

7 月 1 日　全省开展第一次人口普查。经普查，1953 年末全省人口为 1695. 25 万人。

11 月 9 日　江西师范学院举行开学典礼。该院系以南昌大学师范部为基础，新组建的一所高等师范院校。

12 月　井冈山革命烈士纪念塔和烈士墓建成。

一九五四年

3月24日 省委发布《关于大力开展爱国增产运动的指示》，要求切实帮助农民解决生产与生活资料的困难，加强技术指导，改进耕作技术，以互助合作组织为基础，开展全省性增产运动。

4月2日 中国人民解放军总司令朱德来到南昌视察国营三二〇厂（洪都机械厂）。

6月 庐山森林公园建立。

7月3日 国营三二〇厂（洪都机械厂）制造的中国第一架飞机"初教-5"在南昌首飞成功。8月1日，中共中央主席毛泽东亲笔写信嘉勉："这在建立我国的飞机制造业和增强国防力量上都是一个良好的开端。"

7月11日—22日 江西省第一届人民代表大会第一次会议在南昌召开。会议通过《江西省人民政府关于五年来施政工作报告》等决议，选举产生出席第一届全国人民代表大会代表21人。

7月22日 江西省革命烈士纪念堂举行落成典礼。

10月15日 江西省首届人民体育运动会在南昌召开，21日结束。

12月1日 庐山气象站建立并开始地面气象观测。此为江西省第一个高山气象站。

一九五五年

1月17日—19日 中国人民政治协商会议江西省第一届第一次会议举行。会议通过有关决议，选举产生政协江西省第一届委员会。2月22日，省委发布《关于设立各级地方政协的几个问题的通知》，要求各市、县建立政协组织及办事机构。随后，全省各级地方政协组织普遍建立起来。

1月19日 省农业厅召开全省首届农业技术会议，要求积极筹建区域性农业试验站。

2月9日 江西省人民委员会成立，行使原江西省人民政府职权。

4月22日 江西省第一次自然科学工作者代表会议在南昌召开。

7月15日—8月3日 中共江西省第四次代表会议召开。会议审议通过《江西省发展国民经济第一个五年计划（草案）》，选举成立了省监察委员会。

10月 由98名青年组成的上海第一支志愿垦荒队来到德安县八里乡九仙岭开荒垦殖。11月，团中央书记处书记胡耀邦慰问垦荒队队员并题写“共青社”社名。经过50多年发展，共青城市于2010年成立，成为江西省第100个县级行政区。

11月24日 中共中央主席毛泽东在向西火车站专列上接见省委第一书记、省长以及部分江西省领导人，并详细询问鄱阳湖湖区血吸虫病及江西地方性疾病等情况。

一九五六年

1月6日 省人委决定成立江西省血吸虫病防治委员会。18日，省血防委制订一年准备、三年战斗、一年扫尾的五年规划。

2月 省人委发布《关于大力发动和组织社会力量办学的指示》，要求各地大力发展民办小学，最大限度地满足边远地区群众子女入学需求。

6月 南昌柴油机厂试制成功2105型柴油机，获1957年莱比锡国际博览会金奖。

12月9日 全长697.72千米的中国“一五”计划铁路主干线江西鹰潭到福建厦门铁路全线通车。

是年 鹰潭车辆段动工兴建，1958年建成投产，1959年经铁道部批准为一等货车修理段。

一九五七年

1月1日 上海—杭州—南昌—广州民航班机通航。

5月25日 南昌2万多名青年在八一体育场集会,庆祝中国新民主主义青年团更名为“中国共产主义青年团”。

8月1日 八一起义纪念塔举行奠基仪式。

11月15日 江西麻纺厂施工兴建,其规模在全国同类厂中位列第二,设备位列第一。

11月30日 全国第一座大型坝内式厂房水电站——上犹江水电站正式发电,装机容量6万千瓦,成为赣南电力枢纽。

12月3日 省人委发布《关于建立社会主义林业基地——国营林、牧、农综合垦殖场的指示》。25日,省市各界举行10万余人大会,欢送省市机关、省直企事业单位6836名干部上山下乡,开发山区,建设山区,创办国营综合垦殖场。

一九五八年

4月25日 江西省第一台拖拉机——八一牌万能拖拉机在江西机械厂(后更名为江西拖拉机制造厂)研制成功。

4月28日 江西省第一台英雄牌三轮中型汽车在南昌汽车修造厂试制成功。

5月25日 省委在余江邓埠召开血防工作现场会,祝贺余江县首先消灭血吸虫病。6月30日,《人民日报》刊发《第一面红旗——记江西余江县根本消灭血吸虫病的经过》报道。中共中央主席毛泽东看到报道后"夜不能寐",于7月1日清晨写下著名诗篇《七律二首·送瘟神》。

6月9日 省委、省人委作出《关于创办江西省劳动大学的决定》。16日,江西省劳动大学定名为"共产主义劳动大学"。8月1日,设在南昌的共产主义劳动大学总校和井冈山、油山、大茅山等30个分校同时举行开学典礼,标志着一所以"半工半读"为特征的新型大学在江西诞生。1959年,国务院总理周恩来为共产主义劳动大学亲笔题写校名。1961年7月30日,共产主义劳动大学办学三周年之际,中共中央主席毛泽东致信赞扬。

6月14日 江西省哲学社会科学工作者第一次代表大会在南昌召开。大会通过《江西省哲学社会科学学会联合会章程(草案)》,选举产生第一届社联委员会,下属7个分会,有会员2000余人。

6月22日 江西工学院成立。随后,江西大学成立。

6月28日 省人委决定在全省范围内创办洪都大学、江西政法学院、江西水利学院、景德镇陶瓷学院、赣南工专、萍乡煤专、九江工专、上饶工专、吉安工专、抚州工专、南昌农专、赣南农专、九江农专、吉安农专、上饶农专、抚州农专、赣南医专、江西师资进修学院、赣南师专、吉安师专、上饶师专、抚州师专、南昌师专、九江师专、南昌红专大学等大专院校。

7月18日—24日 江西省第一次科学工作会议在庐山召开。

9月23日 省人委决定,创办江西教育学院等8所高等院校。

9月 国家医药总局确定樟树为全国药材交流中心。10月,第一次全国药材交流大会在樟树召开,购销额达150万元。

一九五九年

4月5日—11日　省委、省人委召开中医中药工作会议，要求团结中西医力量，发扬祖国医学遗产，保障人民健康，创造新的医学学派。

7月11日　青云谱八大山人纪念馆开始兴建。

9月17日　南昌学生刘克珍获全运会射击竞赛第一名，创造全国自选小口径步枪50米和100米各30发卧射的新纪录。

9月　国务院总理周恩来、全国人大常委会委员长朱德于中共八届八中全会结束后抵达南昌，参观八大山人纪念馆和国营三二〇厂（洪都机械厂）。

10月　南昌至福州开行直通旅客快车，是赣闽两省铁路连通后开行的两省省会直通旅客快车。

一九六〇年

4月29日 赣抚平原综合开发水利工程竣工。该工程于1958年5月1日动工兴建,是江西省最大的一项农田灌溉工程,灌溉面积320万亩,其中有70万亩农田基本摆脱洪涝灾害,兴建电站装机容量1.5万千瓦。

5月20日 国家主席刘少奇外出考察路过萍乡、南昌,分别在萍乡火车站、南昌火车站与中共萍乡县委、萍乡县政府、萍乡矿务局负责人和中共江西省委负责人谈话。

9月1日 南昌至景德镇飞机航线开通。

9月 中共中央政治局决定在全国各大区成立6个中央局。中共江西省委隶属中共中央华东局。

10月下旬 国家副主席董必武到南昌、吉安、井冈山、赣州、瑞金、鹰潭等地考察。

11月中旬 全国工商联副主任荣毅仁到江西视察。

一九六一年

2月8日 中共中央主席毛泽东赴外地视察时路经江西，在向塘铁路专线停留一天，接见省委主要领导。

2月13日 全国人大常委会委员长朱德在江西视察，先后参观考察南昌八一起义纪念馆、新建县西山人民公社、江西拖拉机厂、江西电机厂、江西柴油机厂、洪都机械厂和江西共产主义劳动大学总校。

3月4日 国务院公布，八一起义指挥部旧址、井冈山革命遗址、瑞金革命遗址等为第一批全国重点文物保护单位。

3月31日—4月13日 中共江西省委召开三级干部工作会议，传达贯彻中共中央广州工作会议精神，讨论试行《农村人民公社工作条例（草案）》（即《农业六十条》），研究贯彻中共中央关于国民经济执行“调整、巩固、充实、提高”八字方针。

4月18日 中共中央主席毛泽东从湖南长沙抵达江西南昌，于19日晚在南昌滨江招待所接见古巴文化代表团。

同日 国务院总理周恩来视察八一起义纪念馆和八大山人纪念馆。

是年 江西地质局勘探大队赣东北队在横峰县发现钽铌矿，该矿是江西发现的第一个原生钽铌矿。

一九六二年

1月23日 省委、省人委发布《关于加强领导，发动群众，植树造林，绿化全省的指示》，提出争取在15年到20年的时间内，把全省一切宜林的荒山、荒地都栽起树来。

2月7日—3月3日 全国人大常委会委员长朱德在南昌、抚州、吉安、井冈山、景德镇、上饶等地视察。

2月18日—23日 中共中央主席毛泽东在南昌视察。

4月23日—29日 省委宣传部召开赣南区党委、各地（市）委宣传部长会议，传达国务院总理周恩来所作《论知识分子问题》报告。会议要求各级领导端正工作作风，尊重知识，尊重知识分子，以平等态度对待知识分子，妥善安排知识分子的工作。

6月9日 中共中央主席毛泽东在南昌视察，听取江西省军区汇报江西战备情况。

10月23日 江西省文物管理委员会考古队在万年大源公社发现古人类居住的仙人洞洞穴遗址。

12月28日—30日 全国人大常委会委员长朱德在南昌视察，听取中共江西省委汇报商业、外贸和农业生产情况。

一九六三年

1月1日　江西粮油食品进出口公司开始自营对香港、澳门地区出口活大猪、活鸡、活水产、水果、蔬菜等食品。

5月23日　省人委发布《关于加强全省各级水土保持委员会的决定》,成立江西省水土保持委员会。

6月30日　余江县经过5年10次全面复查钉螺,宣布消灭血吸虫病。

10月26日—28日　中共中央主席毛泽东在江西视察。

12月6日　江西省第一座宽银幕电影院——南昌洪都电影院改建竣工。

一九六四年

2月2日—5日 全国人大常委会委员长朱德在南昌视察。

4月14日 省人委批准创办10所省属职业学校：江西轻化工业职业学校、江西水电职业学校、江西商业职业学校、江西建筑职业学校、江西交通职业学校、江西电力职业学校、人民银行江西分行职业学校、江西对外贸易职业学校、江西粮食职业学校、江西合作商业职业学校。同时，全省各专区、南昌市、景德镇市也陆续创办了一批职业学校。

4月15日 中共中央华东局召开军工会议，明确江西作为华东地区的战略后方，是国家"小三线"建设的重点。7月5日，华东局发布《1965—1967年后方建设规划通知》，明确江西省"小三线"建设项目67个，总投资3.01亿元。

4月19日—22日 中共中央主席毛泽东在南昌等地视察。

6月6日 省人委决定成立政法、文教、财贸、农林4个办公室，统筹全省相关事宜。

8月中旬 江西省83座机电排灌站建成并投入使用。

同期 省电力局建成8条农业专用输电线路。

9月25日 江西自行设计和施工的江口水力发电站建成。该工程兼有发电、灌溉、防洪、航运、养鱼等综合利用功能。

一九六五年

2月22日　省市卫生部门举行大会,欢送江西省卫生厅组织的第一批医疗队到农村巡回防病治病。

3月31日　江西省第一条跨长江1万伏三回路水底电缆竣工送电。

7月29日　江西省中医学院首届本科(六年)和专科(五年)毕业生参加工作。这是江西省培养的第一批中医人才。

8月上旬　江西省各文艺剧团(队)组成农村文化工作队,分赴农村演出。

11月5日—30日　景德镇瓷器展览在北京中国美术馆举办,展出瓷器500多个品种3000多件,接待观众超10万人次。

12月24日　中共中央主席毛泽东在江西视察。

一九六六年

2 月 8 日　《江西日报》全文转载《人民日报》文章《县委书记的好榜样——焦裕禄》。10 日，中共江西省委发布通知，要求全省工人、农民、学生、干部学习焦裕禄。

2 月 16 日　江西省出口商品展览会举行。展览面积 3500 平方米，分畜产、茶叶、蚕桑、瓷器等 11 个展馆，展出 1600 多个品种，着重介绍江西出口农副土特产品。

5 月 10 日　根据煤炭工业部《关于在湖南江西两省开展煤田勘探会战的通知》，两省煤炭会战指挥部在湖南株洲成立。7 月，按照会战指挥部部署，在江西进行会战的地质勘探队共 3500 人陆续开展勘探。会战地区包括景德镇、萍乡等地。

10 月 3 日　中共江西省委号召全省人民学习大庆油田 32111 钻井队“一不怕苦，二不怕死”的精神。

一九六七年

8 月 26 日 《毛主席是我们心中的红太阳》大型摄影展览在南昌举行。

10 月 3 日—9 日 江西各地举行庆祝毛主席创建井冈山革命根据地四十周年纪念周活动。

一九六八年

是年　江西有色冶金勘探公司617队在赣县牛岭坳铌钽矿区的锂云母花岗岩中发现黄钇钽矿,为国内首次发现的新矿。

一九六九年

6月10日　井冈山黄洋界、朱砂冲、八面山、双马石、桐木岭5个地势险要的哨口公路修成通车。

6月28日—30日　中共中央主席毛泽东视察江西。

8月16日　湘赣煤田勘探会战结束。江西战区煤炭部、华东煤炭基建公司所属6个勘探工区和萍乡矿务局勘探队共投入钻机46台、3500人参加会战,历时3年3个月,完成钻探进尺393千米,提交最终地质报告19件,获得工业储量1.5亿余吨,远景储量1.2亿余吨。

11月11日　井冈山至韶山客运班车通车。

一九七〇年

3 月 30 日　江西地质局 909 大队在会昌县周田勘探出盐矿（后命名为“九二盐矿”），结束了江西不能产盐的历史。同年秋，915 地质队又在清江县（今樟树市）盆地发现储量达 100 亿吨以上的大盐矿，清江从此成为江西重要的盐业基地。

7 月 1 日　江西电视台成立，江西广播设备修造厂试制的 3 台 1 千瓦黑白电视发射机交付使用，10 月 1 日正式开播。至 1971 年基本建成全省电视转播网。

一九七一年

6 月 30 日 南昌市举行无轨电车通车典礼大会。该无轨电车南起包家花园，西北至八一桥头，全长 9.5 千米。

是年 江西省重工业局 908 大队在龙南稀土矿区白云母花岗岩中发现钛钇矿、氟碳钙钼矿和砷钇矿，为国内首次发现的新矿。

一九七二年

1月4日　江西电机厂制造出45000千瓦水轮发电机。

5月　江西省开展各种形式的活动，纪念毛泽东《在延安文艺座谈会上的讲话》发表30周年。

11月　瑞昌县发现西晋古墓，出土一批文物，有金器12件，铜器7件，铁器6件，青瓷器72件以及其他银、石、陶质器皿等总计100余件。在已发掘的西晋墓葬中，该墓室规模之大、出土文物之多在江西尚属首次。

一九七三年

1月　南昌市东郊塘山发掘3座西汉墓葬,出土文物200余件,其中铜俑和象牙剑饰属首次发现。

秋　清江县吴城村发现一处商代遗址,发掘出大量陶器和石器等文物。这是长江以南发现的大规模商代文化遗址。据考证,遗址的年代大体在商代中期到西周初期,距今3000多年。

12月26日　九江长江特大桥开工。铁路桥长7675米,公路桥长4460米。

一九七四年

3 月 省地矿局水文地质队编制 1∶50 万《江西省水文地质图》。该图 1979 年由地质出版社出版。

8 月 湘粤浙闽鄂徽赣 7 省边界护林联防会议在庐山举行，制定《闽浙赣、湘粤赣、皖鄂赣边界护林联防办法》。

9 月 18 日 柘林水电站至南昌斗门变电站的省内第一条 220 千伏输电线路投入运行。该线路由江西自行设计施工。

12 月 6 日 中国科学院、中共中央农村工作部在南昌召开南方 11 省红壤改良科研协作会。

一九七五年

3月13日—15日 省委召开各地委、市委工业书记会议，传达中共中央关于解决铁路问题的全国工业书记会议精神和中央领导对解决南昌铁路局问题的指示，研究贯彻中共中央《关于加强铁路工作的决定》。

4月29日 中共江西省委发布《关于在全省开展学习甘祖昌同志革命精神的决定》。

9月12日—28日 在第三届全运会上，江西运动员王芝梅打破女子小口径标准步枪60发卧射全国纪录，夺得金牌；雷源生在男子自选步枪60发卧射中获金牌；李小英获女子铅球第一名。

10月26日—29日 中共江西省委召开地委、市委书记及省直各办负责人会议，传达中共中央9月29日—10月21日农村工作座谈会精神，研究贯彻毛泽东的“三项指示”，搞好农村工作、加速工业发展、整顿各行各业、落实党的政策等。会后，江西开展全面整顿。

11月1日 北京—南昌—福州飞机航线开通。

一九七六年

8月2日 省委决定，成立江西省抗震救灾指挥部，负责支援河北省唐山、丰南地震灾区。4日，江西派出40人医疗队赴灾区。5日，120名医务人员前往唐山。此后，陆续派出多批医疗队和调集大批救灾物资到灾区。8月上旬，江西组织铁路抢修队赴唐山地震灾区协助救灾。江西商业、林业、运输、粮食系统紧急调运各种物资送往唐山。

11月11日 中共江西省委批转省建委《关于对九江油电工程的请示报告》。九江炼油厂和九江第二发电厂是国家兴建的重点工程，国家建委交由江西省施工。中共江西省委决定成立九江油电工程领导小组。

是年 江西省地质科学研究所等单位完成《江西省铜矿地质特征分布规律与找矿方向》研究报告。这是一份系统的铜矿地质勘探成果。

一九七七年

6月1日 国家重点工程九江油电工程建设全面开工。九江油电工程包括全省第一座炼油厂九江炼油厂和九江第二发电厂两个项目。它的兴建填补了江西石油工业的空白。

7月2日 省委召开全省向科学技术进军动员大会,要求全省军民努力攀登科学技术高峰,为在20世纪末全面实现四个现代化(工业现代化、农业现代化、国防现代化、科学技术现代化)而努力奋斗。

8月1日 南昌八一起义纪念塔开工兴建。

9月26日—11月3日 江西省高等学校招生工作会议在鹰潭召开,决定高校招生改变“文化大革命”期间不考试的做法,采取自愿报名、统一考试,坚持德、智、体全面衡量,择优录取的原则;成立江西省招生委员会。

12月3日—5日 江西举行恢复高考后的第一次文化考试。这次高考,江西大学、景德镇陶瓷学院等江西省内10所高等学校共招收新生6193人。

一九七八年

1月　江西境内微波通信干线工程建成，通往北京和全国各地的微波通信电路开通使用。

同月　丰城曲江发现南北朝至隋朝的青瓷古窑群。

2月17日　经国务院批准，江西共产主义劳动大学总校列为全国重点高等院校。

3月下旬　全省开展电力基建大会战。至5月中旬，分宜电厂、洪门水电厂、罗湾水电厂、新余电厂分别建成5万千瓦、7500千瓦、6000千瓦发电机组及22万伏电站。

3月31日　全国科学大会举行授奖仪式，江西的红壤低丘栽杉研究等5项科研成果获奖。

4月1日　经国务院批准，恢复南昌航空工业学院、抚州地质学院。10月，南昌航空工业学院在南昌挂牌成立，抚州地质学院在抚州挂牌成立。

4月中旬　省妇女保健院杨学志教授研究成功治疗早期宫颈癌新方法——中药药物锥切法，获卫生部中医药重大科技成果甲级奖。

7月7日　江西恢复高等院校招生全国统一考试，全省约20万人参加高考，全省各高校录取新生1.1万余名。

8月1日　南昌铁路局开通南昌至北京的直通旅客快车。

8月27日　中国物理学会在庐山召开年会。

9月19日　江西省科学大会在南昌召开。大会为478个先进集体、465名先进科技工作者、1058项优秀科技成果完成单位颁奖。

9月 江西运动员谌欣在保定全国田径运动会上，以1′1.5″的成绩刷新中国女子400米跨栏全国纪录。

11月11日 南昌铁路局管辖范围内的浙赣线大修换轨竣工。此次大修全部采用国产每米50公斤重型钢轨，其中95%以上是25米长钢轨，使线路接头比原来减少一半，列车时速由原来的65千米—75千米提高到80千米—100千米。

12月下旬 德兴发现特大铜矿，冶金部确定为9个有色冶金基地之一。

一九七九年

1月4日—23日 省委常委会召开扩大会议，传达贯彻中央工作会议和党的十一届三中全会精神，研究部署实行工作重点转移、加快社会主义现代化建设。会议决定从1月起，全省及时将工作重点转移到社会主义现代化建设上来。

1月8日 南昌八一起义纪念塔落成。

2月17日—3月16日 中国人民解放军边防部队被迫对越南进行自卫反击作战，江西各界做好后勤支援工作。在对越自卫反击战中，江西籍士兵获立功喜报1006份。

3月1日 国务院决定陆续提高18种农副产品收购价格。根据中共中央指示，江西提高粮棉油猪等21种农副产品的收购价格，平均提价幅度为28.26%，高于全国24.8%的平均水平。

3月10日 吉水黄桥发现大型泥炭矿。

4月中旬 江西男子体操运动员童非在罗马尼亚布加勒斯特举行的第22届国际体操邀请赛中获单杠冠军、鞍马亚军和男子个人全能第5名。

5月12日 三清山发现珍贵树种华东黄杉。

6月8日 江西首届井冈之春音乐会在南昌举行。

7月1日 萍乡矿务高坑煤矸石发电厂动工兴建。初期装机容量1.2万千瓦，后扩建为1.8万千瓦。1982年开始发电，到1985年全部建成。1987年获江西省优秀勘察设计一等奖，1988年获江西省科技进步二等奖。

7月 江西省参加第四届全国运动会体育代表团组成,代表团成员201人,马继孔任团长。该届全运会于9月15日在北京开幕、9月30日结束,江西省代表团参加16个项目的比赛,获金牌3枚、银牌5枚、铜牌5枚。

9月初 横贯永修、德安两县的大型水利工程柘林灌区建成放水,永修、德安两县和恒丰、云山等农场、林场的30余万亩农田受益。该工程于1973年动工,全长110千米。

9月21日 在全国妇联召开的表彰三八红旗手、三八红旗集体大会上,江西省陈花秀、吴丽芳、钟华英、汪桂英和万年县珠田公社妇联荣获"全国三八红旗手""全国三八红旗集体标兵"称号。

9月28日 国务院嘉奖江西省3个先进企业和5名劳动模范,即江西横峰纺织器材厂、国营江西无线电厂、江西氨厂以及瞿兰香、曾凡桂、张荣祥、李洪定、严挹非。

10月12日—16日 江西省第一届盲人聋哑人代表大会召开,共有132位代表出席。会议讨论了《中国盲人聋哑人协会章程》,选举产生江西省第一届盲人聋哑人协会,选出11名代表出席全国第三届盲人聋哑人代表大会。

10月 南昌至九江、宜春、抚州、萍乡的公路全部铺压柏油。该工程于本年1月开始动工。

12月28日 国务院嘉奖农业、财贸、教育、卫生、科研战线的全国先进单位和全国劳动模范。江西省南昌县小港公社、新干县洋湖公社、广昌县千善公社、彭泽县棉船公社、资溪县株溪林场东风大队、余江县平定公社蓝田大队、景德镇市南安公社陈家坂生产队、国营红星垦殖场等单位以及彭光贤、江善讲、刘细珠、万招香、颜龙安等个人受到国务院嘉奖。

一九八〇年

1月5日 新成立的江西省人民政府举行首次会议,宣布省政府职权,省长、副省长分工,省政府各部门机构设置及人事任免等。

2月22日 省第五届人大第二次会议通过《关于县级直接选举工作的决定》。

2月下旬 江西大学等省内各大专院校开始招收研究生。

2月 全省计划生育工作会议召开,提出全省计划生育工作的重点要转变为一对夫妇只生一个孩子,使全省人口自然增长率下降到10‰。

3月19日 江西全省血防工作会公布:全省钉螺面积解决80%,血吸虫病人治愈70%。在34个血吸虫病流行县中,有21个县基本消灭血吸虫病。

4月1日 经国务院批准,九江港正式成为对外贸易港口。

同日 省委宣布,革命老根据地生产队人均口粮不足225公斤的免去粮食征购任务。1986年3月27日,省政府决定起购点由225公斤提高到250公斤。

4月16日 新余钢厂试验成功贫锰矿用高炉二步法冶炼锰铁。

5月1日 江西全省古籍善本书编目工作完成,此工作自1978年4月开始。全省有44个单位收藏古籍善本书1283部,共16968册。其中宋刻本3部,元刻本16部,明刻本359部,抄稿本69部。

5月4日 省委、省政府、省军区在宁冈砻市举行井冈山会师纪念碑落成典礼。井冈山会师纪念馆同时开馆。

6月上旬 江西研制的水稻良种“籼优二号”通过全国杂交水稻最佳品种鉴定。

6月11日 省委决定，为加快老区建设，成立江西省革命老根据地建设委员会。该委员会于7月2日挂牌。

同月 江西省科学技术人员技术职称评定委员会成立。评委会每届任期3年。本届委员167人，常务委员31人。

7月1日 邮电部全国邮政编码会议决定，江西全省开始推行邮政编码制度。

7月3日 省政府举行首批特级教师命名大会，向全省首批31名小学、中学和师范学校特级教师颁发证书。

7月30日 全国最大的铜冶炼企业——贵溪冶炼厂开工兴建，打响了江西铜基地建设第一枪。1986年4月16日，贵溪冶炼厂正式投产。

8月14日 江西酒类评比会选出四特酒等10种酒为“江西名酒”。

9月1日 全国第三次质量月广播电视大会上，江西省4种产品获国务院金质和银质奖章：景德镇艺术瓷厂生产的福寿牌粉彩瓷、黎明制药厂生产的磺胺甲基异噁唑获金质奖；横峰纺织器材厂的工农牌1511型自动换梭式缩木梭、宜春风动工具厂的山花牌YN30A内燃凿岩机获银质奖。

9月18日 江西省畜牧良种场生产的英雄牌奶粉被评为全国特级产品。

10月3日 中共江西省委举行常委会会议，研究贯彻9月中共中央召开的省、市、自治区党委第一书记会议精神和中共中央《关于进一步加强和完善农业生产责任制的几个问题的通知》。会后，全省农村推广专业承包、联产计酬责任制。

11 月 1 日　樟树举办药材交流会，全国 28 个省、202 个地区派代表参加。

11 月 7 日—10 日　省政府召开全省地名工作会议，学习国务院颁发的《关于地名命名、更名的暂行规定》，审议江西省《地名工作十年规划（草案）》和《地名管理暂行办法（草案）》，部署地名普查工作。

11 月　江西共产主义劳动大学更名为“江西农业大学”。

12 月 8 日—11 日　中共中央总书记胡耀邦在赣州、吉安、南昌等地考察，要求认真做好农村发展多种经营工作。

12 月 18 日　江西省省长办公会议批准 141 名科技工作者晋升为高级工程师、副教授、副研究员、正副主任医师。

一九八一年

1月18日 省政府发出通知，要求切实把扶贫工作与扶助经济不发达的革命老根据地密切结合起来，将扶贫工作的重点放在革命老根据地的穷队上。

3月12日 省委发布《关于广泛深入持久地开展文明礼貌活动的通知》，要求在全省开展以“五讲”和“四美”为主要内容的文明礼貌活动，并抓好宣传和教育工作，营造全社会都来讲文明懂礼貌的风气。

3月18日 省政府举行1980年全省优秀科学技术成果授奖大会，共有88项科研成果获奖。

4月6日—9日 省委召开地、市、县委书记座谈会，肯定包产到户、包干到户等生产责任制有利于改变贫困落后面貌，提出要因地制宜落实农村生产责任制。

6月10日—7月10日 全省妇幼卫生展览举行，分妇女卫生、儿童保健、计划生育技术指导三部分展出共计200余件作品。

6月底 全省县级直接选举工作结束。江西80个县、6个市、16个区共选出人民代表30797名。

7月 省委常委会召开扩大会议，肯定包产到户和包田到户的做法，要求各地不唯书、不唯上、只唯实。1981年夏秋后，全省多数生产队实行包产到户和包田到户。

8月17日 省政府颁布《江西省婚姻办法实施细则》。

9月21日—27日 1981年全国体操锦标赛在南昌举行。这是

1965 年全国体操健将级比赛及 1973 年全国少年体操比赛以后，江西省承办的规模最大的一次全国性体操比赛。

10 月 12 日—22 日　由地质部、亚太经济合作理事会联合举办的钨矿地质国际讨论会在南昌召开。出席会议的有 14 个国家知名学者，会后出版《钨矿、地质论文集》。

10 月 18 日　省政府颁布决定，对超额出售粮食、棉花、油料、生猪给国家的农户给予优质工业品的奖励。11 月下旬，南昌县农民罗振华卖给国家粮食 4 万余斤，南昌县政府奖励 1 辆自行车、1 台缝纫机、1 块手表。

11 月 10 日—13 日　中共中央政治局委员王震到红星垦殖场、江西省军区和南昌陆军学院考察。

12 月 4 日　皖赣铁路全线通轨。

一九八二年

2月7日　中国科学院南方山区综合考察队建议把赣南建成中国柑橘种植重点地区。

2月19日　省政府颁发《江西省政府关于开展全民义务植树运动的若干规定》。

2月25日　省委批转省委办公厅、省委宣传部《关于开展全民文明礼貌月活动的意见》,决定按照中宣部的通知,在3月份开展全民文明礼貌月活动。

3月4日　省委发布《关于贯彻执行以大力支持个体种植为主、集体专业承包发展种植为辅的方针,积极发展柑橘生产的决定》。

3月24日　江西省国库券推销委员会成立。1982年国家分配给江西省9450万元国库券任务。

3月29日　省政府决定每年4月1日—7日为全省爱鸟周。

春　全省农村绝大部分生产队建立农业生产责任制,实行包产到户、包田到户。

4月25日—29日　全省殡葬改革工作会议召开,传达全国殡葬改革工作会议精神,要求全面贯彻殡葬改革方针,破除陋习,整顿殡葬单位,改善经营管理。

5月上旬　江西各地开始编纂地名志。

5月20日　连接江西电网和华中电网的鄂赣220千伏输电线路工程江西段开工兴建。鄂赣联网输电线路从湖北省下陆至江西省柘林,全长155千米。全线分江西段和湖北段,江西段为88千米。

5月27日 在意大利国际体操赛中,江西运动员童非获男子全能冠军。

6月2日 全省名茶评审会选出江西八大名茶,包括庐山云雾、婺源茗眉、井冈翠绿、定南天花、遂川狗牯脑、宁都小布岩、修水双井绿、丰城罗峰。

6月26日 江西科技会议确定把治理和利用鄱阳湖列为1982年重点科研项目。同年10月,省政府成立鄱阳湖综合科学考察领导小组,组织全省各系统、各部门开展鄱阳湖综合科学考察。

7月4日 省政府发布《关于大力发展社队企业若干问题的决定》。

9月21日 抚州玉茗堂剧院落成。10月22日在该剧院举行纪念汤显祖逝世366周年纪念会。

9月27日 九江炼油厂首批石油产品3000吨出口日本。

9月28日 在庐山发现香果树,这种树被称为"植物活化石"。

10月16日 江西农业大学培育的杂交水稻良种"赣化二号"最高亩产达941.1公斤,创全国单产纪录。

10月31日 江西省人口普查领导小组公布,江西人口数为3318.48万人。

11月 经中共中央宣传部和全国人大常委会办公厅批准,中共江西省委宣传部等在瑞金召开中华苏维埃共和国临时中央政府成立50周年学术讨论会,全国各地代表200余人出席。

12月4日 皖赣铁路全线铺通并开始营运。铁路全长551千米,北起安徽芜湖,南至江西贵溪。

12月 全省1.6万名农村"赤脚医生"领到"乡村医生证"。

一九八三年

1月7日　江西省中、小学教师15.5万人得到调资升级。

1月下旬　国务院批准井冈山为国家级旅游区。

2月11日　省委召开省直机关党员负责干部大会，传达中共中央总书记胡耀邦在1月份全国职工思想政治工作会议上所作的《四化建设和改革的问题》报告。

2月24日　中共江西省委、江西省人民政府发布《关于加快商业改革的通知》。

3月12日　省委宣传部举行纪念马克思逝世一百周年学术报告会。

4月27日　国务院批准成立中国江西经济技术合作公司，这是一家具有从事对外承包工程和劳务合作经营权的企业。

5月9日　省政府经济研究中心成立。该中心是咨询研究机构，由省内部分社会科学和自然科学研究单位、大专院校、省政府各部门的研究机构联合组成。

5月14日　省委发布《关于广泛开展学习宣传张海迪活动的通知》，要求全省认真贯彻中共中央关于向张海迪学习的指示，广泛开展学习宣传张海迪活动。

5月　全省开始在国营工业企业实行承包责任制。

6月13日　省政府批转省林业厅《关于建立鄱阳湖候鸟保护区的报告》，同意建立鄱阳湖候鸟保护区。江西省鄱阳湖候鸟保护区是国家越冬候鸟保护区，以湖区西南的永修县吴城为中心，总面积33万亩，湖区共有鸟类130多种，候鸟60余种。

6月14日 省政府成立经济体制改革委员会，主要任务是研究和总结省内外有关经济体制改革经验，开展讨论，进行综合试点和专题研究，制定全省经济体制改革总体规划并组织实施。

7月2日 江西省高等教育自学考试指导委员会成立。第一次考试在1984年4月进行，江西大学开考中文、法学，江西师院开考马列基础理论、英语，江西财院开考会计学、统计学。

7月15日 省委、省政府发布《关于加快林业建设若干问题的决定》，规定每年1月为全省植树月。

9月21日 省政府同意江西省农牧渔业厅接受丹麦政府贷款300万美元，用于畜牧良种场发展奶牛和扩建奶制品生产线。

10月22日 林业部授予南昌、九江两县“全国平原绿化先进县”称号。

11月1日 江西省开展维护妇女儿童合法权益宣传月活动。

一九八四年

2月11日—21日 省委召开工作会议，学习贯彻中共中央一号文件和中央领导人讲话。会议要求：全省经济走更适合省情的路子，农业发展多种经营，画好“山水画”；工业要把轻纺工业放在首位，发展消费品生产。

2月21日 中共中央军委主席邓小平、中共中央政治局委员王震从福建途经资溪、东乡到南昌。

3月2日 江西省环境保护会议举行。会议指出，要把环保切实纳入国民经济计划轨道，加强管理，做好企业污染治理和农业生态环境保护工作。

3月6日 江西第一家中外合资经营企业——洪海电子有限公司正式成立，揭开了江西利用外资的序幕。该公司由江西省电子进出口公司、桑海电器厂与香港北海拓展公司合资兴办，经营录像带制作、电脑技术开发等。经营期12年，投资总额42.5万美元。

3月—9月 景德镇人民瓷厂生产的45头青花梧桐西餐具，分别在民主德国莱比锡国际博览会、捷克第56届消费品博览会、波兰波兹南国际博览会上获得金质奖。

4月11日 省政府制定《关于搞活经济的若干规定》。

同日 省政府颁发《关于当前经济体制改革若干问题的规定》。

4月15日 德安共青羽绒厂举办全国羽绒制品交易会。

4月21日 庐山旅游公司与香港伟业建筑公司合资经营芦林饭店

获批准。

5月5日—28日 全国男子体操比赛在南昌举行,全国各省(区、市)90名运动员参加比赛。江西体操队获团体冠军,童非获个人全能冠军。8月1日,省政府授予童非“省级劳动模范”称号。

5月8日 第四届中国电影金鸡奖评选揭晓,由江西剧作家王一民任编剧的电影作品《乡音》获最佳故事片奖。

6月18日 省政府决定在23家工业企业中推行厂长(经理)负责制试点。

7月9日 《人民日报》报道,江西省正在建设六大基地:以发挥农业优势为主体的全国重要的粮油食品基地;以钨铜为主体的国家有色金属基地;以景德镇为中心的陶瓷生产基地;以林竹生产加工为主的建筑材料工业基地;以庐山为中心的南方旅游基地;以南昌为中心的培养高等专业人才基地。

8月6日 广州至庐山旅游包机通航。

8月16日 《江西省区域地质综合研究》编辑完成。地质部决定将该书在世界地质学大会上展出。

8月30日 中共中央军委主席邓小平为安源路矿工人运动纪念馆题写馆名。

10月13日 南昌柴油机厂生产的柴油发电机组成功使用于4月8日发射试验通讯卫星,受到中共中央、国务院、中央军委嘉奖。

11月26日 江西省首届电视剧创作会在余江举行。

12月6日—13日 中共中央总书记胡耀邦考察修水、铜鼓、宜丰、上高、奉新、安义、德安等地,省委第一书记、省长和湖北省委书记等陪同。胡耀邦提出,要充分利用资源,对内更大胆地搞活,对外更大胆地开放,各级党组织要带领群众放手干,使江西经济发展速度略高于全国平均水平;12日,胡耀邦在德安为共青垦殖场题名“共青城”。

12 月 25 日—29 日　省委组织部召开全省在知识分子中发展党员工作座谈会。会议认为,大量发展优秀知识分子入党,改变党员队伍的文化知识结构,使党内具有千千万万掌握科学知识的各方面专门人才,是新时期把党建成为领导社会主义现代化事业的坚强核心,确保党的总任务胜利实现的一项重要战略任务。

一九八五年

1月1日 省政府决定,全省开展“创三优”(优美环境、优良秩序、优质服务)活动,并拨专款100万元用于奖励优胜城市。

1月7日 江西省赛艇队在巴基斯坦亚洲赛艇邀请赛上获三项冠军。

1月21日 省政府印发《江西省向全体公民普及法律常识五年规划要点》。

2月2日—6日 省委召开全省农村工作会议,要求各级党政组织围绕“放开、搞活、调整、增收”八个字,进一步改革农村经济管理体制,建立起符合江西情况、发展速度略高于全国平均水平的产业结构。

2月6日 江西工学院更名为“江西工业大学”。

同日 省卫生厅、省教育厅、省妇联发布《关于在全省实行预防接种制度》联合通知,定于1985年7月起在全省实行预防接种证制度。

2月16日 江西省建立新闻发言人制度,当天举行第一次新闻发布会。

2月28日 江西省第一届青少年运动会在赣州举行。

2月 省委、省政府制定《江西省1980—2000年发展战略纲要(草案)》,明确提出了“对内更大胆地搞活,对外更大胆地开放”和“经济发展速度略高于全国平均水平”(简称“两个更大胆”“一个略高于”)的战略思想。

3月 江西省植树造林282万亩,其中飞机播种49万亩。

4月11日 国家体育委员会向江西体委颁发银质奖,以表彰江西省为国家培养和输送的运动员在第23届奥运会上取得优异成绩。

4月 江西省8900千米干线公路全部安装反光路标牌。

5月1日 新余钢铁厂600立方米高炉出铁。高炉投产后每年产铁70万吨,使全省炼铁能力提高一倍。

5月7日 景德镇发现大型金矿。

5月中旬 江西省初步建成全省妇幼保健网。

5月24日 江西在全国首届技术成果交易会上,以合同、协议、意向书等形式,向邻省、市、区转让技术成果296项,总成交金额1080万元。

6月10日—15日 中国共产党江西省第八次代表大会召开。大会提出,到20世纪末把全省逐步建设成为经济发达、文化昌盛、科技进步、生活小康的新江西。

6月22日 省政府发布《关于进一步搞活大中型企业的暂行规定》,要求全面推行厂长(经理)负责制;建立和完善以经营承包为主要内容的多种形式经济责任制;实行工资总额随同经济效益挂钩浮动的办法;实行一业为主,多种经营,开拓新的生产领域,发展横向联系,建立多种形式的经济联合体。

8月21日—25日 江西跳水运动员宗军辉、许艳梅、胡莉萍在美国休斯敦举行的世界跳水锦标赛中分别夺得男子跳台、女子跳台和女子跳板金牌。

8月29日 省委、省政府召开全省老区建设工作会议,明确提出“自力更生,多方联合,国家支持,共谋振兴”的老区建设方针和两三年解决温饱、1990年以前摆脱贫困的任务。11月15日,省委、省政府发布《关于加快老区建设,帮助老区人民治穷致富的决定》。由此开始,老区扶贫工作从单纯“输血”救济的扶贫方式转变为扶持贫困地区发展商品经济、增强老区“造血”功能的方式，实现自我发展。

8月31日 省委、省政府发布《关于老区特困乡若干政策问题的补充规定》，对特困乡农民人均年收入不足120元的，自1985年起3年内减免农业税；对信贷优惠、购销、山林政策等也作出具体规定，要求老区国营企事业单位让利于革命根据地人民。

9月21日—24日 省政府在南昌召开振兴中医大会，讨论通过《全省中医事业“七五”发展规划》。

9月23日 省委、省政府发布《关于加快发展畜牧业、水产业和饲料业的决定》，提出发展畜牧业、水产业要从实际出发，猪、鸡、鸭、鱼、牛、羊、鹅、兔养殖并举；饲料加工厂建设要大中小结合，以中小为主，国营、集体、个人一起办，以集体、个体为主；对荒山丘陵地区，提倡林草并举，以草为主。

10月8日—11月2日 中共江西省委八届二次全委（扩大）会议举行。会议传达贯彻中共十二届四中全会精神，讨论江西“七五”计划初步设想和1986年经济计划安排，研究加强精神文明建设。

11月14日—22日 中共中央政治局委员习仲勋在井冈山、宁冈、遂川、赣州、兴国、瑞金等地考察，强调要千方百计把老区经济搞上去。

11月24日 江西运动员童非在日本举行的1985年国际体操锦标赛中获3枚金牌。

同日 在印度第四届国际儿童电影节上，由江西萍乡作者肖增健、李蔚华联合编剧，内蒙古电影制片厂拍摄的故事片《月光下的小屋》获最佳故事片奖。

一九八六年

1月29日 省六届人大常委会第十五次会议通过《江西省实行九年制义务教育条例》《省人大常委会关于制定地方性法规的规定》。

3月4日—5日 江西省老区建设委员会举行会议。会议提出，老区建设资金坚持四个优先：特困乡特困村的项目优先，解决群众温饱的项目优先，发挥当地优势的项目优先，周期短效益好的项目优先。

4月 江西省山江湖综合开发工程全面展开。1985年7月，江西省人民政府赣江流域及鄱阳湖开发治理领导小组及学术委员会办公室成立，简称山江湖办，负责山江湖开发治理的组织协调。开发的总体设想是利用山地，发展林业，根治水土流失，建设好生态环境。至1988年，先后在赣南山区、吉泰盆地、赣西丘陵区、鄱阳湖盆地建立9大类15个示范基地。1990年，国家科委将山江湖工程列为"八五"重大科技项目。

4月 南丰蜜橘被评为全国优质水果。上饶产白眉茶、井冈山产井冈翠绿茶被评为全国名茶、优质茶。

6月12日 省政府常务会决定江西经济建设战略北移，重点为"一港两路三江"建设工程。"一港"工程为九江外贸港工程，"两路"工程为南九公路和南浔铁路工程，"三江"工程为昌江、赣江、信江整治工程。

6月22日 经国家计委、农牧渔业部批准，江西省建设9个农牧渔业商品生产基地，即南丰蜜橘、南康甜柚、武宁猕猴桃水果生产基地，波阳、新建、峡江优质大米生产基地，彭泽太泊湖水产场淡水鱼生产基地，九江、余干水禽生产基地。这是江西列入国家"七五"计划首批商品生产基地建设项目。

上半年 江西出口商品额首次突破1亿美元。

7月25日 省委、省政府发布《关于大力发展乡镇企业若干问题的规定》,确定在整个“七五”期间全省乡镇企业坚持大发展方针。

8月17日 省政府决定,正式开发鄱阳湖候鸟保护区,建设好以星子县蓼南乡为重点的候鸟观赏设施并对外开放。

10月8日 江西大学共青职业学院在共青城举行开学典礼。中共中央总书记胡耀邦为学院题写校名。该校是高校和企业联合创办的一所全日制高等职业学校。

10月18日 省委、省政府、省军区、南昌市委联合举行纪念红军长征胜利50周年大会。

11月11日—14日 北宋文学家王安石逝世900周年纪念活动在抚州举行,全国100余名专家学者参加纪念活动。王安石纪念馆于11日落成开馆。

11月15日 中共江西省委八届三次会议发布《关于加强社会主义精神文明建设的实施要点》。

11月30日 省政府制定《关于发展省际经济联合的优惠办法》,规定对于外省的全民或集体所有制单位来江西从事开发性、服务性事业,无论独资、合资,都将在税收、场地、劳务、能源等方面给予优惠;对来江西进行企业技术改造,转让专利,提供新产品生产工艺、新科技资料等并取得很好效益的,给予奖励;对调入江西的专业技术人员、企业管理人员等给予优厚待遇。

12月19日 国务院公布南昌市为历史文化名城。

12月24日—27日 省六届人大常委会第二十一次会议举行,确定樟树为省树、杜鹃花为省花。2019年9月,省十三届人大常委会第十五次会议决定白鹤为江西省省鸟。

一九八七年

2月11日 江西省首届十佳运动员评选揭晓，童非等10名运动员当选。

3月14日 颜龙安、王贤才等141名科技工作者荣获国家科委授予的国家级"有突出贡献的中青年专家"称号。

3月20日 江西省首届科技扶贫交易会开幕。全省有1.5万名代表提供专科咨询。交易会上，签订意向协议书53523份，成交合同7423份，交易金额352.3万元。

4月 省政府公布第一批21处重点烈士纪念建筑保护单位。

5月18日 江西省昌河飞机制造厂和中国直升机设计研究所共同研制的直8型直升机在南昌举行飞行表演。

6月17日 中国民航江西省管理局获十年无飞行等级事故证书。

6月25日 江西、福建两省26所大学和21个大革命时期的中央苏区县团组织代表在瑞金开展中央苏区新一代脱贫致富挂钩联席活动。

8月1日 省市军民庆祝建军60周年大会在南昌举行。

9月9日 萍乡市举行秋收起义60周年纪念大会。

10月12日 吉安地区在井冈山茨坪举行集会，纪念井冈山革命根据地创建60周年。

10月16日—18日 江西省全面推行厂长(经理)负责制工作会议举行。

10 月 23 日　省林业厅、省物价局、省财政厅颁布《江西省野生动物保护发展基金征收管理办法》。

10 月 29 日　江西赣西北地质勘探队等单位完成的“长江中下游铜硫金银资源重大发现、成矿条件、找矿方法及远景”项目获 1987 年国家科学技术进步奖特等奖。

11 月 12 日　省统计局发布公报，全省总人口达 3544 万人。

12 月 5 日　省政府举行新闻发布会，宣布《关于发展省际联合优惠办法的补充规定》《关于鼓励外商投资优惠新办法》《关于外地来省开发农业资源的优惠办法》三项优惠政策，欢迎外商投资，发展江西。

12 月 14 日　省政府发布《关于赣州地区为经济体制改革试验区的决定》，鼓励赣州地区在搞活企业、培育市场和经济调控方面大胆探索，在改革试点方面先走一步，敢于创新；给予赣州地区实行 8% 财政免予上缴的优惠政策，同时在计划管理、技术改造、对外经济贸易、粮食、物价、林业、物资协作、信贷等方面扩大赣州地区的经济管理权限。

一九八八年

1月10日　在香港举行的世界羽毛球大奖赛总决赛上，江西运动员熊国宝获男子单打冠军。

1月20日　省政府在南昌召开《江西省志》编纂工作会议。

1月　江西省商场联合洽谈会召开。这是江西省商业、物资两大流通部门利用全省土特产品优势发展横向经济联合的尝试，会间合同成交额1000余万元。

2月5日—8日　全省小城镇建设工作会议召开。会议指出，必须坚持城镇建设为促进城乡商品经济发展服务，实行经济建设和城镇建设同步协调发展的方针，逐步形成以大中城市为中心、布局合理、和谐协调的城镇体系。

4月　景德镇龙珠阁出土大批明代官窑瓷器，是江西省最大的陶瓷考古发现。

5月9日　经国务院批准，鄱阳湖自然保护区晋升为国家级自然保护区。

6月10日　省委、省政府决定，加快资溪等18个县（区）的经济体制改革，扩大其相应权限，全面进入市场机制。

6月　八里湖特大铁路桥架梁竣工。

7月1日　赣州黄金机场通航。

7月12日　江西全省专员市长会在南昌举行。会议提出用5—7年时间打一场农业开发总体战。农业开发总体战以多种经营、乡镇企业、农产品精深加工为重点，改造中低产田，开发荒山荒地，加速资源转化和劳动力转移，增加农业投入，推进农业工业化。

7月29日—31日 江西省老区建设工作会议举行，要求确保解决老区、特困山区群众温饱问题。

9月1日 赣江下游大规模整治工程开工。这项工程从南昌至湖口，全长156千米，投资5675万元。

9月18日 江西跳水运动员许艳梅在汉城奥运会跳台跳水比赛中为中国在该届奥运会上夺得第一枚金牌。

10月31日 鹰潭铁路枢纽编组站主体工程建成使用，是国家“九五”重点工程项目。

11月上旬 国家重点工程105国道赣粤西段建成通车。

11月12日—18日 国家体委委托江西举办的全国射击锦标赛在南昌举行。江西队获一枚团体金牌，超一项亚洲纪录。

12月10日 江西省首次残疾人代表大会在南昌召开。

12月13日 江西省武山鸡繁育及综合技术开发利用和礼花弹系列产品两个项目获首届国家级星火科技奖。

12月18日 全国鸟类中心江西站在鄱阳湖自然保护区成立。

12月19日 国家科委和省政府在吉安联合召开井冈山科技扶贫座谈会，讨论借鉴大别山依靠科技开发老区的经验，把井冈山老区扶贫工作和经济开发推向一个新阶段。

一九八九年

1月11日—15日 全省经济工作会议举行，贯彻全国计划会议和全国财政工作会议有关指示，研究布置经济领域治理、整顿、改革的重大措施。

1月25日—27日 省委召开地、市委书记会议，学习贯彻中共中央关于党政机关保持廉洁的指示，强调把廉政建设当作一件大事来抓。

2月19日 省政府发布通知，深化促进农垦经济的大发展，要求部门政企分开，转变机制，扩大自主权，发展横向经济联合，积极引进外资等。

2月28日—3月6日 江西省出口商品展销会暨对外经济技术合作洽谈会在南昌举行。与会商家来自日本、美国等23个国家和地区以及邻省邻市。进口成交额996万美元，其中技术引进项目合同金额652万美元，签订利用外资项目8个。

3月1日 100名乡镇企业厂长（经理）得到省政府嘉奖，荣获“优秀乡镇企业家”称号。获奖者由各地推荐，经专家、经济学家评选，省政府命名。江西余江工艺雕刻厂厂长张果喜等获奖。

3月7日—9日 江西省教委工作会提出要树立教育兴赣的观念，以培养“四有”新人为目标。

3月11日—12日 全省普法工作会议召开。会议提出，要把提高公民的法律意识、增强法制观念作为普法根本任务。

3月 全省计划免疫工作经卫生部联合儿童基金会和世界卫生组

织考核审评，确认江西实现以省为单位儿童免疫接种率达95%。

4月13日 国家统计局公布，江西全省人口3609万人，列全国各地区总人口第13位，人口自然增长率13.99%，列全国第14位。

6月30日 江西省消费者协会成立，宗旨是保护消费者合法权益，实行社会监督，推进企业提高产品、服务质量。

7月28日 南昌至九江二级汽车专用公路开工建设。此后6年间，历经从二级汽车专用公路到南端连接线工程四车道高速公路，再到全线扩建及新建北端四车道连接线工程等三个阶段。9月30日，全省第一条一级公路——南高公路（南昌至高安）建成通车。

9月 新干县大洋洲出土大批商代文物，包括青铜器100余件，玉器、陶片若干。青铜器中有农具23件，其中铜犁出土属全国首次。

10月1日 由江西省博物馆主办的江西古代文明史展览在南昌展出。该展览运用历史文物和古代文献，展示千百年来江西文明历史的发展进程，反映江西古代农业、手工业和科技文化成就。

10月8日 滕王阁重修竣工。滕王阁始建于初唐，历经28次兴废。

10月13日—18日 中共中央总书记江泽民考察井冈山、永新、遂川、南昌，要求全国人民继承和发扬光荣的井冈山革命传统。

11月12日 江西羽毛球运动员熊国宝在印度尼西亚国际羽毛球公开赛上获男单冠军。

11月中旬 江西省开办聋哑、弱智特殊教育师范班。

11月21日—24日 中共江西省委八届九次全会召开，传达学习中共十三届五中全会精神，审议通过《中共江西省委关于贯彻执行〈中共中央关于进一步清理整顿和深化改革的决定〉的决定》。会议强调，在农业开发总体战、完善企业承包制、调整投资结构和整顿流通秩序四个方面做好工作。

11 月 29 日　省委常委会讨论并形成《在全省干部中开展马克思主义理论学习的意见》。

12 月 24 日—26 日　省委、省政府召开全省精神文明暨社会治安综合治理工作会议。会议强调，坚持两个文明一起抓，齐抓共管，综合治理，促进社会治安秩序的稳定好转。

是年　南昌市城建利用世界银行贷款 3000 万美元，建造横跨赣江的立体分流式南昌大桥。

一九九〇年

1月19日 中共江西省委召开常委会,决定全省各级党政干部分期分批到基层了解民情,加强同人民群众的联系。

2月8日 省委召开省直单位党员负责干部大会,传达中共中央总书记江泽民在全国统战部长座谈会上关于加强党的统战工作的讲话,贯彻落实中央《关于坚持和完善中国共产党领导的多党合作和政治协商制度的意见》,要求认真举荐、选配民主党派成员和无党派人士担任各级政府及司法机关的领导职务。

3月1日 江西省精神文明建设委员会等单位联合发布通知,号召广泛深入持久地开展学习雷锋活动。

3月3日 省政府发布通知,要求加快扫盲工作,在2000年以前扫除青壮年文盲。

4月1日 九江港外贸码头交付使用。九江港外贸码头是江西省"七五"期间的重点工程建设项目,总投资5693万元,1986年9月开工,建成后可停泊两艘5000吨级海轮,设计年吞吐能力为20万吨。

5月1日 瑞昌市成立,这是江西省第一个省直辖县级市。

5月中旬 省政府作出决定,实施科技兴农的"1296"工程,即大面积推广12类先进农业科技成果,抓好9个大型综合开发示范项目,重点组织6个方面农业科技攻关,大力开展科技兴农,提高江西省农业科技水平。

6月15日 联合国开发计划署援助江西省山江湖开发治理项目协

定书在北京签字换文。这是该署援助中国的第一个项目。援助分两个阶段实施:第一阶段,从1991—1995年无偿投入60万美元培训人员,提供设备和技术援助;第二阶段,投入300万美元资助试验示范基地建设。省政府成立江西省山江湖治理领导小组。

6月27日—29日 省政府在永新县召开全省桑蚕工作会议,提出把蚕桑建设成江西省农业一大支柱产业。

8月24日 省政府发布《关于核定全省革命老根据地乡、镇、场的通知》,全省核定为革命老根据地(包括苏区、游击区)的乡、镇及乡以上一级的场、所、库共1449个。

10月9日—15日 国务院总理李鹏考察南昌、赣州、吉安等地,强调今后10年要把农业放在首位。李鹏视察江西汽车制造厂时详细询问技术引进项目情况。

10月 第十一届亚运会上在北京举行,江西运动员谢一凡、王跃东、毕忠、许艳梅、姜荣、熊国宝分获6枚金牌。

12月14日 省委、省政府发布《向青年铁路职工熊云清学习的决定》。熊云清荣获“人民卫士和全国铁路模范客运员”称号。

一九九一年

1月4日 《江西日报》报道，“七五”期间，江西有1284万农民结束了饮用不卫生水的历史，全省农村饮用卫生水的人口总数达到2459万人，占全省农村人口总数的81.66%。

1月18日 省委、省政府印发《关于扶持少数民族地区发展经济文化事业的意见》，对少数民族地区实行倾斜政策。

2月7日 “七五”期间，江西省在体育领域取得重大突破，共有3人5次破5项世界纪录，2人2次平2项世界纪录，6人4次破4项亚洲纪录，获得12项世界冠军。在国际国内重大比赛中，获金牌159枚、银牌150枚、铜牌157枚。

3月15日 省革命老根据地建设委员会全体委员及特别顾问会议宣布，“七五”期间扶贫工作成绩显著，到1990年底，温饱线以下的特困户由1985年的370.4万人减少到3.5万人，人均年纯收入由150元增加到423元，特困户的温饱问题得到基本解决，老区贫困落后面貌开始发生变化，全省老区建设工作已经转入以脱贫致富为主要目标的经济开发新阶段。

3月 江西第一个省级开发区——南昌高新技术产业开发区设立。1992年12月，经国务院批准，南昌高新技术产业开发区晋升为国家级开发区。至2020年12月，江西共有国家级开发区19处。

4月8日 省委、省政府召开全省工业生产电话会议。会议要求，全省继续推进治理整顿和深化改革，以扭亏增盈为主攻方向，扩大销售，提高经济效益，保证工业生产适度增长，打好工业调整、提高"攻坚战"第一战役。

4月21日 省委、省政府印发《关于搞活企业特别是国营大中型企业的意见》，就进一步落实企业生产经营自主权、深化领导体制和分配、劳动、人事制度改革等提出意见。

4月29日—30日 省委、省政府召开扶贫开发工作会议，部署"八五"扶贫开发工作。

5月1日 省委、省政府表彰"七五"期间老区建设工作317个先进单位和173名先进个人。

同日 省社会治安综合治理委员会成立并召开第一次会议。该委员会是协助省委、省政府领导全省社会治安综合治理工作的常设机构。

5月11日 省委、省政府召开省直有关部门负责人和在南昌市的10个大中型企业厂长座谈会，共商贯彻落实省委、省政府关于搞活企业特别是国营大中型企业的政策措施。

5月13日 省卫生厅印发《江西省级公费医疗制度改革试点办法》，要求实行医疗费用以国家负担为主、单位和个人合理分担，建立医、患、管三方面相互联系的费用控制机制。

5月18日 南昌飞机制造公司举行建厂40周年庆典。40年来，该厂获得33项国家级科技成果奖，生产了新中国第一架飞机、第一枚海防导弹、第一辆长江750摩托车等产品，已成为一个拥有雄厚的研究、设计和制造能力的综合性大型企业，是全国最大的飞机制造公司之一。其飞机设计师陆孝彭、导弹专家彭历生进入中国航空金奖十位获奖科技专家之列。

6月10日—14日 首届国际中药节在中国药都樟树举行。

6月18日—22日 省七届人大常委会第二十二次会议举行。会议通过《江西省技术市场管理条例》。

6月19日—22日 省委、省政府、省军区联合召开城市民兵工作“三落实”现场经验交流会。会议要求，各级党委、政府发挥好民兵队伍的作用，把兴赣强兵工作纳入当地的社会发展规划，统一领导，统一部署，把民兵这支生力军练好、用好。

7月2日 省委、省政府发布《关于进一步加强扶贫开发工作的决定》，明确20世纪90年代扶贫开发的目标和任务，制订切实可行的扶贫经济开发规划和措施。

7月18日 省政府发布通知，批准井冈山、瑞金、九江、赣州、吉安为江西省第一批省级历史文化名城。

7月 经省教委批准，全国第一所民办服装学院——江西服装学院成立。

8月9日 省委、省政府作出决策，建设以鹰潭为中心的赣东大市场。1994年1月1日，赣东大市场开张营业。

8月20日 首届农业考古国际学术讨论会在南昌召开。

9月17日—19日 全省第五次食品工业工作会议召开。会议提出，要把食品工业建成江西省第一大产业。

10月28日 江西11个地市所在地电话全部实现程控化、长途传输数字化。江西成为全国率先实现地市以上城市“两化”的省份。

11月2日—7日 “七五”全国星火计划成果博览会在北京举行。江西分10类展出103个优秀项目，获得金奖28个、银奖41个。

11月3日 省委、省政府、省军区联合召开江西省双拥模范城（县）命名大会，南昌市、樟树市、上饶县被授予“双拥模范城（县）”称号，兴国县被授予“拥军优属模范县”称号。

12月18日 省七届人大常委会第二十五次会议通过并批准执行《江西省山江湖开发治理总体规划纲要》。

一九九二年

1月3日 彭泽县棉船乡获“中国植棉第一乡”称号。棉船乡是江西省最北边的一个乡，1990年在3.4万余亩棉地里收获皮棉107667担，平均亩产157.5公斤，在全国领先。

1月30日 邓小平在南方视察途中，在鹰潭火车站停留并接见江西省委、省政府主要领导。邓小平强调，只要能快一点还是要争取快一点，胆子要更大一点，放得更开一点，有机遇能跳还是要跳。

2月2日 省委常委会召开会议，传达学习邓小平路过鹰潭时所作的重要指示，集中研究全省进一步深化改革、扩大开放的问题。会议结合江西实际，把邓小平鹰潭谈话精神概括为“思想更解放一点，胆子更大一点，放得更开一点，发展更快一点”的“四个一点”。会议批准在樟树市进行经济体制综合改革试点和建设昌九工业走廊两项方案。

2月24日—26日 省委、省政府召开全省农村工作暨农业结构调整表彰会，要求以加快奔小康为目标，把建设高质、高产、高效农业作为20世纪90年代农业发展的方向，全面搞好当年的农业生产和农村各项工作。

5月20日 中宣部颁发首届精神文明建设“五个一工程”奖，江西2部作品获奖。至2019年，江西实现连续15届都有作品入选获奖。

6月15日 国家主席杨尚昆复信景德镇第一小学：“祝贺同学们在参加国际、国内学科性的知识竞赛中获得优秀成绩。”

6月27日 江西开始实行普通高中毕业会考制度，首次进行高中毕业历史、生物会考。

7 月 15 日 省委、省政府印发《关于进一步扩大对外开放加速经济发展的决定》。

7 月 20 日 九江港为第一艘外轮洪都拉斯籍“金敬”号举行首航仪式。

7 月 31 日 省委、省政府印发《关于大力推进科技进步的决定》。

8 月 15 日 省委、省政府召开省直机关主要负责干部会议。会议就放权搞活问题强调要继续换脑筋，在新的高度上形成共识；要进一步调动和保护放权搞活的积极性，搞好配套工作，加快放权搞活的步伐。

8 月 20 日—21 日 省委、省政府召开全省乡镇企业工作汇报交流会。会议要求，把乡镇企业作为振兴江西整个经济的战略任务和工作重点来抓，千方百计实现乡镇企业“力争五年翻两番、十年规划五年实现”的跳跃式发展目标。

8 月 31 日 省委、省政府发布《关于贯彻中发〔1992〕5 号文件放手发展第三产业的通知》，要求全省第三产业快于工业的发展，在 20 世纪 90 年代基本建立起适应江西省情、高度产业化和社会化的第三产业体系。

9 月 23 日 省委、省政府印发《关于继续鼓励发展个体和私营经济的决定》，要求各地切实抓好个体、私营经济的发展。

9 月 30 日 为适应大农业发展的需要，全省第一家大型商业企业集团——江西省兴农企业集团成立。

10 月 31 日 第一期赣中南农业综合开发项目通过国家验收。该项目于 1989 年由国家批准实施，3 年共改造中低产田 350 万亩，开垦宜农荒地 39. 8 万亩，获得总效益 8. 5 亿元。

12 月 23 日 国家重点工程——九江大化肥工程开工兴建。1997 年 12 月 28 日竣工验收，年产 30 万吨合成氨、52 万吨尿素，结束了江西没有大型化肥企业的历史。

一九九三年

1月3日 省委、省政府发布《关于加快乡镇企业发展的决定》。

1月18日 江西第一条汽车专用公路——昌九公路建成通车，全长112.8千米。

2月10日 国务院京九铁路建设领导小组在北京成立。京九铁路北起北京，直通香港九龙，全长2500多千米，投资200多亿元。江西境内长达700多千米。

2月25日—27日 省八届人大常委会第一次会议举行。会议通过《关于进一步加强自身建设的决定》，决定设立外事华侨民族宗教工作委员会。

3月1日 国家教委批准江西大学、江西工业大学合并成立南昌大学。5月4日，南昌大学成立。1997年11月，国家教委批复同意，南昌大学正式进入全国重点建设大学行列（即国家"211工程"高校）。

3月10日 省政府发布《关于切实减轻农民负担的通知》，提出了第一批废止的39个农民负担项目和8种收费（税）办法。

4月15日 省委、省政府在南昌大学举行授聘仪式，聘任潘际銮教授为南昌大学校长。

4月20日 京九铁路吉安—赣州—定南段开工典礼在吉安举行。正在江西视察指导工作的中共中央政治局常委、中央书记处书记胡锦涛出席并发表重要讲话。省委、省政府决定，举江西省之力，确保京九铁路江西段建设的顺利进行；动员沿线广大群众像革命战争年代支援红军那样支援铁路建设,保证铁路建设在江西境内任何地段不受阻。

5 月 18 日—19 日　省委、省政府召开地(市)委书记、专员(市长)会议。会议要求,进一步深化改革,加快社会主义市场经济体制的建设步伐,千方百计解决好经济运行中的矛盾和问题,创造性地开展工作,保持全省经济持续健康发展。

5 月 26 日—27 日　省委、省政府召开全省荒山造林决战动员大会。会议提出,决战今冬明春,消灭 600 万亩宜林荒山,提前一年实现全省荒山造林目标。

6 月 5 日　省政府与中国科学院紫金山天文台在南昌举行“张果喜星”命名大会。以企业家命名小行星,张果喜在全国是第一人。

6 月 12 日　省委、省政府批转省社会治安综合治理委员会《关于江西省社会治安综合治理一票否决制实施办法》。

6 月中旬—7 月 9 日　全省接连发生两次强降水,造成大范围的严重洪涝灾害。省委、省政府、省军区领导全省人民和部队官兵进行了紧张的抗洪抢险。7 月 7 日,中共中央总书记江泽民致电询问江西雨情、汛情和灾情,勉励江西人民树立信心,搞好生产自救,并对战斗在抗洪第一线的广大干部群众致以问候。

7 月 19 日—20 日　省委、省政府召开地市分管农业的书记、专员(市长)会议。会议要求,各级党委、政府要振作精神,带领群众搞好生产自救,千方百计实现江西省粮食总产 150 亿公斤、棉花合同定购 320 万担、乡镇企业产值 500 亿元、农民人均增收 70 元的目标,促进农村经济全面发展。

10 月 29 日　赣中南第二期农业综合开发建设在 25 个县市的 8 个国营垦殖场全面实施,开发区国土总面积、总人口和耕地总面积分别占全省的 33%、30.4% 和 41%。

10 月 31 日　安义县成为全国第一个“双低”(低芥酸、低硫苷)油菜基地县。

11 月 7 日—9 日　省委、省政府召开全省地市县委书记、专员（市县长）会议，研究全面加强农业农村工作问题。会议要求，各地要确保农业基础地位不动摇，确保农民的生产积极性不下降，确保农村经济的发展势头不减弱，将全省的农业和农村经济推上一个新台阶。

12 月　江铃汽车公司向社会公众发行股票 1 亿股，成为江西省首家上市公司。

一九九四年

1月1日 江西一批重大基本建设项目得到国家批准。国务院、中央军委等分别批准新建南昌昌北民用机场、九景一级汽车专用公路、上饶大坳水利工程、瑞昌水泥厂、丰城电厂、南昌火车站等项目，总投资约84亿元。

1月10日 全国第一座双层立体分流城市公路大桥——南昌大桥建成通车。

1月15日 省委、省政府将吉安地区列为加快建立社会主义市场经济体制实验区，这对于促进赣中腹地经济建设乃至全省改革开放和经济发展意义重大。

1月18日 省社会治安综合治理委员会召开第一次全体委员会议。会议强调，各级党委和政府要继续坚持“两手抓”“两手硬”的战略方针，推动社会治安综合治理的深入发展，维护江西省社会政治稳定，保障改革开放和经济建设的顺利进行。

4月6日 省委、省政府决定，在省、地、县抽调万名以上干部下基层，帮助基层加强农业和农村工作。此举是省委、省政府为加快江西省经济发展，特别是加快农业和农村经济发展而采取的一项重大举措。

5月2日 江西铜业公司建成具有世界先进水平的数字微波通信网，成为全国有色系统第一家具有综合业务处理能力全数字化专用通信网络的企业。

5月8日 南昌百货大楼新营业楼正式开业。该大楼是当前江西省面积最大、功能最全、设备最好，集休闲、购物、娱乐为一体的综合性商厦，也是江西省第一家使用电子监控装置的商场。开业当日销售额达200万元，比平日销售额翻了五番，创历史最高纪录。

5月20日—22日 省委、省政府在德兴市召开全省乡镇企业会议。会议要求，坚定不移地执行乡镇企业大发展、大提高的方针，力争实现1994年全省总产值1000亿元的目标。

5月26日—27日 全省对台经济工作会议召开。会议公布，截至3月底，江西共批准台商投资项目460个，项目总投资额6.5亿美元。江西对台贸易额仅1993年一年就达554万美元。昌九工业走廊已成为台商投资热点。

6月21日—22日 江西利用外资新闻发布会在深圳市举行，推出430多个招商项目，签订利用外资合同项目126个，总投资3.95亿美元，其中外资额1.88亿美元。京九铁路沿线以及交通、能源等基础设施项目成为外商投资重点。

8月18日 省委、省政府召开省直机关负责干部大会，动员、部署省直机构改革工作。至此，全省机构改革进入全面实施阶段。

同日 南昌县乡镇企业东西合作示范工业小区、万载县鹅峰工业经济小区、南昌市郊区乡镇科技园区、玉山县城西乡镇工业区、新余市城东乡镇工业小区被农业部列为全国第一批乡镇企业东西合作示范区。

9月5日 全省外贸出口工作电话会议提出，要做到“三个不动摇”：出口创汇10亿美元的任务不动摇；省委、省政府下达的效益指标不动摇；利用外资签约10亿美元（实际进资4.5亿美元）、争取5亿美元的目标任务不动摇。

一九九五年

1月4日 省山江湖开发治理委员会召开全委会议。会议指出,山江湖工程是造福子孙后代的跨世纪工程,工程实施中要坚持“三结合”:治山治江治湖与治穷相结合,经济建设、社会发展与改善生态环境相结合,当前工作与长远规划相结合。自此,江西山江湖工程进入大规模开发治理新阶段。

2月7日—8日 省委、省政府召开各地市分管农业的书记、专员(市长)会议,研究部署农业和农村工作。会议提出“三稳三增三保”目标:稳定农村各项政策,稳定粮棉种植面积,稳定农业生产资料供应;增加农业生产总量,增加农民收入,增强农村基层组织实力;保障农产品有效供给,保证乡镇企业持续、快速、高效发展,保证农村计划生育率的提高和城乡社会秩序的稳定。

3月7日 中共中央总书记江泽民来到参加全国人大八届三次会议的江西代表团,与江西代表共商国是。他强调,在我国改革、发展、稳定的全局中,一定要把农业、农村和农民问题处理好。

3月19日—23日 中共中央总书记、国家主席、中央军委主席江泽民先后考察共青垦殖场、德安县、庐山区、彭泽县、永修县、南昌县等地农业和农村工作。江泽民充分肯定江西省委提出的“把江西经济大厦建立在现代农业基础之上”的正确方针,称赞江西这几年“不声不响静悄悄地有了很大进步,有了明显的变化”,并就发展农业必须解决的问题作了重要指示。

3月30日—31日 省委、省政府召开会议，传达贯彻江泽民总书记考察江西时的重要讲话。会议提出四条贯彻意见：一是要举全省之力，开创江西农业和农村工作新面貌，坚持做到领导精力到位、增加投入到位、扶持农业政策到位、农业基础设施建设到位、粮棉购销政策到位、农业技术推广到位、深化农村改革到位、基层组织建设到位；二是要加大工作力度，开创江西国有企业扭亏增盈新面貌，力争二三年把亏损面和亏损额降到最低限度；三是要齐心协力，开创江西精神文明建设新面貌；四是要坚持讲团结、顾大局。

4月7日 省委、省政府批转省农工委、省委政研室、省林业厅、省老建办《关于"在山上再造一个江西"实施意见的报告》。

4月28日 省委、省政府发布《关于实施地、市、县、乡(镇)党政机构改革的通知》。

5月6日 省委、省政府召开会议，商讨京九沿线展开生产力布局良策，要求各地抓住机遇，加快沿线开放开发建设步伐，使京九沿线成为今后江西经济发展的脊梁。

5月18日—20日 省委、省政府召开全省乡镇企业工作会议。会议提出，要坚持大发展，突出大提高，着力抓效益，促进乡镇企业持续、快速、健康发展。

5月21日—22日 省政府在宜春召开全省畜牧工作会议。会议要求，继续坚持猪、鸡、鸭等八业并举的方针，继续提高畜牧业在农业中的比重，力争在2000年达到40%，使之成为农村经济的强大支柱。

6月26日 全省第一个国家级"星火"密集区——南昌市郊区"星火"密集区授牌仪式举行。

7月 南昌飞机制造公司研究员、飞机总设计师、科技委名誉主任陆孝彭当选中国工程院院士。

8月15日—16日 省政府召开全省企业改革暨现代企业制度试

点工作会议，确定了33家企业为江西第一批开展现代企业制度的试点单位。

8月21日—25日 中共江西省第十次代表大会召开。大会确定了江西未来5至15年的基本任务和战略构思：坚持把江西经济大厦建立在现代农业基础之上，抓住京九铁路贯通和沿长江开发的机遇，以京九沿线为主干、浙赣沿线为两翼，开创大开放格局，拓展生产力布局；加强农业，主攻工业，繁荣第三产业，推进基础设施建设，加快县域经济发展，加速工业化、城镇化进程。

9月7日 贵溪县加速红壤治理改造步伐，通过山、水、园、林、路、宅的综合规划，初步形成了以家庭经营为主体的农业开发商品基地，其开发速度和建设质量获“江西省红壤项目建设评比第一名”，被省外资办及世界银行专家誉为全国南方地区红壤开发的典范。

10月7日—9日 全省科技大会召开，传达全国科技大会精神，部署实施科教兴赣战略。会议要求，牢固树立“科学技术是第一生产力”的思想，坚持“尊重知识，尊重人才”的方针，培养和造就大批德才兼备的跨世纪科技人才，把科教兴赣战略落到实处，依靠科技进步加快建设繁荣昌盛的江西。

10月20日 “中国的脊梁”国有企业500强评选结果揭晓，江西铜业公司列第175位，位列全国有色金属行业和省大型企业之首。

是年 江西开通互联网。

一九九六年

1月6日 《江西日报》报道，江西省规模最大、投资最多的农业建设项目——第三期赣中南农业综合开发全面启动。项目总投资8.0475亿元，开发范围为鄱阳湖平原，吉泰盆地及赣江、抚河中上游集中连片的38个县(市)和开发区域内的9个省属国营农场。

1月10日 省委、省政府印发《江西省"九五"时期至2010年政法工作规划纲要》。

1月15日—18日 省委、省政府召开全省经济工作会议。会议要求，进一步统一思想和行动，以大开放促大开发大发展，在提高经济效益的前提下，争取发展速度更快一些，力争全省国民经济的增长幅度继续高于全国平均水平；积极推进经济体制和经济增长方式的改变，处理好改革、发展、稳定的关系，为实施"九五"计划创造一个良好的开局。

1月19日—20日 省委、省政府召开全省农村工作会议，研究部署"九五"期间的农业和农村工作。会议决定，抓紧今后5年时间，打一场农业上台阶、农民奔小康的攻坚战，进一步确立江西农业在全国大格局中的应有地位，并为下世纪全省农业和农村经济的更大发展奠定基础、积蓄后劲。

1月24日 省委、省政府印发《关于"九五"期间打一场"农业上台阶、农民奔小康"攻坚战和实现"两超一稳"目标的部署》，提出把粮食总量上台阶、特色农业成气候、乡镇企业上水平作为攻坚战的重中之重，一手抓粮棉油等主要农产品的稳定增长，一手抓增加收入奔小康，使全省农业和农村以崭新的面貌跨入21世纪;要实现粮食总产量超历史、农民人均纯收入增加额超历史、确保农村社会稳定的“两超一稳”目标。

2月6日 省委、省政府印发《关于加强培养选拔村党支部书记和村干部队伍建设工作的意见》。

4月5日 省政府发布《关于在全省实施再就业工程的通知》。

4月8日 省委、省政府批转《关于在全省组织实施特色农业“241”发展规划的意见》,提出“九五”期间在全省组织实施特色农业“241”发展规划,即力争特色农业产值年递增率达到20%以上,占农业总产值的比重到2000年达到40%以上,农民从中获得纯收入人均1000元以上。

4月18日—20日 省委、省政府在赣州召开全省乡镇企业工作会议。会议通过《江西省乡镇企业1996—2010年发展纲要》,指出全省乡镇企业的发展要努力实现发展速度高于全国平均水平,增长质量高于“八五”时期;下大力气抓好一批规模企业、一批名牌产品、一批优势产业、一批工业小区和一批外向型企业。

5月25日 省政府批转《江西省扶贫攻坚7年规划纲要(1994—2000年)》,要求在20世纪末完成“八七”扶贫攻坚计划,全省提前1年、部分地区力争提前2年基本解决农村绝对贫困和贫困人口的温饱问题。

7月4日 经省委、省政府同意,省体改委、省建设厅等部门共同决定,在全省选择20个城镇进行综合改革试点,以加快发展县域经济,加速工业化、城镇化进程。

7月30日 省委、省政府、省军区召开全省双拥模范城(县)暨双拥先进单位和个人命名表彰大会,授予南昌市等31个城(县)、凌智等2人为“爱国拥军模范”;同时,表彰66个双拥先进单位和55名先进个人。这是《双拥模范城(县)命名管理办法》颁布、实行动态管理后的第一次命名表彰。

8月8日—9日 省委、省政府召开全省第九次法制宣传教育工作会议，总结“二五”普法工作，部署“三五”法制宣传教育任务。会议表彰了永新县等200个“二五”普法先进集体。

8月15日 省委、省政府发布《关于加快实施“在山上再造一个江西”发展战略的通知》，要求各级党政领导齐心协力，真抓实干，提高效益，确保“山上再造”战略目标实现。

9月1日 京九铁路全线开通运营。

10月10日 省委、省政府、省军区在瑞金举行红军长征胜利60周年纪念活动。18日，在南昌举行纪念红军长征胜利60周年座谈会。

11月14日—16日 省委、省政府在上饶召开全省特色农业和农业产业化第二次现场会。会议要求，进一步认识发展特色农业的重大意义，加强宣传教育，注重政策导向，搞好典型示范，把江西省特色农业和农业产业化工作推向新阶段。

12月30日 省委、省政府印发《关于在全省开展向邱娥国同志学习活动的决定》。31日，公安部授予邱娥国“人民的好警察”荣誉称号。

一九九七年

1月22日 省委、省政府邀请部分专家和农村基层干部召开座谈会,探讨加快依靠科技兴农问题。

1月24日 省委、省政府发布《关于加强科学技术普及工作的决定》。

2月6日 省委、省政府发布《关于切实做好农业和农村工作的通知》,提出“一增二稳三提高”具体要求:较快增加农民收入(人均比上年增加320元,力争350元);稳定增加粮食产量,确保农村社会稳定;提高科技对农业增产的贡献率(力争提高3%),提高特色农业在农业总产值中的比重(由25%提高到28%),提高乡镇企业经济效益。

3月18日 由中宣部、公安部和江西省委联合主办的“邱娥国同志事迹报告会”在北京人民大会堂举行。报告会后,中宣部、公安部联合在北京举行学习邱娥国先进事迹座谈会,并授予邱娥国“一级英模”称号。

4月1日 《江西日报》报道,为繁荣发展文学事业,省委、省政府决定成立滕王阁文学院。

4月12日 省委、省政府召开全省乡镇企业科技服务活动座谈会。

4月28日—30日 省委、省政府在抚州召开全省乡镇企业工作会议。会议强调,必须坚定不移地把发展乡镇企业作为现代化建设的战略重点之一,全省上下要进一步增强危机感、紧迫感,解放思想,对发展乡镇企业进行再认识、再动员、再鼓励,深入动员各方面的力量,在全省掀起新一轮乡镇企业大发展、大提高的热潮。

6月18日 省委、省政府发布《关于进一步加强土地管理切实保护耕地的决定》，要求采取有力措施保护和利用好土地资源，保持耕地总量动态平衡，耕地质量逐年上升；深化土地使用制度改革，依法培育和规范土地市场，逐步使土地收益成为各级政府的重要收入，确保土地资产保值增值。

7月13日 国家经济体制改革委员会批准泰和县为江西省唯一的全国综合改革试点县。

7月17日 省委、省政府、国家安全部在南昌召开大会，追授省安全厅副厅长李天福"全国模范国家安全干部"称号。

11月14日 省政府批转《关于我省小城镇户籍管理制度改革试点方案和完善农村户籍管理制度的意见》，确定在罗家镇等15个小城镇进行试点，在全省建立健全农村户籍登记管理制度。

一九九八年

1月 省委发布《关于推进依法治省的决定》,决定在全省大力推进依法治省,把坚持党的领导、坚持人民民主和严格依法办事统一起来,把社会各项事业纳入规范化、法制化管理的轨道。

2月21日—23日 省九届人大常委会第一次会议举行。会议通过《关于开展依法治省的决议》,标志着江西依法治省工作进入一个新的阶段。

3月24日 南昌市洪城大市场股份有限公司被批准为"国家级中心批发市场"。这是江西省第一个国家级中心批发市场。

3月26日 省精神文明建设委员会1998年第一次全体会议召开。会议强调,全省精神文明建设要以创建文明城市为龙头,精心组织好创建文明城市竞赛活动,促进经济发展和社会全面进步,为改革、发展、稳定创造良好的社会环境。

3月29日 以公有制为主体、多种经济成分并存的洪都航空工业集团成立。洪都集团的前身为国营洪都机械厂和南昌飞机制造公司,是中国自行制造的第一架飞机、自行设计的第一架喷气式强击机、第一辆边三轮摩托车、第一枚海防导弹等的诞生地。

5月28日 省政府召开省直有关部门贯彻国务院粮改决定大会精神。会议提出,要坚决贯彻按保护价敞开收购农民余粮、实行顺价销售、收购资金封闭运行三项政策。

6月 信丰县被列为国家生态环境建设第一批重点示范区实

施县。

6月中旬—9月初 赣江下游、抚河、信江、饶河、修河和鄱阳湖发生超历史大洪水，致全省大部分地区遭受历史罕见的严重洪涝灾害。10月7日至1999年1月20日，全省万名机关干部深入灾区帮建，共走访群众105万余人，发放救济粮3557.225万公斤，发放救济款1.5315亿元，救济衣物4349万件、被子56.36万床，指导帮建灾民新村739个，移民建镇469个。

7月4日—5日 中共中央政治局常委、国务院总理朱镕基，中共中央政治局委员、国务院副总理温家宝在九江长江防汛抗洪第一线视察指导防汛工作。

12月8日 被誉为“江西省门第一路”的昌北机场高速公路建成通车。

12月14日 全省农村基层组织建设工作会议召开。会议强调，要继续坚持和完善党建责任制，地、县、乡党委、政府领导干部继续坚持挂点联系、驻点调查研究、工作目标责任等制度，县委书记要努力当好“第一责任人”，乡镇党委书记当好“直接责任人”。

12月28日 全省第一家企业博士后工作站——江中制药厂博士后科研工作站正式揭牌。

一九九九年

1 月 5 日　在全国旅游工作会议上，井冈山市被评为首批中国优秀旅游城市。

2 月 4 日　省委、省政府召开全省环境保护先进表彰会。萍乡发电厂等 18 个单位获“‘四河’整治和取缔、关停‘五小’企业环保先进单位”称号。

3 月 26 日　省委、省政府印发《关于开展以萍钢为榜样、深入学习邯钢活动的决定》。30 日，省政府召开电视电话会议，动员开展“以萍钢为榜样、深入学习邯钢”活动。

3 月 29 日　省委常委会召开会议，传达学习全国“三讲”（讲学习，讲政治，讲正气）教育工作会议精神，研究部署省委、省政府、省人大、省政协领导班子和领导干部“三讲”教育工作。

4 月 27 日—28 日　省委、省政府、省军区联合召开全省县（市、区）人民武装部建设座谈会。会议提出，要适应“战场”和“市场”需要，提高人民武装部整体水平。

6 月 22 日　省政府印发《江西省生态环境建设规划》，就生态环境建设的总体布局、实施重点和政策措施作出规划与规定，动员和组织全省上下，为建设环境幽雅、山川秀美的新江西而努力。

6 月　省委、省政府作出将江西建成食品工业大省的决定。

7 月 7 日　省委、省政府举行欢迎会，欢迎由 8 名中直单位科研院校博士组成的中组部、团中央首批赴赣“博士服务团”来赣挂职服务。

8月12日—13日 省委、省政府召开全省扶贫开发工作会议，传达中央扶贫开发工作会议精神，分析省内扶贫攻坚形势，提出确保完成全省“八七”扶贫攻坚任务的相关措施。

8月13日 省委、省政府召开纪念方志敏诞辰100周年座谈会。

8月24日 省委、省政府印发《关于加快经济发展几个问题的意见》，指出要进一步解放思想，更新发展思路，推进国有企业改革和发展，整治和优化投资软环境，加快个体私营经济发展，积极培育新的经济增长点。

9月10日 昌北机场正式启用，实现通航。

二〇〇〇年

1月1日　省委、省政府印发《关于加快旅游业发展的决定》，提出用5至10年的时间，把旅游业建设成为全省国民经济的支柱产业。

1月7日　《江西日报》报道，“凤凰”“鸭鸭”被国家工商局认定为“中国驰名商标”，结束了江西没有“中国驰名商标”的历史。

1月11日　省委派出第一批10个“三讲”教育督导检查组赴5个地市、15个省直单位督查“三讲”教育整改工作。

2月23日　南昌市委、市政府出台《关于全面开发建设红谷滩新区的初步实施方案》，成立红谷滩新区开发建设总指挥部，拉开了荒滩起新城的序幕。7月11日，红谷滩中心区开发建设破土动工。

3月23日　《江西日报》报道，武宁县被列为全国生态示范区建设试点县。

4月10日　《江西日报》报道，省委发出《贯彻〈中共中央关于加强和改进思想政治工作的若干意见〉的实施意见》，指出在改革开放和社会主义现代化建设进程中，思想政治工作只能加强，不能削弱；要大力加强邓小平理论和共产主义理想信念教育。

4月18日　省老干部工作领导小组召开第一次全体会议，审议《江西省老干部工作领导小组工作制度》《江西省老干部工作领导责任制》。

4月24日　经国务院批准，南昌经济技术开发区升格为国家级经济技术开发区。南昌经济技术开发区成为省内继南昌国家高新技术产业开发区后第二个国家级开发区,是省内第一个国家级经济技术开发区。

5月16日 省政府印发《关于省属独立科研院所管理体制改革的决定》。

5月31日 国家旅游局批准婺源县为生态旅游县。婺源成为全国第二个、南方第一个国家级生态旅游县。

6月3日 全省移民建镇工作表彰大会召开。全省第一期移民建镇工作取得阶段性胜利,新(扩)建的37个集镇、150个中心村、856个基层村已基本建成,11.5万户移民住房绝大部分建成。

6月5日 K-8E飞机首飞仪式暨纪念中国第一架强-5首飞35周年大会在洪都航空工业集团召开。

6月30日 全国农业行政综合执法试点总结会议在南昌召开。

7月10日 经国务院批复同意,省政府发出通知,撤销抚州地区和县级临川市,设立地级抚州市,抚州市设立临川区;撤销上饶地区和县级上饶市,设立地级上饶市,上饶市设立信州区。

7月17日 省委、省政府印发《关于进一步加快小城镇发展的决定》,提出全省小城镇建设五年发展目标和措施等。

12月16日 省委召开常委和省人大、省政府、省政协党组成员会议,总结全省两年来"三讲"教育情况。江西省"三讲"教育自1998年底开始试点,而后分级分批展开,已基本完成。

是年 "九五"期间,江西人民生活总体达到小康水平。全省城镇居民人均可支配收入由1995年的3376.56元增加到2000年的5104元,农民人均纯收入由1537.36元增加到2135元。扶贫工作成效显著,从"八七"扶贫攻坚计划之初到2000年底,全省贫困人口由450万人减少到61万人。

二〇〇一年

2 月 16 日—23 日　省九届人大四次会议举行。会议通过《江西省立法条例》,并组建省人大法制委员会。

4 月 11 日　省委常委会召开会议,决定在樟树市、崇义县、余干县开展农村税费改革试点工作。

4 月 21 日　全省第一家水务局——分宜县水务局成立。11 月 14 日,全省首家地级市水务局——萍乡市水务局成立。

5 月 29 日—6 月 3 日　中共中央总书记、国家主席、中央军委主席江泽民在上饶市、景德镇市、九江市、南昌市的企业、农村、学校、科研院所考察。江泽民强调,加强党的思想建设、组织建设、作风建设,都要把密切党同人民群众的血肉联系作为重要目标和重要内容;密切党与群众的联系,关键要为群众办事,要深入群众、深入基层、深入实际;加强和改进党的建设,必须联系改革和发展的实际来进行,必须联系解决群众发展生产和改善生活的愿望来进行,必须联系解决群众的实际问题来进行。这个原则,必须坚持不懈地贯彻到加强党的建设的各项工作中去。

8 月 3 日—5 日　省委十届十三次全体(扩大)会议在井冈山市召开。会议以“解放思想、加快发展”为主题,审议通过《中共江西省委关于进一步解放思想加快经济发展的若干意见》。

8 月 7 日　省委、省政府印发《江西省“十五”期间依法治省规划》,明确依法治省的指导思想。

8 月 23 日　省委、省政府印发《关于加强城市社会建设的意见》。

9 月 21 日　中宣部公布第八届“五个一工程”奖评选结果，江西 9 件作品获奖：电影《毛泽东与斯诺》、广播剧《铁窗英雄》、电视剧《兵哥兵妹》、戏剧《远山》、歌曲《永远的井冈山》、广播剧《大禹的传说》、图书《从民主新路到依法治国》、理论文献电视片《共和国的摇篮》、理论文章《中国共产党是中国先进文化前进方向的忠实代表》。

10 月 1 日　萍乡秋收起义广场竣工。中共中央总书记江泽民为秋收起义纪念碑题写碑名。

11 月 7 日　纪念中央革命根据地创建暨中华苏维埃共和国临时中央政府成立 70 周年大会在瑞金召开。

11 月 9 日　全省第一个博士后科研流动站——南昌大学材料科学与工程博士后科研流动站揭牌设立。

12 月 12 日—16 日　中共江西省第十一次代表大会举行。会议作出实现江西在中部地区崛起的战略决策。

12 月 28 日　赣粤高速公路赣州至定南段开工建设。赣定段是全省实行公路体制改革后第一条以地方为业主单位建设的高速公路。

二〇〇二年

1 月 18 日—19 日　全省加强横向经济合作扩大招商引资工作会议召开。会议强调,全省上下必须进一步增强机遇意识和加快发展的紧迫感、责任感,加大对外开放力度,多层次、宽领域、全方位开展外引内联,在更大范围、更高层次上拓展与兄弟省市,特别是沿海发达地区的横向经济联合 。

1 月 22 日　省委、省政府印发《关于建立处置重大安全事故和群体性事件工作机制的意见》。

1 月 23 日　省委、省政府发布《关于严格控制机构编制的通知》。

3 月 19 日　江西 94 个电网趸售县(市、区)的供电企业全部完成股份制改革。江西成为全国第一个全面完成县级供电企业股份制改革的省份。

4 月 1 日—2 日　全省农村税费改革试点工作会议召开,动员、部署、启动全省农村税费改革试点工作。

4 月 12 日—18 日　江西省学习考察团在浙江省学习考察。其间,赣浙双方签订《关于进一步加强两省经济技术合作的协议》;江西省政府与浙江大学签订《关于建立浙江大学科技园(江西)的协议》;举办江西横向经济合作(温州)项目洽谈会,签订合作项目 924 项,引进省外资金合同金额 202 亿元。

4 月 15 日　省委召开电视电话会议,动员和部署在全省范围内开展一次为期 3 个月左右的“塑造江西人新形象”主题教育活动。

5 月 18 日 省直和中央驻赣单位定点扶贫工作会议召开。会议指出,"八七"扶贫攻坚计划期间,全省共有 2000 多个党政机关和企事业单位参与 493 个贫困乡、2171 个贫困村的定点扶贫;有 100 多个省直党政机关、省属企事业和中央驻赣单位组织扶贫工作组定点扶贫,取得明显成效。

6 月 17 日 在全省实行半个世纪的"农转非计划指标管理"正式退出历史舞台。

6 月 21 日—23 日 中共江西省代表会议举行。会议选举产生 39 名江西省出席党的十六大的代表;通过省委《关于学习浙江经验,进一步提高改革开放水平,加快经济发展的意见(讨论稿)》,省政府《关于深化省属国有企业改革的若干意见》《关于进一步加快民营经济发展的若干意见》《关于进一步加快工业园区建设推进城市化进程的若干意见》《关于进一步优化政务环境的若干意见》4 个配套文件。

7 月 8 日 南昌大学教授江风益、洪都航空工业集团高级工程师石屏获中组部、中宣部、人事部、科技部"杰出专业技术人才"荣誉称号。

7 月 南昌大学科技园被科技部和教育部批准为国家大学科技园,这标志着江西实现了创建国家级大学科技园"零"的突破。

8 月 10 日 省委办公厅、省政府办公厅印发《关于加快农业产业化省级龙头企业发展的若干政策规定》,从加大投入、税收优惠、优化环境方面提出 16 条政策规定。

8 月 14 日—18 日 江西省学习考察团在福建省学习考察。其间,两省签订《关于进一步加强两省经济技术全面合作的协议》;18 日,江西横向经济合作(厦门)洽谈会举办,签约合作项目 1085 项,总投资 363.2 亿元,其中"三外"资金 353.41 亿元。

8 月 25 日 115 户 469 名三峡移民顺利抵达奉新县。至此,江西省全面完成国务院下达的 5000 名移民安置任务。

8 月 27 日 省政府印发《江西省城市居民最低生活保障办法》。

8 月 29 日 省政府印发《江西省国家公务员录用规定》。

10 月 12 日—13 日 全省再就业工作会议召开。会议要求,把劳动保障工作的重点转到促进下岗失业人员再就业上来,努力实现全省城镇从业人员和跨省劳务输出总量逐步增长,逐步缓解城镇就业问题突出的矛盾,尤其要抓好增加就业岗位和帮助“4050”人员再就业两项工作。

10 月 28 日 南方粮食交易市场在九江开业。该市场的设立填补了中国大米中心市场建设空白,也标志着江西省粮食市场体系建设进入新阶段。

12 月 28 日 国家重点工程上海至瑞丽国道主干线江西玉山梨园至进贤温家圳高速公路建成通车。这是江西省第一条出省大通道。

12 月 31 日 南丰傩戏等 10 种音乐、舞蹈、戏剧被联合国教科文组织列入世界无形文化遗产。

二〇〇三年

2 月　历时四年的“平垸行洪、移民建镇、退田还湖”工作，使鄱阳湖湖区面积由原来的 3900 平方千米扩大到 5100 平方千米，基本恢复到 1954 年的水平。四年的移民建镇工作，共平退圩堤 427 座，90.82 万人迁出湖区并搬到高处居住；鄱阳湖蓄洪能力由原来的 298 亿立方米增加到 359 亿立方米。

3 月 8 日　由昌河飞机工业集团公司和中国直升机设计研究所共同研制生产的直十一单发改型直升机在景德镇成功实现首飞。

4 月 7 日　全省农村税费改革工作会议召开，部署落实进一步做好乡镇机构改革和人员分流等 8 项措施，深化农村税费改革工作。11 日，省委、省政府印发《关于进一步推进农村税费配套改革的意见》。

4 月 14 日　省委、省政府发布《关于认真贯彻〈中共中央、国务院关于做好农业和农村工作的意见〉的通知》。

4 月 16 日　省委召开电视电话会议，全面动员和部署全省“弘扬井冈精神，兴我美好江西”主题教育活动。省委决定，从 4 月中旬起，在全省范围内开展这一主题教育活动。

4 月 24 日　全省领导干部会议召开，强调要竭尽全力打好防治非典型肺炎这场硬仗，改进作风，以第一等的工作再创新的业绩。29 日，省防治非典型肺炎指挥部成立。30 日，江西首例输入性非典型肺炎重症患者康复出院。江西抗击非典型肺炎取得病人“零”死亡、一线医务人员和工作人员“零”感染、疫情“零”扩散的重要胜利。

5月7日 国务院批准南昌昌北国际机场对外籍飞机开放，意味着江西拥有了继九江港之后第二个对境外开放的一类口岸。

5月12日 南昌市第一医院护理部原主任章金媛荣获第三十九届南丁格尔奖章，这是江西省首位获此殊荣的护理人员。

6月18日 省委、省政府印发《关于加强公共卫生工作的意见》。

6月20日 中国井冈山干部学院在井冈山开工建设。2005年3月20日，中国井冈山干部学院开学暨竣工典礼举行。

7月11日 省委印发《关于做好大规模培训干部工作的意见》，要求5年内使全体在职干部普遍轮训一遍。

7月15日—17日 省委召开十一届四次全会。会议通过《中共江西省委关于深入学习贯彻"三个代表"重要思想，进一步开创改革开放和经济发展新局面的意见》，作出"对接长珠闽，融入全球化"的重大决策，并就抓好与沿海发达地区对接与互动、进一步解决好"三农"问题、促进工业园区有序健康发展、加快中心城市建设和县域经济发展等提出一系列政策措施，进一步深化和完善了发展思路。

8月28日—9月1日 中共中央总书记、国家主席胡锦涛在赣州市和会昌县、瑞金市、兴国县、于都县以及南昌市等地，就加快经济社会发展、关心群众生产生活和加强干部作风建设进行调研。

8月30日 省政府与中国科学院签署《江西省人民政府与中国科学院科技合作协议书》。

9月16日 全省再就业工作会议召开。会议强调，要始终把扩大就业作为经济社会发展的重要战略目标，作为各级党委和政府的一项重要工作摆在更加突出的位置。

9月20日 江铜贵冶三期工程竣工投产，江铜由此形成年产铜40万吨综合生产能力，一举跻身世界铜业十强。

9月22日 梨温高速与浙江杭金衢高速实现对接，打通了江西第一条出省高速通道。

10 月 17 日 省委、省政府发布《关于进一步加快体育事业发展的决定》。

10 月 23 日 浙赣闽皖首次签署旅游区域合作宣言，四省携手打造旅游经济圈。

10 月 24 日 根据第十一届省委第十七次常委会会议精神，省委办公厅、省政府办公厅印发《“江西优秀新闻奖”“江西优秀文学艺术奖”“江西优秀理论成果奖”评选办法（试行）》。这是江西设立的新闻、文艺、理论领域的省级最高奖项。

11 月 22 日 全省工业园区工作领导小组第一次会议召开，审定《江西省工业园区发展规划（2003—2007 年）》等 6 个规范工业园区建设的文件。提出，要把工业园区建设成为经济发展的带动区、体制改革和科技创新的试验区、城市发展的新区、与国际接轨的前沿区。

11 月 27 日 九江市被国务院列为全国电子政务试点城市。

12 月 17 日 为纪念毛泽东诞辰 110 周年而拍摄的大型革命历史题材电影《毛泽东去安源》江西首映式在萍乡举行。

12 月 18 日 省委、省政府印发《江西省人民政府机构改革实施意见》。经过调整，省政府工作部门 41 个，其中，省政府办公厅和组成部门 24 个，直属特设机构 1 个，直属机构 16 个；另设议事协调机构的办事机构 2 个，部门管理机构 5 个。

同日 中宣部公布第九届精神文明建设“五个一工程”奖评选结果，江西的广播剧《马克思的一天》、图书《国家行动：三峡大移民》获“优秀作品奖”；电视剧《我们的连队》、戏剧《乡里法官》、歌曲《山里山外》、理论文献电视片《军旗从这里升起》获“入选作品奖”，省委宣传部获“组织工作奖”。

12 月 28 日 全省第一家集体改制的省属企业集团——江西钨业集团有限公司成立。

二〇〇四年

1月5日　省委、省政府印发《关于贯彻〈中共中央、国务院关于促进农民增加收入若干政策的意见〉的实施意见》。

同日　南昌有色冶金设计研究院副总工程师张文海和江西洪都航空工业集团有限公司飞机研究所设计师石屏当选中国工程院院士，填补了21世纪以来江西无中国工程院院士的空白。

1月16日　赣粤高速公路泰和—赣州—龙南段建成通车。至此，全省高速公路突破1000千米，达1038千米。

1月　在全国旅游工作会议上，江西联合北京、上海、福建、广东、陕西和河北，共同签署《七省市共同发展红色旅游郑州宣言》，率先吹响共同发展红色旅游的号角。

2月4日—5日　全省农村工作会议召开。会议强调，要牢牢把握粮食安全和农民增收两大主题，进一步开创农业和农村工作新局面。

2月5日　全省新型农村合作医疗试点工作会议召开。分宜县等7个试点县(市、区)216.76万农民参加合作医疗。2008年，江西实现新型农村合作医疗农业人口全覆盖。

2月12日　省委、省政府印发《关于加快林业发展的决定》，明确提出建设比较完备的森林生态体系和比较发达的林业产业体系。

2月15日　省委发布《关于认真学习贯彻〈中国共产党党内监督条例(试行)〉的通知》。

2月25日　省委发布《关于深入学习宣传贯彻〈中国共产党纪律

处分条例〉的通知》。

3月31日 省委、省政府发布《关于促进粮食生产致全省农民朋友的公开信》,宣布降低农业税税率3个百分点;对种粮农民实行直接补贴;实行粮食最低收购价。

4月9日—11日 上海市党政代表团在江西考察访问。其间,赣沪两地签署《江西与上海关于进一步加强两省市经济技术合作的协议》;上海向江西革命老区捐赠5000万元;双方签约项目31个,签约金额34.358亿元。

4月23日 省政府印发《关于进一步加快我省商品流通业改革与发展的意见》。

4月28日 江西首条国际航线——“南昌—新加坡”国际航线顺利开航。

5月18日 井冈山机场正式通航。

5月26日 江西省农村信用社联合社揭牌成立,标志着全省农村金融发展进入一个新阶段。

5月28日 省委决定,设立省委第一、第二、第三巡视组。7月8日,省委就全省巡视工作进行部署。

6月18日 省政府印发《贯彻〈国务院关于进一步加强农村教育工作的决定〉的实施意见》。

7月28日 省政府印发《关于进一步深化粮食流通体制改革的实施意见》。

7月 省纪委、省监察厅发布《关于治理党政领导干部违反规定接受和赠送现金、有价证券、支付凭证(简称“红包”)问题的通知》,决定对党政领导干部违反规定接受和赠送“红包”进行专项治理。

8月6日 全省深化农村税费改革工作会议召开,部署全省农村税费改革第二步工作。会议指出,要认真做好农村税费改革第二步“两取消、三改革”工作，推动农村社会和经济全面协调发展。

8月27日 省委、省政府印发《关于深化林业产权制度改革的意见》。28日，全省林业产权制度改革工作会议召开。会议提出，要切实保护农民利益，减轻农民负担，积极稳妥推进林业产权制度改革。

8月28日 三峡最后一批878名移民落户浮梁县。五年间，江西共接受安置8633人。

9月26日 江西交通发展史上的重要里程碑——京福高速公路江西南段温沙高速公路、沪瑞高速公路江西西段昌金高速公路通车，标志着江西“天”字高速公路主骨架形成。

9月 江西林权制度改革在崇义、铜鼓、遂川、德兴、武宁、浮梁、黎川7个重点林业县(市)进行试点。2005年4月，在全省范围内全面铺开林权制度改革工作。2006年5月，启动配套改革工作。2007年4月，林权制度改革主体工作基本完成并取得重大的阶段性成果。

11月6日 亚洲最大、中国唯一的蒸谷米加工项目——中粮(江西)米业有限公司在进贤县正式投产，填补了中国蒸谷米生产及出口的空白。

12月1日 《江西省红色旅游发展纲要》颁布实施，标志着江西红色旅游步入发展快车道。

12月15日 省政府与教育部在南昌签署共建南昌大学协议，标志着江西结束了没有国家重点支持的高等院校的历史。

是年 全省地税收入首次突破100亿元。

二〇〇五年

1月10日 省委、省政府印发《关于贯彻中发〔2005〕1号文件，进一步提高农业综合生产能力的意见》，就进一步做好农业标准化工作，使江西农业经济尽快适应加入世贸组织后所面临的新形势，全面提高农产品质量，促进农业增效和农民增收作出安排。

1月13日 卫生部派出的江西省消除丝虫病审评组专家宣布，江西实现全省消除丝虫病。这是江西继消灭天花之后消除的第二种疾病。

1月16日—18日 省委召开十一届八次全体（扩大）会议。会议通过《省委常委会2004年度工作报告》。会议宣布，从2005年起全部免征农业税及附加，江西省较全国提前一年免征农业税，实现农民“零”负担。

1月21日 省委印发《关于开展以实践“三个代表”重要思想为主要内容的保持共产党员先进性教育活动的实施意见》。

3月20日 省委印发《关于进一步推进党政领导干部选拔任用制度改革的意见》。

3月25日 省委印发《关于在全省集中开展“建设和谐平安江西，共创富民兴赣大业”主题教育活动的意见》。

3月29日 《江西日报》报道，2005年起，全省所有农村特困群众家庭和城市低保户家庭子女义务教育阶段全面实行“两免一补”政策。江西成为全国首个对城市低保家庭义务教育阶段的孩子实行“两免一补”的省份。

4月15日 省政府印发《江西省中长期科技发展规划及“十一五”科技专项规划工作方案》，着眼于江西未来5—15年经济、社会和科技发展的要求，从全局性、战略性、前瞻性、可操作性的高度进行总体设计和统筹安排。

4月16日 省委、省政府召开全省林业产权制度改革工作会议，总结林改试点工作，动员和部署全面推进林业产权制度改革工作。会议决定，从2005年开始，用两年时间，基本完成全省林业产权制度改革工作。

6月3日 经国务院批准，江西第一个出口加工区——九江出口加工区正式设立。

6月22日 省政府批转省教育厅《江西省教育振兴行动计划(2004—2007年)》，就加快构建体系完整、布局合理、发展均衡的具有江西地方特色的现代国民教育体系作出安排。

7月22日 省委、省政府印发《关于推动全民创业、加快富民兴赣的若干意见》。

同日 省委、省政府印发《关于维护社会稳定、推进和谐平安建设的若干意见》，就维护社会稳定、推进和谐平安建设作出具体部署。

8月24日 经教育部批准，省委、省政府决定，南昌大学和江西医学院合并组建的南昌大学正式揭牌。

9月10日 省委印发《江西省建立健全教育、制度、监督并重的惩治和预防腐败体系实施意见》，对建立健全惩治和预防腐败体系工作作出全面部署。

9月20日 省政府举行村村通电话工程表彰大会，宣布江西在中西部率先实现村村通电话。

10月27日 省政府印发《关于表彰首届优秀高技能人才的决

定》，授予叶健敏等20名同志“江西省优秀高技能人才”荣誉称号。

11月7日 省委办公厅、省政府办公厅印发《关于贯彻〈中共中央办公厅、国务院办公厅关于进一步推行政务公开的意见〉的实施意见》。

11月16日 全省第一条全封闭、全立交、双向六车道绕城高速公路——乐化至温家圳高速公路建成通车。

11月25日 昌河利亚纳轿车在九江下线，标志着江西生产的第一辆真正意义上的轿车诞生。

12月15日—17日 省委召开十一届十次全会。会议通过《中共江西省委关于制定全省国民经济和社会发展第十一个五年规划的建议》，明确“十一五”时期大力推进农业农村现代化、新型工业化、新型城镇化、经济国际化和市场化，建设创新创业江西、绿色生态江西和和谐平安江西的目标和要求。

12月28日 省委、省政府印发《关于进一步加强民族工作，加快民族地区经济社会发展的意见》。

12月 江西完成第一次经济普查。截至2004年12月31日，与2001年第二次全国基本单位普查的同口径数据比较，私营企业增长最快，制造业吸纳就业居各行业之首，第二、第三产业就业人数均超过300万人。

二〇〇六年

1月6日 省政府办公厅发布《关于加强湿地保护管理的通知》。

1月12日 省政府发布《江西省突发公共事件总体应急预案》。

1月17日 省委、省政府印发《关于推进社会主义新农村建设的实施意见》，明确建设社会主义新农村的目标是“五新一好”，即发展新产业、培育新农民、建设新村镇、树立新风尚、形成新机制、创建好班子。

2月8日—12日 省十届人大四次会议举行。会议通过《江西省国民经济和社会发展第十一个五年规划纲要》等相关决议，指出争取“在促进中部地区崛起中有更大作为”，是进入新一个五年全省工作的大局，要务必树立永久奋斗的思想，努力在“十一五”期间实现人均生产总值过2000美元的新跨越。

3月24日 省委决定，从4月1日开始，在全省广泛开展“科学发展、和谐创业”主题教育活动。

5月10日 省委、省政府印发《江西省“十一五”期间依法治省规划》。

5月19日 省委、省政府印发《关于大力发展红色旅游的若干意见》，明确提出把江西建成红色旅游强省。

6月6日 省政府公布江西首批省级非物质文化遗产名录62项。

6月14日 省委、省政府印发《关于实施江西省中长期科学和技术发展规划纲要，增强自主创新能力的决定》，强调营造激励自主创新环境，提高全省自主创新能力，建设创新型江西。

6月20日　全省第一个国家级出口加工区——九江出口加工区通过验收，封关运作。

7月1日　江西省在中部地区率先建立农村居民最低生活保障制度。

7月22日　省委、省政府印发《关于积极发展乡村旅游，着力打造绿色家园，促进社会主义新农村建设的意见》。

8月16日　全国首家气相二氧化硅生产企业——卡博特蓝星化工（江西）有限公司年产4800吨气相二氧化硅项目竣工投产。

10月14日　省委召开全省党员领导干部会议，宣布省委、省政府决定，从2007年起在全省范围内免除农村义务教育阶段学生学杂费，农村义务教育全面纳入公共财政经费保障范围。

10月25日　省政府印发《关于解决农民工问题的实施意见》，明确提出改善农民工就业环境，保障农民工合法权益。

11月5日　全省农村综合改革工作会议召开。会议指出，要以转变乡镇政府职能为重点，深化乡镇机构改革；以落实农村义务教育经费保障新机制为重点，深化农村义务教育改革；以增强基层财政保障能力为重点，深化县乡财政管理体制改革，稳妥化解乡村财务问题，坚决制止发生新的债务，严格对农民负担的监督管理，坚决防止农民负担反弹。

11月14日　交通部与省政府签署《关于落实中央一号文件农村公路建设任务的实施意见》。

12月30日　省政府印发《关于积极推进经济适用住房建设和完善廉租住房制度的若干意见》，要求逐步建立公正、公平、规范有序的经济适用住房和廉租住房管理体制。

二〇〇七年

1 月 24 日　省委、省政府印发《关于贯彻〈中共中央、国务院关于积极发展现代农业扎实推进社会主义新农村建设的若干意见〉的实施意见》。

2 月 28 日　江西工业史上第一个投资超百亿的重大项目——总投资 126 亿元的新钢 300 万吨薄板工程开工建设。

4 月 5 日　省委办公厅转发《省委宣传部关于在全省集中开展“创新创业,共建和谐”主题教育活动的实施意见》。10 日,全省“创新创业,共建和谐”主题教育活动电视电话动员大会举行。

4 月 26 日　省委办公厅、省政府办公厅发布《关于开展以“党旗引领致富路,携手共建新农村”为主题的定点包扶贫困村工作的通知》。

5 月 7 日　经国家旅游局批准,庐山、井冈山成为国家首批 5A 级旅游景区。

5 月 10 日　《江西省推进城镇居民基本医疗保险的指导意见》出台,在全省范围内全面启动城镇居民医保。全省 600 多万城镇居民全部参加医疗保险,江西城镇居民医保工作走在了全国最前面。

5 月 31 日　省政府召开全省节能减排、淘汰落后钢铁工业产能及整治违法排污企业环保专项行动电视电话会。

6 月 12 日　省纪委就贯彻《中共中央纪委关于严格禁止利用职务上的便利谋取不正当利益的若干规定》发布通知,严禁利用职务上的便利谋取不正当利益。

6月27日　省委、省政府印发《关于贯彻落实温家宝总理重要指示，全面深化林业产权制度改革的意见》，明确提出抓住机遇，深入推进林业产权制度改革等10条具体要求和举措。

7月30日　省政府印发《关于继续实施山江湖工程、推进绿色生态江西建设的若干实施意见》，要求不断提升江西可持续发展能力，走出一条生产发展、生活富裕、生态良好的文明发展道路。

8月26日　省政府办公厅印发《江西省工业园区污水达标排放专项行动方案》《江西省五河源头保护区污染物零排放专项行动方案》《江西省设区市城市中心区有毒有害气体排放控制专项行动方案》《江西省二级饮用水源保护区污水零排放专项行动方案》《江西省设区市城市污水处理设施建设专项行动方案》《江西省淘汰煤锅炉（窑炉）专项行动方案》《江西省尾矿库整治专项行动方案》。

9月7日　中宣部公布第十届（2003—2006年）精神文明建设“五个一工程”奖评选结果，江西共有6个门类9项作品获奖。其中，电影《东京审判》、电视剧《红领章》《沙场点兵》、歌曲《把城里的哥哥娶回家》、广播剧《三个人的学校》获“优秀作品奖”，电视剧《铁色高原》等4部作品获“入选作品奖”，省委宣传部获“组织工作一等奖”。

9月14日　省政府办公厅转发省经贸委《关于实施新型工业化战略加快向工业强省转变的若干意见》，指出建设工业强省，打造“三个重要基地”，实现“一个转变”。

10月19日　湖南醴潭高速公路竣工通车，沪昆高速湖南段和江西段全面对接。至此，南昌至周边省会城市公路实现全部高速化。

11月26日　全省农村低保工作会议召开。会议强调，要以科学发展观为指导，进一步规范和完善农村最低生活保障制度，全面提升农村低保工作水平，为构建社会主义和谐社会和实现江西崛起新跨越作出新贡献。

同日 江西首座风电场——总装机容量3万千瓦的矶山湖风电场在都昌县开工建设,2009年1月投产运行。

12月12日 省财政厅发布的统计数字显示:2007年1—11月,全省财政总收入591亿元,增长27.4%。全省99个县(市、区)财政总收入全部突破亿元大关。这是江西历史上首次实现财政收入亿元县全覆盖。

12月15日 井冈山、韶山、遵义、延安、石家庄(西柏坡)五大革命圣地发表《推进中国红色旅游持续健康发展共同宣言》,表示今后五地将加强区域联动、通过情景再现增强红色旅游的参与性和体验性,实现红色旅游可持续发展。

12月29日 江铜集团2007年销售收入突破500亿元,是江西首家销售收入突破500亿元的企业。

同日 江西省农业科学院颜龙安研究员当选中国工程院院士。颜龙安是我国籼型杂交水稻研究的开拓者和主要发明人之一。1972年,他带领课题组最早育出野败籼型不育系"珍汕97A"和"二九矮4号A"。"珍汕97A"是我国应用时间最长、选配组合最多、推广面积最大、效益最好的不育系,累计推广面积18.74亿亩,占全国杂交稻种植总面积的56.13%,增产稻谷1874.4亿公斤,为中国乃至世界粮食安全作出了重大贡献。

是年 全省规模以上工业主要经济指标在2004年三年翻番的基础上,实现了三年再翻一番,进入全国工业"急行军"第二方阵。

二〇〇八年

1月6日　省政府发文将“资源节约和环境保护”列入对市县政府的综合考核评价指标，这在全国尚属首例。

1月9日　文化部为赣皖共建的国家级“徽州文化生态保护实验区”授牌。

1月21日　贵溪市2007年财政收入20.7亿元，成为江西第一个财政收入超过20亿元的县（市）。

1月25日　省委、省政府印发《关于转变经济发展方式促进经济集约发展的若干意见》，要求紧紧抓住加快转变经济发展方式和完善社会主义市场经济机制这两个关键环节，开创全省经济社会又好又快发展新局面。

1月中下旬—2月　江西持续雨雪灾害性天气。2月12日，南京军区1.2万名解放军指战员紧急奔赴江西，同省军区1.3万余名官兵和民兵预备役人员一道，参与抗灾救灾，支援江西电力设施抢修。

2月13日　宜春市跻身国家卫生城市。2012年12月13日，宜春市再获“国家卫生城市”称号。

2月26日　全国首个低空无人驾驶飞机产业基地落地南昌。

2月28日　中央决定开展深入学习实践科学发展观试点工作。江西被列为6个省部级试点单位之一。

3月3日　在全国政协十一届一次会议上，江西25位全国政协委员联名提交《关于支持江西建设环鄱阳湖生态经济试验区的建议》的提案，在全国“两会”上引起强烈反响。

3月14日　婺源农户小额信用贷款通过ISO9001国际质量认证。这是全国农户小额信贷模式首次通过国际认可，也是中国首个通过国际质量认证的金融产品。

3月22日　省委、省政府印发《关于开展向颜龙安院士学习的决定》，要求全省科技工作要以增强自主创新能力、建设创新型江西为主线，坚持面向经济建设主战场，面向江西的现实和长远发展，走出一条以引进消化吸收再创新和集成创新为主的具有江西特色的自主创新道路。

5月12日　四川省汶川县发生8级强烈地震，牵动着江西全省人民的心。当晚，省委、省政府向四川省委、省政府致慰问电，决定向四川地震灾区捐款500万元。14日晚，江西400名特警和消防官兵飞赴四川，其中134名消防官兵徒步进入汶川。截至6月15日，全省支援四川灾区募捐款8.97亿元，其中“特殊党费”2.3亿元，另有价值9326万元的救灾物资。

5月19日　赣州出口加工区正式封关运行。加上此前已经封关运行的九江、南昌出口加工区，江西成为中西部地区出口加工区数量最多的省份，并形成了北部、中部、南部“三点一线”的全方位出口加工新格局。

7月1日　国家重点工程、中国第一条跨鄱阳湖铁路——铜陵至九江铁路开通运营。

7月7日　三清山列入《世界遗产名录》，成为中国第七个、江西首个世界自然遗产地。

7月8日　江西省一次性注资2亿元给四川省小金县，其中1亿元用于解决困难群众住房建设和生活补贴，1亿元用于对口援助的37个项目的启动资金。此举标志着江西对口支援小金县灾后重建项目全面启动。11 月 11 日,省政府办公厅印发《江西省对口支援四川省小金县地震灾后恢复重建三年规划实施方案》。

7 月 29 日—8 月 1 日 省十一届人大常委会第四次会议举行。会议决定任命党外干部为省交通厅厅长。这是 1963 年以来,党外干部首次担任省政府组成部门正职。会议还在全国首次建立高校师生旁听会议制度,邀请 3 名高校师生代表旁听。

8 月 1 日 全省第一批 45 个县(市)污水处理设施全面开工建设。这标志着全省重大生态环保工程正式实施,标志着建设鄱阳湖生态经济区正式启动。12 月 3 日,全省第二批 40 个县(市)污水处理设施开工建设。至此,全省所有县(市)污水处理设施已全面开工建设。

8 月 8 日 第 29 届奥运会在北京开幕。北京奥运会使用的烟花 60% 来自江西李渡。

8 月 15 日 省委召开十二届七次全体(扩大)会议。会议通报了全省开展深入学习实践科学发展观活动试点工作的有关情况,进行了满意度测评;通过《中共江西省委全委会工作规则(试行)》《中共江西省委常务委员会工作规则(试行)》。

8 月 26 日 省委、省政府印发《关于坚持以人为本进一步保障和改善民生的意见》,从 12 个方面提出了 55 条措施,使发展成果更好地惠及全省人民。

8 月 27 日 省委常委会召开会议,听取南昌市工作汇报,研究如何支持南昌做强做大。

同日 省委、省政府印发《关于加强青少年体育增强青少年体质的实施意见》。

8 月 29 日 全省第七届村(居)民委员会换届选举工作会议召开。本次选举将进行“自荐直选”试点、试行女性候选人“定位产生”制度、完善村委会选举监督机制等创新。

9月9日 赣州市被命名为“国家园林城市”。

9月16日 省“十百千亿”工程重点建设项目——江西10万吨铜板带项目开工建设。该项目将填补国内高精度铜板带材加工空白。

10月25日 省委印发《江西省贯彻落实〈建立健全惩治和预防腐败体系2008—2012年工作规划〉实施办法》。

11月13日 国内首台单机容量35万千瓦超临界示范机组——华能瑞金电厂一号机组实现并网发电。2009年1月6日，华能瑞金电厂一期工程建成投产，标志着赣南革命老区结束了没有强大电源支撑的历史。

11月26日 由省委、省政府主办的“中国红歌会”在北京人民大会堂隆重举行。

二〇〇九年

1月1日 省委印发《关于深入学习实践科学发展观 努力在促进中部崛起中有更大作为的决定》，要求全省各级党组织和广大党员干部特别是领导干部要把学习实践科学发展观作为一项长期任务，不断深化，不断提高，不断探索，不断创新，进一步巩固扩大试点工作的成果，走出一条中部欠发达省份科学发展的新路子，努力在促进中部地区崛起中有更大作为。

1月4日 省委、省政府决定，2009年在全省乡镇以上党政机关和有行政管理职能的部门及公共服务单位开展机关效能年活动。

1月12日 省政府发布《关于聘任洪葵等15位学者为江西省高等学校“井冈学者”特聘教授的决定》。

1月19日 省委、省政府印发《关于创建最优发展环境的决定》，就创建优质高效的政务和服务环境、宽松透明的市场和企业经营环境、优越的创新创业成长环境、公平正义的法制和社会环境作出规定，努力使江西的发展环境在中部地区乃至全国处于最优水平。

1月20日 省委办公厅、省政府办公厅发布《关于严格执行公务接待规定的通知》，要求大力简化接待礼仪、严格执行接待标准、切实加强接待管理。

1月22日 省政府办公厅转发省财政厅、省发改委《关于江西省从事个体经营有关人员3年内免收行政事业性收费项目的通知》。

1月24日—26日 中共中央总书记、国家主席、中央军委主席胡锦涛在井冈山和南昌市慰问考察，并与江西人民群众一道共迎新春佳节。

2月9日 省政府办公厅印发《江西省清理化解农村义务教育“普九”债务试点实施方案》。

2月10日 省政府发布《关于进一步扩大省直管县财政体制改革试点范围的通知》。2009年，省直管县财政体制改革试点县（市）扩大到80个，新增21个。至此，全省所有县（市）全部纳入改革试点范围。

同日 省政府办公厅印发《江西省加快廉租住房建设实施方案》。

2月13日 省政府办公厅印发《江西省关于开展小额贷款公司试点工作的实施意见》《江西省小额贷款公司试点暂行管理办法》，进一步改善“三农”和中小企业金融服务，缓解融资难问题。

2月16日 经党中央、国务院批准，《江西省人民政府机构改革实施方案》正式公布。经调整，省政府设置工作部门40个，其中省政府办公厅和组成部门24个，直属特设机构1个，直属机构15个。此外，设置部门管理机构8个。

同日 由江西首次单独组建的维和警队启程赴东帝汶执行维和任务。5月27日，江西首支赴东帝汶维和警队的21名维和警察圆满完成任务返回。11月7日，江西21名赴东帝汶维和警察荣获联合国和平勋章。

2月19日 省政府印发《2009年民生工程安排意见》。省政府决定，在连续两年大力实施民生工程的基础上，2009年省财政安排160亿元，集中办好涉及群众切身利益的60件实事。

同日 省政府发布《关于取消政府还贷二级公路和保留一级公路、经营性二级公路收费站的公告》。自2月21日零时起，统一取消全省政府还贷二级公路（含桥梁）收费站点。

2月26日 景德镇“宝蓝瓷”问世，标志着手工绘制不能规模生产的千年难题终被破解。

2月28日 江西工业发展史上建设规模最大、投资最多、技术含量最高的工程项目——新余钢铁有限责任公司300万吨薄板工程I系列，历时两年建设后正式投产。

同日 江西投资规模最大、跨度最长、施工难度最大的两跨赣江的公路桥——南昌洪都—英雄大桥正式投入运行。

3月16日 省政府印发《关于加强市县政府依法行政的实施意见》。

同日 江西第一个陆路区域通关口岸——深圳梅林口岸正式运行。

3月23日 在全国超级稻评议中，江西的"荣优3号"（淦鑫203）、"金优458"和"春光1号"早稻品种（组合）被确认为超级稻，占2009年全国确认的超级稻品种的1/3。其中，由省农科院选育、具有自主知识产权的"金优458"和"春光1号"两个早稻品种填补了江西早稻超级稻的空白，标志着江西拥有了自己的超级早稻品种。

3月 全国首家专营融合金融资本投向扶贫开发担保公司——宁都县扶贫开发担保有限公司成立。

4月3日 省直单位行政审批事项清理工作新闻发布会召开，部署了有关工作。清理工作结束后，省级行政许可项目保留330项，精简压缩295项；省级投资项目审批事项共保留71项，精简压缩84项；同时大幅缩短审批时限。

4月9日 省政府印发《关于加强"五河一湖"及东江源头环境保护的若干意见》，明确加强"五河一湖"及东江源头环境保护是保护江西生态环境特别是水环境的重中之重。

同日 江西袁政海、李贵镇、徐全龙、朱增玲、兰师明、左立雄、魏新、甘毅华8名在企业生产一线的高级技师首次被推荐并获准享受国务院政府特殊津贴。这是江西高级技能人才首次获准享受国务院政府特殊津贴。

4月10日 《江西日报》报道，经过15年努力，玉山县四股桥乡农技员杨玉梁选育成功世界上第一个富含天然维生素A的特种水稻“紫香宝糯1号”，并集成“紫香宝糯的种植技术及其开发应用”技术，开拓了水稻研究新领域，具有广阔应用前景，获国家发明专利。

4月28日 瑞金至赣州高速公路建成通车，结束了瑞金市、于都县、会昌县、赣县、章贡区没有高速公路的历史。

5月9日 江西省“光明·微笑”工程启动，标志着江西为20万白内障患者和1.2万例唇腭裂患者手术的免费治疗工程正式拉开帷幕。至2010年1月，全省累计完成130368例白内障和6267例唇腭裂免费手术。江西实施“光明·微笑”工程入选“2009年全国十大最具影响力医改新举措”。

5月15日 全省加强土地管理工作会议召开。会议强调要全面落实最严格的土地管理制度，坚决守住4300万亩耕地底线。

5月26日 洪都航空工业集团有限责任公司与中国商用飞机有限责任公司在上海签署供应商理解备忘录，成为中国大飞机项目的首批9家国内供应商之一，标志着江西正式入围大飞机项目。

5月30日—6月1日 全省新农村建设环境整治（垃圾处理）经验交流现场会在鹰潭召开，进一步动员部署全省大规模开展农村垃圾无害化处理工作。

6月1日 自即日起，全省农村孕产妇住院分娩可获补助，参加新型农村合作医疗的孕产妇在县、乡医疗机构自然分娩免费。

6月8日 由洪都集团自主研制的猎鹰（L15）高级教练机05架在南昌首飞成功。

6月9日—13日 第五届泛珠论坛暨经贸洽谈会在南宁举行。会议期间,江西签约项目 77 个,总投资 142.46 亿元。

6 月 11 日 江西发现首例输入性甲型 H1N1 流感确诊病例。19 日,患者痊愈出院。

6 月 15 日 省政府印发《关于科技创新"六个一"工程的实施意见》,提出在 2009—2012 年实施科技创新"六个一"工程。

6 月 18 日 省委、省政府印发《关于深化医药卫生体制改革的实施意见》,明确深化医药卫生体制改革的总体目标和主要任务,并对 2011 年前要着力推进的五项医药卫生体制方面的改革进行总体部署。

6 月 25 日 省政府办公厅印发《江西省中小学校舍安全工程实施方案》。

7 月 4 日 全省第七届村(居)委会选举工作圆满完成。全省 17083 个村委会、2438 个居委会共选举产生村委会成员 59952 人、居委会成员 11487 人。

7 月 6 日 全省农村危房改造试点工作会议召开。

同日 省政府办公厅转发省住建厅、省发改委、省财政厅、省民政厅、省扶贫和移民办制定的《江西省 2009 年农村危房改造试点实施方案》。

7 月 8 日 上饶市与福建宁德市正式签署《关于建设出海通道的合作框架协议》,开始着手在宁德开发建设出海港口。此举标志着地处内陆的上饶乃至江西实现了自营海港的重大突破,无沿海港口即将成为历史。

7 月 9 日 省政府办公厅印发《关于江西省食品安全整顿工作实施方案的通知》。

7 月 10 日 科技部、国资委、中华全国总工会公布 111 家第二批国家创新型企业名单,江西有 4 家企业入选,分别是江西铜业集团公司、江中药业股份有限公司、泰豪科技股份有限公司、江西汇仁药业有限公司。同时，江西还有4家企业被确定为第三批国家创新型试点企业，分别是崇义章源钨业股份有限公司、思创数码科技股份有限公司、南昌弘益科技有限公司、江西诚志生物工程有限公司。

7月16日 省委、省政府印发《关于加快旅游产业大省建设的若干意见》，明确了旅游产业大省建设的总体要求、发展目标、重点工作、政策措施和组织保障等方面的内容，确定将旅游产业发展情况纳入省政府对市县政府考核评价体系。

7月24日 国务院审批通过《南昌市城市快速轨道交通近期建设规划》，同意南昌市建设城市轨道交通。29日，南昌城市快速轨道交通工程开工奠基仪式举行。

同日 省委办公厅、省政府办公厅印发《江西省贯彻落实〈关于实行党政领导干部问责的暂行规定〉的实施办法》，就实行党政领导干部问责作出具体规定。

同日 省委办公厅、省政府办公厅印发《关于对违反党风廉政建设责任制规定的行为实施责任追究的办法（试行）》，就违反党风廉政建设责任制实行责任追究作出规定。

同日 省委办公厅印发《关于党委（党组）实施"三重一大"事项集体决策制度的若干意见（试行）》，规定凡属重大决策、重要干部任免、重大项目安排和大额度资金使用，由领导班子以会议形式集体讨论决定，主要领导末位发言；主要领导不直接分管财务、人事；不得以传阅会签或个别征求意见等方式代替集体决策，严禁领导干部个人拍板。

8月9日 中国化工集团蓝星星火有机硅扩改一体化项目在永修县开建。该项目总投资80亿元，到2010年底江西星火有机硅厂有机硅年单体产量将达50万吨，成为世界最大的有机硅生产基地。

9月6日 全省投资规模最大的水利工程——峡江水利枢纽工程开工建设。2013年8月1日正式下闸蓄水。2013年9月1日，首台机组并网发电。

9月8日 世界第一个单体万吨级高纯硅项目在江西赛维LDK太阳能有限公司成功投产。

9月21日 中宣部第十一届(2007—2009年)精神文明建设“五个一工程”奖评选结果揭晓,江西的电视剧《井冈山》《地上地下》、电影《从头再来》、戏剧《井冈山》《快乐标兵》、歌曲《旗帜》、广播剧《重返鄱阳湖》、图书《腰门》《千古一梦——中国人第一次离开地球的故事》等6个门类9部作品获得“优秀作品奖”,省委宣传部获“组织工作奖”。江西的获奖总数在全国排名第二,是江西有史以来取得的最好成绩。

11月9日 全国首个锂电新能源产业基地在宜春开园建设。锂电新能源产业成为江西第四个千亿元工程和省重点发展产业。

11月15日 江西发布国内首个以“绿色崛起之路——江西省低碳经济社会发展纲要”为名的白皮书,阐述了江西低碳经济发展区域布局的思路。

11月16日 全球第一条双线双结大面积硅基高效薄膜太阳能电池项目在南昌高新区竣工投产。这是当时世界上在建科技水平最高、规模最大、技术最先进的8.5代薄膜太阳能电池项目。

11月17日—19日 由国家发改委、科技部、工信部、财政部、环保部、住建部、国资委7部委和江西省人民政府共同主办的首届世界低碳与生态经济大会暨技术博览会在南昌举行。

11月18日 中国首台具有自主知识产权的2.0兆瓦永磁直驱风力发电机在新余研制成功,该技术由力德风力发电(江西)有限责任公司自主研制,标志着中国永磁直驱风力发电技术达到世界领先水平。

11月24日 省政府印发《江西省新型农村社会养老保险试点实施办法》。江西于2009年在全省范围内选择新建县、于都县、永丰县、万载县、乐安县、渝水区、婺源县、修水县、月湖区、浮梁县、芦溪县11个县(区)进行试点,2020年之前基本实现对农村适龄居民的全覆盖。

12月12日　国务院正式批复《鄱阳湖生态经济区规划》,标志着鄱阳湖生态经济区建设上升为国家战略。这是新中国成立以来,江西第一个上升为国家战略的区域性发展规划。

12月15日　全省文化体制改革和文化产业工作会议召开。23日,省委下发《关于深化文化体制改革加快文化事业和文化产业发展的决定》。

12月29日　省政府印发《江西省十大战略性新兴产业发展规划》,着重实施一批重大工程和项目。

二〇一〇年

1月4日 省委、省政府召开全省机关效能年活动总结暨创业服务年活动动员电视电话会议。会议宣读了《江西省开展创业服务年活动实施方案》,决定2010年在全省开展创业服务年活动。

1月5日 江西电网用电负荷攀升至1013万千瓦,首次突破1000万千瓦,创下用电负荷历史新高。

1月13日 全省城市和国有工矿棚户区改造工作会议在吉安召开。会议确定全省城市棚户区改造工作的目标任务:用两年时间改造城市棚户区2030万平方米,解决23.8万户82.6万人的住房困难。4月9日,省政府办公厅印发《关于加快我省城市棚户区(危旧住宅区)改造的实施意见(试行)》。

1月18日 鹰潭市入选首批62个"国家新型工业化产业示范基地",也是江西唯一入选城市。

2月1日 省政府印发《2010年民生工程安排意见》,决定2010年投入240亿元财政性资金集中办好涉及群众切身利益的65件实事。

2月5日 全省首个国家级保税物流中心——南昌市保税物流中心(B型)通过验收。江西从此结束了没有国家级保税物流中心的历史,开始享受沿海保税区的优惠政策。

2月8日 省委办公厅印发《关于促进民族乡经济社会又好又快发展的意见》,提出全省8个民族乡2010—2012年经济社会发展的主要目标,并确定了相关政策措施。

2 月 全省金融机构本外币存款突破万亿元大关，存款余额达10024.83 亿元，挺进全国“万亿元俱乐部”，这也是江西经济运行中出现的首个万亿元经济数据。

3 月 10 日 在住房和城乡建设部和国家旅游局公布的第一批 105个“全国特色景观旅游名镇（村）示范名单”中，江西省婺源县江湾镇、浮梁县瑶里镇、横峰县葛源镇、铜鼓县大塅镇、高安市新街镇贾家村和吉水县金滩镇燕坊村 6 个镇（村）入选。

3 月 18 日 由中航工业昌飞公司和中航工业直升机所自主研制的中国首架大型民用直升机 AC313 首飞成功。这标志着中国具备自主研制大型直升机的能力。

3 月 23 日 省政府印发《关于进一步促进中小企业发展的实施意见》，明确支持中小企业发展的 24 条政策措施。

3 月 25 日 省委十二届十二次全体（扩大）会议召开。会议指出，科学发展是在新的发展阶段坚持发展是硬道理的本质要求；进位赶超是争取江西在全国应有地位的衡量标准，就是全省经济总量达到全国3.3%；绿色崛起是实现江西崛起的路径模式。

4 月 2 日 省委印发《关于贯彻落实〈中国共产党巡视工作条例（试行）〉的实施意见（试行）》，就完善巡视工作领导体制和工作机制、规范巡视工作程序、落实巡视工作各项任务、重视巡视成果运用、规范巡视工作制度作出规定。

同日 国内首座 100% 稻壳燃料热电联产火电项目在新干县工业园区金佳谷物生物质能源有限公司成功实现并网发电。该项目可形成年发电 4200 万千瓦时生产能力，可节约标准煤 14 万吨，年减少排放二氧化碳气体 4 万吨。

同日 宜春出入境检验检疫局鞋类实验室通过中国合格评定国家认可委员会（CNAS）现场评审，江西出口鞋类实现自主检测，结束了出口鞋类产品送外省检测的历史。

4月8日 为强化对党员领导干部的管理监督，坚决防止和克服干部考察失真和“带病提拔”现象，省委决定，将配偶、子女及其配偶从业情况，近3年配备和使用公务用车情况，违反规定收送现金、有价证券、支付凭证等情况，参与赌博或变相赌博情况，违反规定到营业性娱乐场所活动情况5项个人事项纳入江西干部公示内容，此举首开全国干部人事制度改革先河。

4月9日 中国城市国际协会正式授予宜春市“中国宜居城市”称号，这是江西首个通过宜居城市科学评价指标体系考核的宜居城市。

4月14日 青海省玉树县发生7级地震，江西省委、省政府于当日向青海省委、省政府发出慰问电。15日，江西首支由32人组成的抗震救援队在灾区展开救援工作。

4月27日 在第七届中国城市森林论坛上，新余市荣获江西首个“国家森林城市”称号。

5月1日 《江西省公共机构节能管理办法》正式施行。这是江西第一部全面、系统规范公共机构节能工作的专门性政府规章。

同日 上海世博会江西馆正式开馆。以“生态江西”为主题的江西馆总面积600平方米，3个青花瓷容器造型的展馆外形是最大亮点。

5月5日 省委常委会召开会议，研究部署推进农垦、粮食、农业、水利、交通、林业、商贸流通7个系统国有企业改革工作。截至2012年7月底，全省7个系统1782户国有企业已全部完成改制任务，共安置在职职工363460人。

5月11日 省政府印发《关于推进义务教育均衡发展的意见》。

5月24日 低空航测无人飞机在南昌首飞成功并完成低空航测，标志着江西测绘作业进入地面地下测量、有人航测、无人航测多元化的新时代。

5月31日 全国食品领域首个国家重点实验室——南昌大学食品科学与技术国家重点实验室正式揭牌。

6月4日 省委、省政府印发《关于加快推进新型城镇化的若干意见》。这是改革开放以来第一次以文件的形式，明确全省加快推进新型城镇化建设的总体要求、基本原则、主要目标、重要内容和政策措施，并对加强城市规划、建设、管理等工作进行部署。

6月9日 江西省国防科技行业生产力促进中心、江西省机械行业生产力促进中心和宜春市生产力促进中心被科技部认定为第九批国家级示范生产力促进中心。

6月10日 江西出台返城未安置就业知青养老保险政策，从2010年起，江西5万名返城未安置就业知青可自愿参加城镇企业职工基本养老保险，或参照未参保城镇大集体企业退休人员享受养老生活补助，实现老有所养。

6月21日 18时30分，抚州市临川区抚河唱凯堤灵山何家段发生决口。胡锦涛总书记、温家宝总理对江西防汛抗洪作出重要指示，要求把保障人民群众生命安全放在第一位，努力把灾害造成的损失减少到最低。

8月2日 第三十四届世界遗产大会通过表决，将由龙虎山(含龟峰)等国内六大景区组成的"中国丹霞"正式列入《世界遗产名录》。龙虎山成为继庐山之后江西第二个集世界遗产和世界地质公园双桂冠于一身的景区。

同日 井冈山市、余干县、广昌县、修水县被确定为国家"连片开发"试点县。

8月9日 赣州至崇义、奉新至铜鼓、上饶至德兴、浮梁至黄山、吉安至莲花高速公路同时开工奠基，创造了江西高速公路建设史上一次性开工项目最多、建设里程最长、投资总额最大的新纪录，标志着到

2012 年全省高速公路通车里程突破 4000 千米的项目全部落地。

8 月 16 日 江西洪都商用飞机股份有限公司成立暨南昌航空工业城(民机部件装配厂)项目开工建设。

8 月 25 日 江西省又一重大民生工程——儿童白血病、先天性心脏病免费救治试点工作启动。

8 月 27 日 省委、省政府印发《江西省中长期人才发展规划纲要(2010—2020 年)》。

同日 省政府印发《〈鄱阳湖生态经济区规划〉实施方案》。

8 月 27 日—29 日 第六届泛珠三角区域合作与发展论坛暨经贸洽谈会在福州举行。在本届洽谈会上,江西共签约项目 65 个,总投资 154.8 亿元。

8 月 29 日 赣闽两省签署《关于加强闽赣两省海西港口经济合作的框架协议》《闽赣两省全面实施跨省区进出口货物直通放行和区域通关协作备忘录》,规定自 9 月 15 日起,赣闽两省将实行区域通关合作,在全国率先实施跨省区进出口货物直通放行和区域通关协作制度。

9 月 20 日 中部地区第一条城际高铁——昌九城际铁路正式开通运营,标志着江西进入高铁时代。

同日 江西飓风化工有限公司宣布,中国自主开发、具有完全自主知识产权的全球首套万吨级催化合成工业乙撑胺生产装置在宜春市建成投产,打破了由世界少数跨国化工集团垄断中国乙撑胺市场的局面。

10 月 15 日 全国首批 330 千伏直降式自然冷却大型有载调压整流变压器在南昌试制成功,填补了国内这一产品的空白。

10 月 18 日 萍乡市被评为 2010 年度全国“可再生能源建筑应用示范城市”。

10 月 28 日 江西规模最大的风电项目——老爷庙风电项目在都昌县开工建设。

10 月 2010 年 1 月—10 月，鹰潭市铜产业主营业务收入已达 1046 亿元，成为全省设区市中首个千亿元产业。

11 月 2 日 省政府办公厅印发《关于进一步推进殡葬改革加强殡葬管理的通知》。

11 月 15 日 全省钢铁行业实现主营业务收入 1002.76 亿元，首次突破千亿元大关。这也是江西继有色金属行业后第二个主营业务收入超千亿元的行业。

11 月 20 日—22 日 以“生态中国、绿色江西”为主题的中国鄱阳湖国际生态文化节在南昌举办。

11 月 29 日 江西艺术中心大剧院举行竣工首演。江西艺术中心是省内建设规模最大、投资最多、功能最全的文化设施重点建设项目，总建筑面积 4.87 万平方米，总投资 5 亿元。

11 月 30 日 南昌经济技术开发区白水湖污水处理厂等 10 个全省工业园区污水处理设施建设示范工程集体开工建设。

12 月 1 日 C919 大型客机铝锂合金机身等直段部段在中航工业洪都大飞机部装厂房顺利下线，标志着中航工业洪都参与 C919 大型客机研制工作迈出坚实的一步。

12 月 14 日 江西 13 名科技工作者被中国科协授予“全国优秀科技工作者”称号，南昌大学教授江风益获“十佳全国优秀科技工作者提名奖”。

同日 工信部公布第二批创建国家新型工业化产业示范基地名单，江西赣州经济开发区、新余高新技术产业园区入选。

12 月 28 日 共青城市正式挂牌成立。至此，江西县级行政区达 100 个。

同日 省委印发《关于制定全省国民经济和社会发展第十二个五年规划的建议》，提出制定全省“十二五”规划的指导思想和基本原则、经济社会发展主要目标。

同日 省委和省委部门新闻发言人首次集体亮相，标志着江西党委新闻发言人制度建设向前迈出了坚实的一步。

12 月底 江西省所有的乡镇卫生院和政府举办的社区卫生服务机构实施国家基本药物制度，实现全省基本药物制度基层全覆盖。此举入选 2010 年度全国十大最具影响力医改新举措。

是年 全省实现林业产业总产值 1050 亿元，首次突破千亿元大关。

二〇一一年

1月6日　全省教育工作会议召开。会议强调，要坚持把教育摆在优先发展的战略地位，努力走出一条具有江西特色的教育事业科学发展新路子，力争到2020年与全国同步基本实现教育现代化，进入人力资源强省行列。

1月10日　省城镇开发投资有限公司成立，并融资130亿元用于全省棚户区改造和保障性住房建设。

1月19日　省委办公厅印发《中共江西省委巡视组工作规则（试行）》，就巡视工作领导体制与工作原则、巡视范围与巡视内容、人员组成与职责分工、工作程序与工作方式、工作纪律与责任追究等事项作出规定。

1月　江西获批组建硅基半导体照明工程技术研究中心和红壤改良工程技术研究中心两个国家工程技术研究中心。至此，全省国家工程技术研究中心增至5家。

2月14日　“感动中国”2010年度人物评选结果在北京揭晓，江西省宜春市火海救人的王茂华、谭良才当选“感动中国”2010年度获奖人物。

3月3日　省政府办公厅印发《江西省“十二五”省级扶持贫困村名单》。经省政府批准，确定兴国县埠头乡程水村等3400个村为全省“十二五”省级扶持贫困村。

3月14日　国务院办公厅批复江西省人民政府、海关总署《关于同意设立江西井冈山出口加工区的复函》，同意在井冈山经济技术开发区内设立江西井冈山出口加工区，规划面积2.25平方千米。

3月28日 农业部公布2010年中国最有魅力休闲乡村名单，井冈山市菖蒲村入选。

3月30日 省政府办公厅印发《关于深入开展2011年粮食稳定增产行动确保完成全年405亿斤目标的实施意见》，就全省深入开展粮食稳定增产行动提出12条实施意见。

4月13日 省政府办公厅发布《关于开展农村集体土地确权登记发证工作的通知》。

4月15日 省政府印发《关于推进国有林场改革的指导意见》。

4月26日 江西在中央电视台推出旅游宣传片《江西风景独好》，"江西风景独好"成为江西旅游宣传口号。

5月26日 全球首个开源技术的公有云——中国鄱阳云计算中心在南昌启动运营，标志着江西"智慧鄱阳湖"工程取得重大突破。

5月28日 文化部、财政部公布第一批创建国家公共文化服务体系示范区（项目）名单，江西省赣州市入选创建国家公共文化服务体系示范区，宜春市"一乡一色""一村一品"特色文化建设、南昌市社区文化在线入选创建国家公共文化服务体系示范项目。

6月9日 第三批国家级非物质文化遗产名录揭晓，江西有11个项目入选，分别是传统音乐类九江山歌，传统戏剧类赣剧、星子西河戏、高安采茶戏、抚州采茶戏、德安潘公戏，传统舞蹈类信丰古陂蓆狮舞，传统美术类新干剪纸，传统技艺类鄱阳脱胎漆器髹饰技艺，民俗类新建西山万寿宫庙会、南昌市湾里区元宵节上坂关公灯。至此，全省拥有国家级非物质文化遗产46项。

6月20日 省委、省政府印发《江西省"十二五"期间依法治省规划》，要求各级党委和政府通过完善立法、依法行政、公正司法、普法教育、强化监督等途径全面深化依法治省各项工作，加快法治江西建设。

6月21日　都昌老爷庙风电场风机吊装完成。这是江西省迄今最大的风电项目，计划安装单机容量1500千瓦的风电机组33台，设计年发电量1.02亿千瓦时。

7月12日　历时两年时间精心打造的大型历史风情魔幻歌舞《神奇赣鄱》在南昌举行首演。

7月25日　省政府印发《江西省城镇居民社会养老保险试点实施办法》。27日，全省城镇居民社会养老保险试点部署暨新型农村社会养老保险扩大试点工作会议召开。会议指出，要坚持“保基本、广覆盖、有弹性、可持续”的基本原则，采取多项措施，扎实推进试点工作，确保2011年全省两项制度试点覆盖面达到77%，到2012年基本实现全覆盖。

8月6日　省政府办公厅印发《关于加快发展乡村旅游的若干意见》。

8月18日　江西在全国率先开展又一重大民生工程——尿毒症困难患者可获免费血透救治。

9月14日　江西“12348”法律援助咨询专线平台正式开通。

9月15日　省委办公厅、省政府办公厅发布《关于在全省实施“一村一名大学生工程”的通知》。

9月22日　2011年泛珠三角区域合作行政首长联席会议在南昌召开。会上，研究提出协调推进重大合作项目及合作事项的原则、方式和工作机制等，签署了《2011年泛珠三角区域合作行政首长联席会议纪要》。

同日　省政府与海南省政府在南昌签署两省战略合作框架协议以及旅游合作、大学合作、产业园区合作3个专项协议。这标志着两省合作发展进入全面对接、不断深化的重要时期。

10 月 13 日　中国气象局与省政府在南昌签订合作协议，合作共建气象防灾减灾综合保障工程和鄱阳湖生态经济区气象灾害应急示范工程等项目，共同提升江西气象防灾减灾能力。

同日　江西铜业集团发布公告，2011 年前三季度，江铜共实现销售收入 1018 亿元，同比增长 59%，成为国内铜行业首家销售收入超千亿元的企业。

10 月 26 日—30 日　中共江西省第十三次代表大会在南昌举行。大会正式代表 670 名，代表全省 200.3 万党员。大会提出，在新的起点上进一步推进科学发展、进位赶超、绿色崛起，为建设富裕和谐秀美江西而不懈奋斗。

10 月　省交通运输厅在全省启动农村公路综合服务站建设试点，首批建设 50 个，两年共建 100 个省级试点服务站。此举在全国属首创。

11 月 2 日—6 日　由商务部、省政府共同主办的第四届中国绿色食品博览会在南昌开幕。本届绿博会以“绿色、生态、发展”为主题。

11 月 7 日　江西省纪念中央革命根据地创建暨中华苏维埃共和国成立 80 周年大会在瑞金市沙洲坝“二苏大”会址举行。

11 月 15 日　省委、省政府印发《关于分类推进事业单位改革的实施意见》，明确要按照社会功能将现有事业单位划分为承担行政职能、从事生产经营活动和从事公益服务 3 个类别，分类指导、分业推进、分级组织、分步实施，稳步推进事业单位改革，不断创新事业单位体制机制。

11 月 30 日　截至目前，江西省旅游总收入 1070 亿元，首次突破千亿元大关，宣告江西旅游进入“千亿元俱乐部”。

12 月 9 日　江西农业大学校长黄路生当选中国科学院院士。黄路生是中国生猪遗传育种研究领域的权威专家，是江西省自 1955 年以来当选的第一位中科院院士。

12 月 16 日 江西所有 113 个公共图书馆、114 个文化馆（群众艺术馆）和 1629 个乡镇综合文化站自今日起全部实行免费开放。

12 月 20 日 全省扶贫开发工作会议召开。会议全面总结 21 世纪以来江西扶贫开发工作取得的主要成就和基本经验，深刻分析扶贫开发面临的新形势新任务，动员部署全省上下打好新一轮扶贫开发攻坚战，确保到 2020 年与全国一道实现全面建设小康社会的目标。

12 月 29 日 中航工业洪都数控机械加工厂开始加工 C919 大型客机前机身的首件零件，标志着洪都 C919 大型客机项目转入全面研制阶段。

12 月 31 日 省委、省政府印发《江西省农村扶贫开发纲要（2011—2020 年）》，要求各级党委和政府把扶贫开发作为全省“三农”工作重点任务，确保实现中央和省委、省政府提出的新一轮扶贫开发目标。

二〇一二年

1月2日　经科技部批准，以江西师范大学为依托单位的“国家单糖化学合成工程技术研究中心”立项建设，标志着江西科技创新再添一个国家级平台。

1月4日　省委、省政府召开全省发展提升年活动总结暨集中整治影响发展环境的干部作风突出问题活动电视电话会议。会议强调，要努力解决少数机关和干部工作作风中的“慵、懒、散”问题，领导作风中的“假、浮、蛮”问题，为政不廉的“私、奢、贪”问题，以及行政审批中的低效率等问题，进一步提升机关办事效能和服务水平，努力营造中部地区乃至全国一流的发展环境。

1月16日　省政府印发《关于开展鄱阳湖综合整治坚决保护“一湖清水”的意见》，强调要实现人与鄱阳湖和谐共处，生态效益与经济效益良性互动。

1月21日　经国务院审定，江西齐云山、阳际峰两个自然保护区晋升为国家级自然保护区。

同日　农业部公布第二批国家现代农业示范区名单，江西省万载县、赣县、分宜县、临川区榜上有名。

2月6日　国务院总理温家宝回信信丰果农袁守根。他指出，赣南脐橙发展有很大潜力，只要坚持科学种养，提高品质，搞活流通，就大有可为。

2月27日　省政府办公厅印发《关于保障性安居工程建设和管理

的实施意见》，启动全省全面推行廉租住房、公共租赁住房、经济适用房“三房合一”的保障房建管模式改革。

3月19日 国务院扶贫开发领导小组办公室发布《国家扶贫开发工作重点县名单》，江西省莲花、修水、赣县、上犹、安远、宁都、于都、兴国、会昌、寻乌、吉安、遂川、万安、永新、井冈山、乐安、广昌、上饶、横峰、余干、鄱阳21个县（市）名列其中。

3月26日 南昌大学国家大学科技园在科技部、教育部国家大学科技园评价报告中被评为A类（优秀），成为江西唯一跻身全国一流的国家大学科技园。

同日 国家旅游局公布首批全国旅游标准化示范县名单。全国共有5个县获此殊荣，婺源县是江西唯一获此殊荣的县。

4月6日 全国首个省级电力规划研究中心——江西省电力规划研究中心在南昌揭牌。

4月22日 全国首个页岩气调查开发研究机构——江西省页岩气调查开发研究院正式成立。

5月25日 省委、省政府在九江召开全省深入推进九江沿江开放开发工作会。会议强调，要进一步动员全省上下聚焦沿江、聚力沿江，迅速掀起新一轮九江沿江开放开发的新高潮，实现沿江地区大开放、大开发、大发展，为建设富裕和谐秀美江西作出新的更大贡献。

6月6日 省委、省政府召开全力支持南昌发展、打造核心增长极动员大会。会议强调，要举全省之力，全力支持南昌加快发展，把南昌打造成带动全省发展的核心增长极。

6月8日 省政府印发《江西省质量发展纲要（2011—2020年）》。国务院《质量发展纲要（2011—2020年）》印发后，江西是全国第一个颁布省级质量发展纲要的省份。

6月28日 《国务院关于支持赣南等原中央苏区振兴发展的若干

意见》正式出台。这是江西继鄱阳湖生态经济区之后又一国家重要区域发展战略。

7月1日 江西最后一批23个县(市、区)启动新农保和城居保试点,实现了两项制度全省全覆盖。

8月16日 省"赣鄱英才555工程"专项办公室发布《江西省"赣鄱英才555工程"公告》,提出从2010年开始,在10年之内,重点在前3—5年,面向海内外引进500名急需紧缺的高层次人才来赣创新创业;柔性引进500名具有国际先进水平、国内顶尖水平的高端人才为赣发展服务;立足本省选拔500名高层次创新创业人才进行重点培养。

9月6日 省政府印发《关于进一步实施商标发展战略的意见》,这是江西首次专门为商标发展发文。

9月20日 三清山被联合国教科文组织批准为世界地质公园,成为全国第27处世界地质公园。

9月21日 江西省首批10个"2011协同创新中心"正式成立。

9月26日 赣南等原中央苏区和特困片区扶贫攻坚督促会召开。会议强调,要按照"科学规划、创新机制、集成资源、加大力度、转变作风、务求实效"的总体要求,以开阔的视野、系统的思维和统筹的办法,实现扶贫攻坚工作新的更大突破。

9月 中宣部第十二届精神文明建设"五个一工程"奖评选结果揭晓,江西的电影《可爱的中国》、电视剧《红色摇篮》、赣南采茶戏《八子参军》、歌曲《莲花红莲花白》、广播剧《大法官梅汝璈》、图书《魔法小仙子》6个门类6部作品荣获"优秀作品奖",省委宣传部获"组织工作奖"。

10月23日 省委、省政府印发《关于大力推进科技协同创新的决定》,提出江西从2013年起,设立协同创新计划专项资金;到2020年,江西全社会研发投入占GDP比重达到2.5%,若干重点领域科技水平进入全国先进行列，成为创新型省份。

10月25日 江西检验检疫局和广东检验检疫局签署《支持赣南等原中央苏区振兴发展合作备忘录》，江西出口货物在广东各口岸出运都将享受产地检验、口岸免予抽查的直通放行模式。

10月30日 省发改委、省财政厅、省国土资源厅、省地矿局、省煤田地质局、省能源局印发《江西省页岩气勘探、开发和利用规划（2011—2020年）》。

10月下旬 工信部正式命名赣州市为“稀土王国”。

11月4日 省政府批准《江西省2020年高速公路修编规划》，提出到2020年，江西高速公路通车里程将达6050千米，形成“四纵六横八射”加14条联络线组成的网络。

11月13日 中国民航局华东地区管理局向中航工业昌飞颁发AC313、AC311两型直升机生产许可证。

同日 中航工业昌飞研制的武装直升机武直-10、通用直升机AC311亮相第九届中国国际航空航天博览会。

同日 《江西日报》报道，2012年江西在60个国家试点县（市、区）的基础上，将其余40个县（市、区）纳入省级免费孕前优生健康检查范围，在全国率先实现该项目在农村地区全覆盖，全省农村近43万人受益。

11月15日 全省首个高速公路改扩建工程——昌樟高速四改八项目开工。改扩建完成后，昌樟高速公路主线将由四车道扩至八车道，成为全省首条双向八车道高速公路。

同日 全国农村居民重大疾病医疗保障工作现场推进会在赣州市召开。

11月19日 省政府办公厅发布《关于进一步推动“一村一名大学生工程”的通知》。

11 月 20 日 省委发布《关于认真学习宣传贯彻党的十八大精神的通知》。

同日 景德镇国际陶瓷艺术创意中心“全国版权示范基地”授牌仪式在景德镇市御窑厂举行。这是经国家新闻出版总署、国家版权局批准后江西正式挂牌的首个“全国版权示范基地”。

11 月 21 日 工信部公布第一批稀土行业准入企业名单,江西 2 家企业入选。此后,工信部又陆续公布 4 批名单,江西共有 11 家企业获得准入资格。

同日 全省战略性新兴产业重大项目第五次协调推进会召开,协调推进 62 个战略性新兴产业重大项目。

11 月 23 日 全国首个集体林区森林认证试点——靖安项目通过国家预评估。

11 月 25 日 国务院批复同意建立支持赣南等原中央苏区振兴发展部际联席会议制度。

11 月 27 日—30 日 省十一届人大常委会第三十四次会议召开,通过《江西省遗体捐献条例》《江西省国土资源监督检查条例》等。

11 月 29 日 农业部与省政府在赣州举行国家级赣南脐橙批发市场建设启动仪式。

11 月 30 日 省教育厅发布《江西省关于做好外省籍务工人员随迁子女就地参加高考工作的实施意见》,宣布自 2014 年开始,外省籍务工人员随迁子女在江西高中阶段具有一年以上学习经历并取得学籍的,可在江西就地报名参加高考,并享受与本省户籍考生相同的招生录取政策。

12 月 2 日 省政府与工信部签署《关于支持推进江西省工业和信息化发展战略合作协议》。

12 月 5 日 联合国教科文组织中国人与生物圈国家委员会授予井

冈山国家级自然保护区“世界生物圈保护区”称号。

12 月 6 日 省政府印发《关于支持吉泰走廊打造重要增长带的若干意见》，明确了支持吉泰走廊打造重要增长带的总体要求、目标任务和政策举措。

12 月 11 日 省委发布《关于认真学习贯彻中央政治局改进工作作风、密切联系群众八项规定的通知》。

同日 省政府印发《江西省基本公共服务体系“十二五”规划》。

12 月 12 日 省政府办公厅印发《关于贯彻落实国办发〔2012〕49 号文件促进外贸稳定增长的实施意见》。

同日 有“光伏农业”美称的 20 兆瓦光伏农业科技大棚项目在乐平市正式启动。该项目是江西省首次将光伏新能源应用于农业领域。

12 月 19 日 晶能光电（江西）有限公司“硅衬底氮化镓基 LED 材料及大功率芯片技术”项目被评为 2012 年第十二届信息产业重大技术发明。

12 月 20 日 文化部发布《关于公布第四批国家级非物质文化遗产项目代表性传承人的通知》，江西 13 人入选。

12 月 23 日 《罗霄山片区区域发展与扶贫攻坚规划（2011—2020 年）》获国务院批复，成为江西第一个上升为国家层面的扶贫攻坚战略。规划区域范围包括江西、湖南两省 24 个县（市、区）。江西包括赣县、上犹、安远、宁都、于都、兴国、会昌、寻乌、石城、瑞金、南康、章贡、遂川、万安、永新、井冈山、莲花、乐安 18 县（市、区）。

同日 中国书法家协会正式命名江西省东乡县为“中国书法之乡”，并在东乡举行授牌仪式。

12 月 27 日—28 日 中共中央政治局常委、国务院副总理李克强在九江市调研。

12 月 28 日 省委办公厅、省政府办公厅印发《关于改进工作作风、密切联系群众的若干规定》，从改进调查研究、密切联系群众、精简会议活动、精简文件简报、改进公务接待、规范出国（境）管理、改进领导同志公务活动新闻报道、厉行勤俭节约、加强监督管理 9 个方面提出 59 条具体规定。

同日　中国南方红豆杉之乡·江西铜鼓授牌仪式暨新闻发布会举行，标志着铜鼓进入全国 24 个野生植物之乡行列。

12 月 31 日　随着赣崇（赣州至崇义）、吉莲（吉安至莲花）、德上（德兴至上饶）、抚吉（抚州至吉安）、龙杨（龙南至杨村赣粤界）5 条高速公路建成通车，全省高速公路通车里程突破 4000 千米，达 4260 千米，位居全国第八。以此为标志，全省 98 个县（市、区）通高速，“三纵四横”高速公路主骨架全面建成，并在全国率先基本建成国家高速公路“7918”网。

同日　省政府办公厅印发《江西省 2012—2015 年金属非金属矿山整顿关闭工作实施方案》。省政府决定在全省组织开展金属非金属矿山整顿攻坚战。到 2015 年底，全省关闭金属非金属矿山 903 家。

12 月　万年仙人洞最古老陶片入选美国《考古学》杂志评出的“2012 年全球十大考古发现”。

二〇一三年

1月3日 《江西日报》报道，江西省最近开展一轮增补基本药物集中招标，新增品规448个，加上原有的623个，全省基本药物品规达1071个。江西成为全国基本药物品规最多的省份之一。

1月6日 大唐抚州发电厂建设动员会在抚州举行。该电厂是江西省第一个百万机组火电建设项目，是全省电力发展“十二五”规划中的重点建设项目之一，被列入国务院支持赣南等原中央苏区振兴发展计划。

1月7日 《江西日报》报道，从2009年6月正式启动至2012年12月，江西共完成30.4万户农村危房改造任务，近120万人住上安心房。

1月8日 省委办公厅印发《党内法规和规范性文件清理工作实施方案》。

同日 省民政厅、省财政厅发布《关于发放艾滋病病毒感染儿童基本生活费有关问题的通知》。

同日 江西新增49个国家级生态乡镇。至此，全省共创建98个国家级生态乡镇。

1月11日 省民政厅、省财政厅、省人社厅、省卫生厅发布《关于进一步规范和完善城乡医疗救助制度的通知》。

同日 婺源县成为第二批国家有机产品认证示范创建县。

1月12日 全省14个村跻身“全国民主法治示范村”。

1月14日 客家文化(赣南)生态保护实验区获文化部批准设立。

1月16日 江西婺源县江湾景区被授予"国家5A级旅游景区"称号。这是江西继庐山、井冈山、三清山、龙虎山之后第5个国家5A级旅游景区,也是全省首个村落型国家5A级旅游景区。

同日 国电黄金埠电厂二期扩建工程建设动员会在余干县黄金埠电厂举行。该项目拟建两台100万千瓦超临界火电机组。建成后,黄金埠电厂将成为中部地区最大的火力发电企业。

1月18日 江西省首次将人民调解列入省政府民生工程。

1月19日 省委、省政府印发《关于加快农业农村转型发展推进城乡一体化的若干意见》。提出,有序推进农业转移人口市民化,逐步实现全省总人口1/3在城市、1/3在城镇、1/3在农村。

1月—2月 江西首次对设区市及省直单位党风廉政建设责任制落实和推进惩防体系建设情况开展单独检查考核。

2月1日 省政府印发《2013年民生工程安排意见》,筹集财政性资金约700亿元,集中办好涉及群众切身利益的76件实事。

2月5日 省政府办公厅印发新修订的《江西省自然灾害救助应急预案》。江西省是全国率先完成省级预案修订的省份。

2月6日 省政府印发《江西省主体功能区规划》。

同日 省政府印发《2013年公共财政政策安排意见》,提出省财政在连续几年加大投入的基础上,积极统筹财力,2013年增加安排104亿元,着重围绕9个方面实施57项公共财政政策。

同日 省政府办公厅下发《江西省人民政府关于进一步做好保障农民工工资支付工作的紧急通知》,要求认真落实保障农民工工资支付的管理责任,进一步加强对拖欠农民工工资案件的查处力度。

2月8日 2012年全省建材产业实现主营业务收入1060亿元,成为江西第6个主营业务收入过千亿元产业。

同日 江西共青城经济开发区(纺织服装)被认定为国家新型工业化产业示范基地。至此,全省共有7个国家新型工业化产业示范基地。

2月19日 江西新增11家国家4A级旅游景区。至此,全省共有55个4A级旅游景区。

2月25日 罗霄山片区区域发展与扶贫攻坚工作会议在赣州召开,《罗霄山片区区域发展与扶贫攻坚规划(2011—2020年)》正式启动实施,掀开了罗霄山片区广大群众加快脱贫致富的崭新篇章。

2月26日 江西省在全国率先出台县级公立医院综合改革试点工作岗位设置意见,13个县正在实施公立医院改革试点的26所县级公立医院,可实现聘用人员与编制内职工同工同酬。

同日 《江西日报》报道,全省国家级历史文化名镇名村达21个,数量居全国第四。

3月18日 经国务院批准,国家发改委印发《全国老工业基地调整改造规划(2013—2022年)》,九江、景德镇、萍乡3个设区市和南昌市青云谱区纳入该规划,实施老工业城市整体改造。2014年3月,南昌市洪都老工业区成为全国城区老工业区搬迁改造21个试点之一。

3月19日 人社部在南昌召开全国养老保险社会化发放工作座谈会,向全国推广江西养老金"直发"新模式。江西于2010年在省本级开展养老金"直发"试点,至2013年3月,全省"直发"率达90%,惠及全省180.9万离退休人员。

3月25日 省委常委会召开会议,审议通过《中共江西省委常委会议事决策规则(试行)》,研究加强省委常委会制度化、规范化建设等事项。

3月26日 全国休闲农业与乡村旅游现场交流会在南昌召开。会上,"南昌经验"备受全国关注。

3月29日 《江西日报》报道，江西省城市和农村孤儿基本生活费养育标准首次实现统一。

3月30日 赣州稀土集团有限公司正式运营，标志着赣州稀土产业向集约开发利用迈出关键步伐。

3月 赣州、吉安获批设立国家旅游扶贫试验区。

4月2日 工信部出台《关于支持赣南等原中央苏区工业和信息化发展的意见》，从7个方面提出18项具体举措，支持赣南等原中央苏区工业和信息化发展。

同日 浯溪口水利枢纽大坝主体工程正式破土动工，标志着这座国家重点水利工程进入全面建设阶段。

4月9日 省发改委、省旅游局印发《江西省乡村旅游发展规划（2013—2017年）》，计划用5年时间，把江西打造成在国内外有较大影响的文化生态型乡村旅游目的地，成为中国乡村旅游名省。到2017年，全省要建成300个A级乡村旅游点、1000家星级农家旅馆；全省乡村旅游接待人数达到1.4亿人次，旅游综合收入达到1130亿元。

4月11日 景德镇古窑民俗博览区通过全国旅游景区质量等级评定委员会评定，被批准为“国家5A级旅游景区”，成为江西第6个5A级景区，也是全国唯一一个以陶瓷文化为主题的5A级景区。

4月16日 《江西日报》报道，从2013年起，全省列入国家水土保持重点建设工程的县（市、区）由原来的16个增加为31个，规划治理面积3333平方千米。江西成为全国纳入该工程项目最多的省份。

同日 “江西好·赣西美”2013赣西旅游推介会在湖南长沙举行。长沙、株洲、湘潭、萍乡、宜春、新余六地签订《旅游联盟合作框架协议》，赣西三地重点景区与长株潭旅行社签订《赣西旅游推广协议》。

4月17日 国家电网公司正式印发《关于贯彻落实〈国务院关于支持赣南等原中央苏区振兴发展的若干意见〉的实施意见》，提出到

“十二五”末赣州建成新型农村电网。

4月19日 中直单位驻赣定点扶贫工作座谈会召开。

同日 全省新增横峰县葛源风景名胜区、乐安县流坑风景名胜区、南丰县潭湖风景名胜区3处省级风景名胜区。至此,全省省级风景名胜区达25处,国家级风景名胜区达14个。

4月24日 从2013年起连续3年,江西每年统筹整合50亿元资金,集中力量重点支持赣南等原中央苏区和特困片区县,以及高速公路沿线的5000个省级村进行新农村建设。

4月27日 省政府办公厅印发《关于进一步降低流通费用提高流通效率的实施意见》。

同日 景德镇至婺源(塔岭)高速公路(简称景婺黄高速)获评第十一届“中国土木工程詹天佑奖”,实现江西该奖项“零”的突破。

5月1日 省高级人民法院在抚州启动行政案件相对集中管辖试点。2017年7月1日,九江、景德镇、萍乡、赣州、宜春、上饶、吉安市参照“抚州样本”,全面推行行政案件相对集中管辖改革。南昌、新余、鹰潭市人民法院管辖的行政诉讼案件由南昌铁路运输两级法院集中管辖。

同日 即日起,南昌与九江实现医保双向互通即时结算。

5月2日 吉泰盆地和赣县、大余、南康发现4227平方千米富硒土壤,是“中国生态硒谷”丰城富硒土壤面积的8倍。

5月6日 省政府办公厅转发省教育厅、省财政厅、省发改委、省人社厅、省编办《关于江西省本科师范生免费教育实施意见》,决定从2013年秋季开学起,在江西师范大学实行本科师范生免费教育试点,每年招生1000名。

5月9日 农业部公布第一批中国重要农业文化遗产名单,江西万年县稻作文化系统入选。

5月10日—11日 国家节能考核组在江西考核2012年全省节能减排工作。2012年，全省万元GDP能耗为0.613吨标准煤，下降5.92%，超额完成3%年度节能计划目标。

5月11日 德兴市、武宁县、分宜县、铜鼓县、婺源县、芦溪县、安福县、章贡区、莲花县、遂川县被评为“首届江西生态文明建设十佳县(市、区)”。

5月13日 省政府召开专题会议，要求各施工工地做到6个100%，即施工现场100%围挡、工地砂土100%覆盖、工地路面100%硬化、拆除工程100%洒水、出工地运输车辆100%冲净车身且密闭无撒漏、暂不开发的场地100%绿化。

5月15日 省委办公厅、省政府办公厅印发《关于进一步改进作风、加强因公出国(境)管理工作的暂行规定》。

同日 《江西日报》报道，至2012年底，全省已设立61个博士后站，初步实现学科专业和支柱产业的覆盖。

5月16日 省政府与国土资源部签署协议，共建东华理工大学。

同日 “中国梦”主题宣传教育活动在南昌正式启动，将开展品读中国梦、感知中国梦、传递中国梦、唱响中国梦、践行中国梦五大系列共27项活动。

5月18日 《江西日报》报道，截至2012年底，省国资委出资监管企业拥有资产总额2419.5亿元，比2004年净增1576.4亿元，增长1.9倍；拥有净资产960.1亿元，比2004年净增671.2亿元，增长2.3倍。

5月20日 第五次省政府常务会议召开，听取南昌市关于九龙湖片区规划汇报，原则通过《南昌市九龙湖片区规划》。

5月22日 江西确定南昌县、共青城市、瑞昌市、上高县、龙南县、赣县6县(市)为第一批省级加工贸易梯度转移重点承接地。

5月31日 省政府办公厅印发《江西省地理信息产业发展规划

(2013—2020年)》,提出到2015年,全省地理信息相关产业年总产值超过40亿元,到2020年达到200亿元,达到国内先进水平。

5月 省政府办公厅印发《加快推进新一轮央企入赣行动计划》,明确加快推进央企入赣的目标和措施,提出要做好与央企的产业对接、技术对接、市场对接,2013—2015年,力争累计引进、落户100个以上“央企入赣”项目。

6月1日 江西省最长的公路隧道——井冈山特长隧道(6850米)实现双幅贯通。

6月5日—7日 2013年赣港经贸合作活动在香港举行。活动期间,全省签约重大项目117个,签约金额96.6亿美元,创历年新高。

6月7日 江西庐山、赣江源自然保护区入选国家级自然保护区名单。

同日 省环保厅、省保监局印发《江西省环境污染强制责任保险试点工作实施方案》,在全省涉重金属等高环境风险行业推进环境污染强制责任保险试点。

6月9日 南昌、九江、宜春、抚州的党政领导人在南昌就区域合作达成共识,拉开了共同构建省内“一圈两化”(即南昌一小时经济圈、昌九一体化、昌抚一体化)大南昌都市圈格局的发展序幕。

同日 江西国际经济技术合作公司与肯尼亚有关方面在南昌签订1.4亿美元的加里萨太阳能电站合作项目,帮助省内光伏企业开辟非洲光伏市场。

6月13日 《江西日报》报道,始建于公元937年的古代水利灌溉工程泰和县槎滩陂被国务院核定为第七批全国重点文物保护单位,这是江西首个“国宝”级水利灌溉工程。

6月15日 江西中医学院更名为“江西中医药大学”;在江西教育学院的基础上建立南昌师范学院,由成人本科师范院校改制为普通本科师范学院;在萍乡高等专科学校的基础上建立萍乡学院;在景德镇高等专科学校的基础上建立景德镇学院。

同日 《江西日报》报道,国家发改委批复,同意设立赣南承接产业转移示范区。

6月16日 第五届海峡论坛宣布增设鹰潭龙虎山等11处为海峡两岸交流基地。2017年4月,景德镇中国陶瓷博物馆获批成为省内第二家海峡两岸交流基地。

6月18日 位列国内最大文化旅游项目之一的南昌万达文化旅游城开工建设。2016年5月28日,该项目建成开业。

同日 江西积极探索的以设区市救助管理站为龙头、县级救助站为基础、街道临时救助点为补充、社区救助咨询引导点为依托的"四级联动"救助模式得到民政部的充分肯定,民政部决定在全国予以推广。这项工作自2010年开始,在全省1230个乡镇(街道)设立了临时救助点,3129个社区设立了救助咨询引导点。

6月19日 省委办公厅、省政府办公厅印发《关于全面推进农村扶贫帮扶到户工作的意见》,提出从2013年起,用6年时间对全省农村年人均纯收入2300元以下的贫困农户开展帮扶到户工作,到2018年底全省农村贫困发生率降至3%以下。

同日 省政府、工信部、教育部联合发文,共建江西理工大学。

6月21日 经省政府批准,吉安市青原区东固革命烈士纪念塔,泰和县革命烈士纪念馆(含老营盘纪念碑),万安县曾天宇烈士墓,遂川县革命烈士纪念馆,抚州市烈士陵园,南丰县醒依烈士公园,都昌县南山革命烈士陵园,宜丰县黄沙大捷纪念碑,铜鼓湘鄂赣革命烈士公园(含烈士纪念馆),莲花县革命烈士纪念馆,浮梁县程家山烈士陵园,赣州市革命烈士纪念馆,信丰县革命烈士陵园,石城县革命烈士纪念馆,井冈山市袁文才、王佐烈士墓,永新县张子清烈士墓,景德镇市瓷都烈士陵园，贵溪市革命烈士纪念馆，万年县革命烈士纪念园，会昌县革命烈士纪念碑20个烈士纪念设施被列为第四批全省重点革命烈士纪念设施保护单位。

6月26日 南昌、抚州签订推进昌抚一体化战略合作框架协议。

同日 宜春明月山机场建成通航。

6月28日 省政府办公厅印发《江西省县域义务教育均衡发展督导评估实施办法》。

6月 教育部、中央党史研究室决定联合设立8个"高等学校中国共产党革命精神与文化资源研究中心"。"井冈山大学中国共产党革命精神与文化资源研究中心"和"赣南师范学院中国共产党革命精神与文化资源研究中心"入选。

7月3日 2012年度全国森林防火综合考核结果揭晓，江西省获第一名。这是江西省连续5年获此殊荣。

同日 省委印发《关于深入开展党的群众路线教育实践活动的意见》。次日，省委召开全省党的群众路线教育实践活动动员大会。

7月5日 丰城市获"中国长寿之乡"美誉，成为继铜鼓县之后江西第二个获此称号的县（市）。

7月8日 2013年《财富》世界500强企业榜单发布，江西铜业集团公司首次进入榜单，以营业收入278.796亿美元列第414位，结束了世界500强无江西本土企业入选的历史。

7月10日 省政府办公厅转发省人社厅、省财政厅《关于新农保与老农保制度衔接有关问题的指导意见》。

7月16日 江西省决定在赣中、赣南、赣北、赣东、赣西、赣东北六大区域设立首批孤残儿童康复训练基地。

7月22日—23日 省委十三届七次全体（扩大）会议召开。会议提出"发展升级、小康提速、绿色崛起、实干兴赣"十六字工作方针。

7 月 27 日 《龙虎山》特种邮票首发。这是自 1995 年《三清山》邮票发行以来江西题材邮票首次独立成套发行。至此，江西省“四大名山”全部登上“国家名片”。

7 月 江西省“政务网乡乡通”工程建成，全省具备实施条件的 1701 个乡镇全部实现联网。这项工程于 2013 年 1 月启动。

7 月 江西在全国率先实现城镇居民大病医保制度全覆盖。全省 11 个设区市已全面建立“政府主导、政策统一、管理规范、市级统筹、委托承办、公开招标、服务一体”的大病医疗保险制度，全省城镇居民参保率高达 85%。

8 月 13 日—15 日 第六届海峡两岸客家高峰论坛和第十一届赣台经贸文化合作交流大会在赣州举行，共签约 75 个项目，投资总额 39.4 亿美元。

8 月 16 日 首届江西鄱阳湖绿色农产品（深圳）展销会在深圳市召开，同时举行了农业招商项目暨农产品销售签约仪式。会上签订了 70 个农业投资项目，签约金额 47.7 亿元。

8 月 19 日 省委办公厅、省政府办公厅发布《关于全省党政机关停止新建楼堂馆所和清理办公用房的通知》。

8 月 20 日 省政府召开全省农村义务教育学校标准化建设工程电视电话会议，研究部署江西省农村义务教育学校标准化建设工程的实施工作。2013—2015 年，江西省将投入 50 亿元改造 1 万所农村义务教育学校和教学点。

8 月 21 日 《江西日报》报道，赣州市、景德镇市低碳城市试点工作正式全面展开。

8 月 22 日 国务院办公厅印发《中央国家机关及有关单位对口支援赣南等原中央苏区实施方案》。此次对口支援工作共计 52 个单位，受援地区包括赣州市 18 个县（市、区）以及参照执行对口政策的吉安市吉州区、青原区、吉安县、吉水县、新干县、永丰县、泰和县、万安县和抚州市黎川县、南丰县、乐安县、宜黄县、广昌县13个特殊困难县(区),共计31个县(市、区)。

同日 新余高新区入选全国首批18个分布式光伏发电示范区。

同日 全省首个生物质秸秆气化项目在新余市高新区水西镇院前村正式投入使用。

8月23日 省政府印发《关于支持赣东北扩大开放合作加快发展的若干意见》,从总体要求,优化发展空间、构建开放合作区域新格局,创新开放模式、全方位扩大开放合作,坚持开放带动、快速提升产业实力,加强区域联动、拓展合作共赢领域,完善基础设施、增强开放合作支撑能力,推进协调发展、建设美丽赣东北,加大支持力度、为开放合作提供有力保障8个方面31条措施。

8月26日 江西在全国率先成立部门间CITES(《濒危野生动植物种国际贸易公约》)执法工作协调小组,联合执法保护濒危物种。

8月28日 江西重点发布200个基础设施和公共服务重大项目,投资规模3966亿元,拟引进社会资本额度1624亿元。这是江西首次向社会资本开放基础设施和公共服务领域。

同日 国家知识产权局公布2013年国家知识产权强县工程试点县(区)名单,江西省东乡县、泰和县、都昌县、彭泽县入选。

8月30日 省委办公厅、省政府办公厅印发《关于加快百强中心镇建设推进镇村联动发展的意见》。提出,在全省选择100个左右区位优势明显、资源禀赋较好、产业特色较突出、集聚能力较强、基础设施较完善的中心镇,由省、市、县三级重点培育。

同日 泰和赣江石虎塘航电枢纽工程通过土建工程W4标和电站机电设备安装工程W10标两个标段的交工验收,标志着江西省水运工程建设史上最大的航电枢纽工程建成。

8月下旬 江西省《组合锤法地基处理技术规程》《长螺旋钻孔压灌混凝土桩施工工法》先后被住建部批准为国家行业标准和工法，标志着江西科技创新型建筑企业发展到一个新的高度。

8月底 江西确定南昌县、武宁县等28个县(市、区)为首批省级知识产权富民强县示范区。

8月 南昌、新余两市纳入首批全国水生态文明城市建设试点。

8月 全国首个县域城市智能电网综合示范工程在共青城市建成投运。

9月1日 南康"全国实木家具产业知名品牌创建示范区"授牌。国家质检总局于2011年12月同意南康市筹建"全国实木家具产业知名品牌示范区"，这是全国首批12家知名品牌创建示范区之一。

同日 7时51分，安装有亚洲第一大转轮的峡江水电站首台机组一次并网成功，首日发电达3万多千瓦时。

9月2日 省政府办公厅印发《关于促进我省光伏产业健康发展若干政策措施的通知》，共出台16条措施推动全省光伏产业加快技术进步、开拓市场、转型升级，为2015年光伏产业主营业务收入突破千亿元提供政策支持。

9月初 第二批入选中国传统村落名录的名单公布，江西56个村落入选，加上2012年入选第一批中国传统村落名录的33个村落，全省共有中国传统村落89个。

9月7日 《江西日报》报道，2012年全省文化产业法人单位主营业务收入达1460.25亿元；全省文化产业增加值为407.3亿元，占全省GDP的比重首次突破3%。

9月10日 省政府办公厅印发《关于金融支持小微企业发展若干措施》，共提出9条具体措施，加大对小微企业的信贷支持和政策扶持力度，力争到2015年实现村镇银行全省县域全覆盖。

9 月 12 日　省政府办公厅印发《关于巩固完善基本药物制度和基层运行新机制的实施意见》。

9 月 17 日　全省扶贫开发工作会议召开。会议提出全省扶贫开发的新思路新途径:当前和今后一个时期,重点实施好帮扶到户脱贫、移民扶贫搬迁、培训转移就业、农户合作经营增收、贫困地区基础设施建设、贫困地区基本公共服务提升六大工程。

9 月 18 日　全省推进城乡居民大病保险工作电视电话会议召开。会议决定,江西将在基本医疗保险的基础上,建立和完善城乡居民大病保险制度,并大幅提高全省因重大疾病而发生高额医疗费用患者的补偿比例。

同日　江西确定南昌县向塘镇、共青城市甘露镇、赣州市经开区潭口镇等 120 个镇为全省首批百强中心镇。

9 月 23 日　南昌、九江、抚州、福州、三明、莆田、南平、厦门、泉州 9 市旅游局和南昌铁路国际旅行社共同成立向莆铁路沿线旅游营销联盟,合力推广向莆铁路沿线旅游景区和精品旅游线路,打造向莆铁路旅游长廊。

同日　省委办公厅、省政府办公厅印发《2013 年度市县科学发展综合考核评价实施意见》,明确了党的建设、社会建设、经济发展及成效、民生工程、生态环境 5 个一级考核指标,标志着江西在全国率先建立“绿色”考核体系。

9 月 26 日　中共中央总书记、国家主席、中央军委主席习近平在接见第四届全国道德模范获得者龚全珍时,对甘祖昌、龚全珍的感人事迹给予高度评价并强调:“我们要弘扬这种艰苦奋斗精神,不仅我们这代人要传承,我们的下一代也要弘扬,要一代一代传承下去。”

同日　中国第一条连接海峡西岸和中部内陆腹地的快速铁路——向莆铁路正式开通运营。

10 月 3 日 省政府办公厅印发《推进昌九一体化工作方案》。

10 月 8 日 省政府办公厅发布《关于组织省直机关及有关单位对口支援赣南等原中央苏区的通知》，明确 54 个省直机关及有关单位对口支援赣南等原中央苏区 31 个县（市、区）。

10 月上旬 江西景德镇直升机高新技术产业化基地、吉安电子信息高新技术产业化基地和抚州精细化工高新技术产业化基地被认定为国家高新技术产业化基地。此前，全省有国家高新技术产业化基地 14 家、国家火炬计划特色产业基地 3 家。

10 月 15 日 省委、省政府印发《关于推进旅游强省建设的意见》。提出力争到 2017 年，旅客人均旅游消费比 2012 年翻一番。各设区市至少建成 1 处 5A 级旅游景区或国家级旅游度假区、国家生态旅游示范区。

10 月 16 日 中国中药协会举行“中国药都”授牌仪式，樟树市成为全国唯一的“中国药都”。

10 月 17 日 省政府办公厅印发《关于加快棚户区改造工作的实施意见》，提出 2013 年至 2017 年全省棚户区改造计划为 63. 7 万户。

同日 省赣东北旅游联盟正式成立，上饶市、景德镇市、鹰潭市共同签署《赣东北旅游合作发展联盟公约》。

10 月 21 日 以弘扬光彩精神、凝聚民企力量、助推赣南等原中央苏区振兴发展为主题的“中国光彩事业赣州行”活动在赣州开幕。活动落实投资赣州重大项目 113 个，投资额达 1040. 9 亿元。

10 月下旬 上饶现代农业科技园被批准为国家农业科技园区。至此，全省在南昌、井冈山、新余、上饶共有 4 家国家农业科技园区。

10 月 28 日 全省水上交通投资规模最大的航电枢纽工程——赣江石虎塘航电枢纽工程全面建成投入使用。这标志着赣江中上游高等级航道建设取得重大突破 。

10 月 29 日 省委办公厅、省政府办公厅印发《关于加强扶贫攻坚促进小康提速的意见》，要求全省各地重点统筹加大扶贫力度与注重扶贫效果，探索创新扶贫模式与形成扶贫长效机制，整村推进、集中连片扶贫与因户施策，就地扶贫与搬迁扶贫，救济扶贫与开发扶贫，政策主导与社会参与，外部帮扶与自我奋斗七个方面关系，大力实施贫困农户帮扶到户脱贫工程、贫困群众搬迁移民扶贫工程等六大工程，确保现有贫困人口同步实现小康。力争 2018 年，确保 2020 年实现《江西省农村扶贫开发纲要（2011—2020 年）》提出的奋斗目标。

同日 江西省最大规模、总装机容量 180 兆瓦的泰和高山风电项目开工建设。泰和高山风电项目位于泰和、兴国和万安三县交界处的山脉，总投资 20 亿元。项目由钓鱼台、天湖山和茶园 3 个风电场组成，90 台 2000 千瓦的风电机组分布在钓鱼台至轿顶石一带山脊上，总长约 29 千米。于 2016 年 6 月 28 日投产发电。

11 月 6 日 省政府办公厅印发《关于加快食品产业发展的意见》，提出到 2015 年全省食品产业规模以上企业主营业务收入突破 3500 亿元；重点做大粮食精深加工、畜禽加工、食用植物油加工 3 个优势产业，做强特香型酒酿造、果蔬深加工、水产品加工 3 个特色产业，做优茶叶及深加工、茶油及副产品加工、营养和保健食品制造 3 个高附加值产业。

11 月 13 日 省发改委、省委宣传部、省旅游局、省交通运输厅、省文化厅印发《江西省红色旅游发展规划（2013—2017 年）》，提出江西红色旅游以南昌市为核心，打造井冈山和瑞金 2 个全国红色旅游示范区，重点围绕赣中南、赣南、赣西、赣东北、赣北 5 个红色旅游区，科学布局 6 条精品路线；到 2017 年，全省红色旅游接待人数突破 1.9 亿人次，红色旅游综合收入达 1900 亿元，带动直接就业 70 万人、间接就业 300 万人。

同日 四川宜宾溪洛渡左岸—浙江金华800千伏特高压直流输电线路工程(江西段)全线贯通。江西段全长449千米,跨5个设区市16个县(区),是首个过境江西的特高压工程。

11月19日 省政府印发《关于加快电子商务产业发展的若干意见》,从重大意义、总体思路、工作目标、工作任务、配套体系、政策措施和保障体系7个方面对加快全省电子商务产业发展作出全面部署;提出到2015年,全省电子商务交易额超过1500亿元,2020年突破1万亿元。

11月20日 省政府印发《关于推进现代农业示范园区建设的意见》,提出建设目标是用3至5年时间建成约100个现代农业示范园区;重点任务是推进土地流转,强化科技创新,培育经营主体,发展加工流通;保障措施是加强资金和金融支持,培育实用人才,推进公共服务。

11月21日 支持赣南等原中央苏区振兴发展部际联席会议第一次会议在北京举行。会议总结国务院《关于支持赣南等原中央苏区振兴发展的若干意见》实施一年多来的工作进展情况,研究议定下一步工作的有关重大事项,扎实高效促进赣南等原中央苏区振兴发展。

11月26日 财政部、科技部、工信部、国家发改委发布首批新能源汽车推广应用城市或区域名单,江西省城市群(南昌、九江、抚州、宜春、萍乡、上饶、赣州)入选。

11月27日 省政府与中国国际商会签署合作备忘录暨中国国际商会高端会员投资江西合作协议。双方签约项目14个,金额414.8亿元。

11月29日 省委常委会召开会议,研究部署加快非公有制经济发展等工作。会议审议并通过了《关于大力促进非公有制经济更好更快发展的意见》《关于支持赣西经济转型加快发展的若干意见》《关于进一步加快县域经济发展的若干意见》。

11 月　铜鼓“助保贷款”的做法得到人社部充分肯定，在全国推广。2010 年 10 月，铜鼓在全省率先推出“助保贷款”，为特困群众提供财政贴息贷款，用于养老保险的续保缴费。

11 月　宜春市靖安县成为江西首个国家生态县。

12 月 2 日　国家统计局 2013 年粮食产量公告显示，江西 2013 年粮食亩产达 382.23 公斤，比 2012 年增加 4.13 公斤；粮食总产量逾 211.61 亿公斤，比上年增加 3.13 亿公斤。至此，江西粮食生产实现“十连丰”。

12 月 10 日　联合国教科文组织驻华代表处与庐山风景名胜区管理局在北京共同发布《世界遗产文化景观——庐山宣言》。这是世界遗产文化景观第一个专项保护宣言。

12 月 17 日　省政府印发《关于支持赣西经济转型加快发展的若干意见》，从加快产业转型、推进新型城镇化、建设“两型”社会、统筹基础设施建设、创新机制体制、强化保障措施 6 个方面，制定 34 条具体支持政策措施。

12 月 18 日　国产大型民用直升机 AC313 航空器评审最终总结会在中航工业直升机所召开。会上，AC313 直升机通过中国民航局 AEG 审查，标志着这款亚洲最大吨位的直升机已经具备投入市场运营的条件。

12 月 19 日　全国扶贫搬迁工作交流研讨会在修水县召开。会议确定江西扶贫搬迁移民进城镇进园区模式为“江西样本”，作为典范在全国示范推广。

同日　全省城镇居民社会保障卡在新余市首发。

12 月 20 日　省委、省政府印发《关于大力促进非公有制经济更好更快发展的意见》，这是江西首次出台促进非公有制经济发展的意见。

12 月 26 日　省政府印发《江西省落实大气污染防治行动计划实

施细则》。

同日 国家卫计委印发通知，批准江西两个国家临床重点专科建设项目。至此，全省国家临床重点专科建设项目达到12个。

12月27日 省委、省政府印发《关于进一步加快县域经济发展的若干意见》，明确把壮大县域经济作为加快全省发展升级的重要突破口和新的增长点；要求以“省直管县”为突破口，深入推进扩权强县改革，最大限度为县域经济发展“松绑减负”；力争到2017年，县（市）财政总收入基本实现过10亿元，一半以上县（市）过20亿元，2—3个县（市）进入全国百强县，城乡收入差距进一步缩小，有条件的县（市）率先实现全面小康。

12月29日 《“美丽中国”省区建设水平（2013）研究报告》《“美丽中国”省会及副省级城市建设水平（2013）研究报告》发布。江西在生态建设指标排名中跻身前五，南昌排名第四。

同日 九景衢铁路开工建设，于2017年12月28日建成通车；武九客专（江西段）开工建设，于2017年9月21日建成通车。

12月30日 江西省第八次社会科学工作者代表大会召开。会议要求，全省社科界强化大局意识、机遇意识、责任意识，紧紧围绕中心工作，充分发挥“思想库”“智囊团”的重要作用，始终坚持论真理、出良策、建真言，努力推出更多的精品力作、培养更多的优秀社科理论人才，为江西与全国同步全面建成小康社会提供强有力的理论支撑和智力支持。

12月 省扶贫和移民办、省发改委编制印发《江西省罗霄山片区区域发展与扶贫攻坚实施规划（2011—2015年）》，按照“区域发展带动扶贫开发、扶贫开发促进区域发展”的基本思路，明确江西省罗霄山片区区域发展与扶贫攻坚的总体要求、空间布局、重点任务和政策措施，是江西省实施罗霄山片区区域发展与扶贫攻坚的重要指导性文件。

12 月 省交通运输厅提出全省高速公路建设“两步并作一步走，6000 千米大提速”的发展思路，即在 2015 年建成 5000 千米高速公路的基础上，将原计划到 2020 年实现 6000 千米建设目标提前至 2016 年完成，争取 7 年任务 3 年半完成。

是年 江西实施贫困家庭重性精神病患者免费救治，此举入选 2013 年度全国“推进医改，服务百姓健康”十大新举措。

二〇一四年

1月3日 省纪委、省委党的群众路线教育实践活动领导小组发布《关于加强监督检查严肃整治"会所中的歪风"的通知》，要求各地、各部门、各单位认真贯彻落实中央有关要求，加强监督检查，坚决反对"四风"，严肃整治"会所中的歪风"。

1月6日 全省普通公路最后一个收费站——206国道乐平大桥收费站停止收费。至此，全省普通公路全部免费通行。

1月11日 由中共中央编译局、中共中央党校和北京大学联合主办的第七届"中国地方政府创新奖"评选结果在北京揭晓，江西创新安置帮教模式获优胜奖第一名。

1月16日 省十二届人大常委会第八次会议审议通过《关于修改〈江西省人口与计划生育条例〉的决定》，规定"双方或一方为独生子女，只生育1个子女的，可以再生育一胎"。1月18日，国家卫计委备案同意《江西省单独两孩政策实施方案》，江西省正式实施两孩政策。

1月17日 省委、省政府印发《关于全面深化农村改革推动农业农村发展升级的意见》。该意见就健全城乡发展一体化体制机制、建立新型工农城乡关系、加强生态建设、促进农村可持续发展、加强党对农村工作的领导、完善乡村治理机制6个方面提出27条措施，对2014年及今后一个时期江西省全面深化农村改革、推动农业农村发展升级进行部署。

同日 省政府印发《"宽带中国"江西工程实施方案》。

1 月 22 日 省委印发《江西省贯彻落实〈建立健全惩治和预防腐败体系 2013—2017 年工作规划〉实施办法》。

同日 经国务院批准,设立赣州综合保税区,是江西首个、全国第 35 个综合保税区。2015 年 10 月 20 日通过国家验收,2016 年 10 月 19 日封关运行。

1 月 省政协印发首个年度协商工作计划,从协商的议题、协商的形式、活动组织等方面对全年工作进行总体安排,并借鉴全国政协协商座谈会的做法,制定《协商座谈会工作流程图》,定期召开专题协商座谈会。

2 月 9 日 省委、省政府印发《法治江西建设规划纲要(2014—2020 年)》,指出建设法治江西是法治中国建设在江西的具体实践,是依法治省的提升和发展,是全面深化改革、建设富裕和谐秀美江西、实现江西与全国同步全面建成小康社会的法治保障;明确提出法治江西建设的路线图和时间表。

2 月 24 日 省政府印发《关于加快城乡居民增收的指导意见》,提出到 2020 年,全省城乡居民实际收入比 2010 年增长 1.5 倍,城镇居民年人均可支配收入达到 3.9 万元,农村居民年人均纯收入达到 1.5 万元,实现与全国同步全面建成小康社会。

3 月 9 日 中共中央政治局常委、国务院总理李克强参加十二届全国人大二次会议江西代表团审议。

3 月 11 日 国务院批复江西、福建、广东省人民政府和国家发改委,原则同意《赣闽粤原中央苏区振兴发展规划》,并强调该规划的实施要着力承接沿海地区产业转移,着力加快基础设施建设,着力加快新型城镇化进程,着力推进生态文明建设,着力保障和改善民生,努力走出一条欠发达地区实现跨越式发展的新路子,使原中央苏区广大人民早日过上富裕幸福的生活,确保与全国同步实现全面建成小康社会的奋斗目标。

3 月 18 日 省政府召开职能转变和机构改革电视电话会议。根据《江西省人民政府职能转变和机构改革方案》，省政府设置工作部门 40 个，其中省政府办公厅和组成部门 24 个，直属特设机构 1 个，直属机构 15 个；另设置部门管理机构（规格为副厅级）4 个。与机构改革前相比，省政府副厅级部门管理机构和事业单位减少 8 个。

3 月 20 日 国家发改委印发《赣闽粤原中央苏区振兴发展规划》。该规划的实施，对进一步提升江西省在全国区域发展格局中的地位具有重要意义。

3 月 24 日—25 日 江西省首家国家印刷包装产业基地——赣州吉安国家印刷包装产业基地分别在赣州、吉安揭牌。这是江西省第一个上升为国家级的印刷包装产业基地。

3 月 28 日 首届赣西经济转型加快发展区域合作会议在宜春市举行，新余、宜春、萍乡三市签署《赣西三市关于经济转型加快发展区域合作框架协议》，确定了赣西三市首批共同推进合作项目。

同日 省政府印发《关于同意南昌临空经济区发展规划的批复》。

4 月 1 日 省政府办公厅转发省卫计委、省财政厅、省人社厅、省民政厅、省公安厅《关于建立疾病应急救助制度的实施意见》。

4 月 4 日 省委办公厅、省政府办公厅发布《关于推进纪检监察工作转职能转方式转作风的通知》。

4 月 9 日 景德镇南窑唐代窑址入选“2013 年度全国十大考古新发现”。

4 月 15 日 景德镇推出全国首个“流动车管所”，让广大群众在家门口就可办理车管业务。

4 月 17 日 省委办公厅、省政府办公厅印发《江西省党政机关国内公务接待管理办法》。

4月19日 江西省与国家开发银行在北京签订《共同推进江西省棚户区改造开发性金融合作备忘录》。

同日 全省文化体制改革专项小组第一次会议召开。会议审议通过《江西省深化文化体制改革实施方案》,明确新一轮文化体制改革的路线图、时间表、任务书,提出8个方面重点改革任务及2014年18项文化体制改革任务。

4月25日 省政府办公厅印发《江西省农村土地承包经营权确权登记颁证工作方案》。

4月28日 省政府印发《加快推进全省光伏发电应用工作方案》。江西在给予省级资金补贴的基础上,以"非禁即入、平等待遇"为原则,鼓励社会资本投资光伏发电应用领域。

5月1日 《江西省医疗纠纷预防与处理条例》正式实施。江西省成为全国第一个出台医疗纠纷预防与处置地方性法规的省份。

5月9日 省政府印发《关于加快发展养老服务业的实施意见》,提出加快发展养老服务业的总体要求、主要任务和政策措施。

同日 全省扶贫和移民资金监督检查暨扶贫对象精准识别与帮扶工作培训班召开。

同日 总投资约19.5亿元的昌九大道九江段开工,建设工期24个月。

5月11日 铜鼓县带溪镇西村村颁发江西省新一轮土地承包经营权"第一证"。

5月15日 由中航工业洪都研制的C919大型客机前机身大部段在南昌成功下线,这是大型客机项目研制过程中交付的首个大部段,也是C919大型客机研制的重大突破和重要阶段性成果。

同日 省政府办公厅转发省教育厅、省发改委等11部门《关于建立江西省中小学校舍安全保障长效机制的实施意见》。

5月17日　省委办公厅、省政府办公厅印发《江西省安全生产“党政同责、一岗双责”暂行规定》。

5月19日—21日　2014年赣港经贸合作活动在香港举行。其间,共推出招商项目1212个,投资总额1万亿元;共签约85个重大项目,签约金额97.68亿美元。

5月23日　省委办公厅、省政府办公厅印发《关于开展省直接管理县(市)体制改革试点工作的意见》,明确在共青城市、瑞金市、丰城市、鄱阳县、安福县、南城县6个县(市)开展省直管县体制改革试点。

5月31日　《江西日报》报道,全省形成包括种植业、林业、畜牧业、渔业在内的75个农业产业集群,年销售收入达1500多亿元。

5月　江西工埠机械有限责任公司研制的全球首台“GBM无齿轮起重机”入选中国工业首台(套)重大技术装备示范项目。

6月10日　省政府办公厅转发省扶贫和移民办、省委农工部《关于实施贫困群众搬迁移民扶贫工程的意见》。

6月14日—16日　在青岛举行的2014全球服务外包大会上,南昌市荣获“中国服务外包中西部最具竞争力城市”称号。

6月17日　2014年中国工艺美术“百花奖”江西省获奖作品颁奖仪式在新余举行。江西省116件作品获奖,其中金奖34个、银奖40个、铜奖42个,获奖数量居全国前列。

6月18日　省委、省政府印发《关于进一步深化国资国企改革的意见》,要求经过5年左右的时间,基本完成公司制股份制改革,使70%左右的国企发展成为混合所有制经济,形成市场化的经营机制;完善国有资产管理体系,实现经营性国有资产集中统一监管,80%左右国有资本集中在关键领域和优势产业,实现省属国有资产总量、营业收入双超“万亿”。

6月23日　省发改委再度向社会发布面向非国有资本开放的300

个示范项目,拟在基础设施、公共服务以及基础产业重大项目建设中引入2701亿元非国有资金。

6月25日—27日 国务院扶贫办调研组到九江市武宁、修水两县调研易地扶贫搬迁工作。

6月26日 省政府发布《关于发布江西省政府核准的投资项目目录(2014年本)的通知》。

6月28日 《国务院关于支持赣南等原中央苏区振兴发展的若干意见》出台两周年。两年来,赣州、吉安、抚州共减少贫困人口122.35万人,有6.52万烈士子女和年满60周岁的农村籍退役士兵抚恤补助享受了国家定期生活补助。

7月1日 国家《中长期铁路网规划》和铁路“十一五”规划的重点项目——吉安至衡阳铁路开通运营。

7月2日 省政府办公厅印发《关于加快通用航空产业发展的意见》,提出到2017年,全省通航产业总收入达到150亿元、利税30亿元;到2020年,通航产业总收入达到400亿元、利税80亿元。

7月4日 赣南等原中央苏区振兴发展工作座谈会在北京召开,来自53个国家部委、江西省委省政府、赣南等原中央苏区的领导参加。会议总结了两年来振兴发展工作,研究了下一步振兴发展举措。

7月22日 省政府办公厅印发《关于加快推进县级公立医院综合改革的实施意见》。

同日 国家发改委、财政部、国土资源部、水利部、农业部、国家林业局公布全国第一批生态文明先行示范区建设名单,江西是5个全境列入的省份之一。

7月25日 第十二届全国见义勇为英雄模范表彰大会在北京召开,宜春市委常委、市委组织部部长徐南凯荣获“全国见义勇为模范”称号。

7 月　省政府印发《关于全面深化投资体制改革的意见》。

8 月 5 日　全省首个农业类重大科技专项——“江西省茶油产业升级关键技术研究与示范”经过 5 年的实施，通过专家验收。

8 月 7 日　省委召开常委专题办公会议，对 2013 年以来全省重大招商引资活动项目进行调度、督导。

8 月 12 日　为深化国企高管选聘任用制度改革，推动全省国资国企改革进一步走向深入，省国资委发布《关于市场化选聘省出资监管企业领导人员公告》，组织 7 个省出资监管企业面向境内外市场化选聘 9 名企业领导人员。次年 1 月，人选到位。

8 月 13 日　江西省与厦门航空有限公司签署合作备忘录，商定由厦航与江西航空投资有限公司共同出资成立江西航空有限公司。2016 年 1 月 29 日，江西航空首架航班载客运营。

8 月 15 日　江西省天然气管网一期工程余江至景德镇段管线贯通，标志着环鄱阳湖天然气管网通气试投产成功。

8 月 18 日　南昌开通赴台个人游。

8 月 20 日　省政府印发《关于促进经济平稳增长的若干措施》。

8 月 23 日　省政府办公厅印发《贯彻落实国务院政策措施存在问题的整改工作方案》。根据国务院办公厅的要求，结合江西自查情况，对存在的问题进行全面督查，确保国务院稳增长、促改革、调结构、惠民生的各项政策措施在江西得到落实。

8 月 25 日　赣东北扩大开放合作加快发展第一次联席会议在上饶召开。会议审议通过《赣东北扩大开放合作加快发展联席会议工作机制》，签署《上饶、景德镇、鹰潭三市重大合作事项框架协议》《赣东北扩大开放合作加快发展共同宣言》。

同日　省政府办公厅印发《关于加强畜禽养殖污染治理工作的实施意见》。

8月27日 省政府办公厅印发《关于支持全省外贸稳定增长的实施意见》。

同日 省政府印发《关于加快发展文化贸易的实施意见》。

9月2日 省委办公厅、省政府办公厅印发《关于在全省普遍建立法律顾问制度的意见》，明确到2016年底实现法律顾问制度在全省党政机关、人民团体、国有企事业单位和村（居）委会全覆盖。此举标志着全省法律顾问制度建设步入快车道。

同日 教育部公布2014年度全国教书育人楷模名单，江西省王祖德入选。

9月3日 省政府印发《关于进一步加强国土资源管理工作的意见》，从强化土地利用规划计划管理、推进国土资源节约集约利用、增强矿产资源保障能力、严格耕地保护红线、切实维护群众合法权益和构建国土资源管理新格局6个方面，对进一步加强全省土地资源管理工作作出重大安排部署。

同日 省政府印发《关于支持抚州深化区域合作加快发展的若干意见》。

9月10日 江西省首批国家储备林划定工作基本完成，共划定国家储备林9.34万公顷。

9月15日 南昌海关正式启动昌九通关一体化改革。

9月16日 江西省首条设计时速350千米的高铁——沪昆高铁南昌至长沙段通车运营。江西省正式迈入高铁时代，并入全国“四横四纵”高铁网。南昌至长沙的高铁运行时间由3.5小时缩短至1.5小时。

9月19日—22日 国务院扶贫办专项工作督查组到石城县、都昌县督查建档立卡结对帮扶工作。

9月23日 省政府印发《昌九一体化发展规划（2013—2020年）》。

9月26日 省政府办公厅印发《开展拖欠群众钱款克扣群众财物

问题专项整治工作实施方案》。时间安排为9月中下旬开始至12月底完成。

9月30日 首个烈士纪念日。省委、省人大、省政府、省政协、省军区领导与南昌各界代表一起，来到八一南昌起义纪念塔前，举行隆重纪念仪式，向革命烈士敬献花篮。

10月11日 赣闽行政首长会晤在广州举行。会上签署《进一步推进赣闽开放合作框架协议》。

10月12日 全省党的群众路线教育实践活动总结大会召开。13日—16日，全省11个设区市先后召开全市党的群众路线教育实践活动总结大会。

10月13日 赣湘黔滇行政首长会晤在广州举行，签署《赣湘黔滇四省关于共同打造沪昆高铁经济走廊框架协议》。

同日 2014年泛珠三角区域合作行政首长联席会议在广州召开。会上围绕新型城镇化建设和商贸发展议题，以及下阶段打造泛珠合作"升级版"的路径和方向进行讨论，签署《2014年泛珠三角区域合作行政首长联席会议纪要》和《泛珠三角区域深化合作共同宣言(2015年—2025年)》。

10月16日 修武盆地页岩气区块第一口钻井——"江西一井"在修水县新湾乡柴段村开钻，标志着江西省页岩气勘查开发进入实质性阶段。

10月18日 江西首创的农机融合租赁新模式——赣龙农机产业基金在丰城挂牌并启动农机融资租赁服务。农户可通过该基金搭建的平台进行农机租赁、贷款购机、按揭购机。

10月21日 全省学习贯彻习近平总书记在文艺工作座谈会上的重要讲话精神。

10月27日 "江西风景独好"旅游推介会在澳门召开。推介活动签约金额共130.8亿元。

同日 江西五十铃汽车有限公司首款汽车，也是国内首款自动挡皮卡——D-MAX皮卡下线，填补了全国汽车市场一大空白。

10月30日 省政府办公厅印发《关于贯彻落实〈社会救助暂行办法〉的实施意见》，明确全省社会救助的主要任务和工作重点，对建立健全社会救助工作机制、强化保障措施提出具体要求。

10月 省委办公厅、省政府办公厅印发《关于积极稳妥推进林地流转进一步深化集体林权制度改革的意见》。

11月2日 鄱阳县鸦鹊湖乡百亩双季稻机插田经实地测试，连片亩产达1297.4千克，创水稻双季机插单产全国最高水平。

11月4日 国家发改委、财政部、国土资源部、水利部、农业部、国家林业局正式批复《江西省生态文明先行示范区建设实施方案》。江西建设生态文明先行示范区上升为国家战略，成为江西省继鄱阳湖生态经济区规划（包含38个县、市、区）和赣南等原中央苏区振兴发展（包含54个县、市、区）后的第三个国家战略，也是江西第一个全境列入的国家战略。

11月5日 省政府办公厅印发《关于加快全省农村公路危桥改造民生工程建设的实施意见》《江西省落实大气污染防治行动计划实施细则考核办法》。

11月7日 省扶贫和移民办会同人民银行南昌中心支行、省财政厅和江西银监局、证监局、保监局以及共青团江西省委联合在南昌召开扶贫开发金融服务工作电视电话会议。

11月10日 江西省与国家发改委调研组举行座谈会，就推进全省社会经济发展特别是赣南等原中央苏区振兴发展重大事项交换意见、寻求共识。

11月18日 省政府印发《江西省城乡居民基本养老保险实施办

法》，正式将新农保和城居保两项制度“并轨”，在全省范围内建立统一的城乡居民基本养老保险制度。24 日起，江西省新型农村社会养老保险制度和城镇居民社会养老保险制度并轨，统一为城乡居民基本养老保险。

11 月 20 日—21 日　第十四届世界生命湖泊大会在南昌举行。江西山江湖可持续发展促进会和鄱阳湖国家湿地公园管委会获全球“生命湖泊最佳保护实践奖”。

11 月 21 日—24 日　第三届世界低碳生态经济大会暨第七届中国绿色食品博览会在南昌举行。

11 月 23 日　省政府印发《关于鼓励社会资本进入社会事业领域的意见》。江西成为全国首个出台省级层面相关意见的省份。

11 月 26 日　省政府印发《关于促进健康服务业发展的实施意见》。

11 月 27 日　支持赣南等原中央苏区振兴发展部际联席会议第二次会议在北京举行。会议总结部际联席会议第一次会议以来的工作，协调议定有关重大事项，研究部署进一步推进赣南等原中央苏区振兴发展的重点工作。

12 月 1 日　联合国教科文组织在官方网站公布：中国景德镇市加入全球创意城市网络，授予该城市“世界手工艺与民间艺术之都”称号。

12 月 2 日　省政府办公厅印发《关于培育发展机器人及智能制造装备产业的意见》。

12 月 3 日　长江中游城市群省会城市长沙、合肥、南昌、武汉住房公积金管理中心主任会议在武汉召开。会上，四市联合签署《长江中游城市群暨长沙、合肥、南昌、武汉住房公积金异地使用合作协议》，确定四市住房公积金将实行异地使用和转移接续。按计划，南昌将于 2015 年 3 月正式实施。

12 月 4 日　首个宪法日。省人大常委会召开纪念国家宪法日座谈会。

同日　省政府办公厅转发省教育厅、省残联等 7 部门《江西省特殊教育提升计划(2014—2016 年)》。

12 月 5 日　省委印发《关于全面推进法治江西建设的意见》，明确全面推进法治江西建设的总体目标和要求，提出保障社会公正、促进社会诚信、维护社会秩序的法治江西建设三大重点任务及具体部署。

同日　《江西省国有土地上房屋征收与补偿实施办法》公布，自 2015 年 3 月 1 日起施行。

12 月 8 日　江西省和中国航空工业集团公司签署深化战略合作协议，助推江西到 2020 年实现航空产业千亿元发展目标，建成中部地区最大航空产业基地。

12 月 15 日　科技部发布第二批创新型产业集群试点名单，景德镇直升机制造创新型产业集群入选。2017 年 12 月，抚州生物医药和新余动力电池两个创新型产业集群第三批入选。加上 2011 年被认定的南昌高新区中成药产业集群试点(培育)，全省共有 3 个国家创新型产业集群试点和 1 个国家产业集群试点(培育)。

12 月 20 日　昌吉赣客专、蒙西至华中铁路煤运通道江西段(又称浩吉铁路)项目建设动员会在吉安举行，标志着这两个项目建设正式启动。2019 年 9 月 28 日，浩吉铁路全线通车;2019 年 12 月 26 日，昌吉赣客专建成通车。

12 月 21 日　省政府印发《关于进一步推进户籍制度改革的实施意见》，标志着全省户籍制度改革进入全面实施阶段。

同日　省政府印发《关于支持赣商回乡创业发展的意见》。

12 月 23 日　赣南等原中央苏区振兴发展工作领导小组召开第三次会议，贯彻落实支持赣南等原中央苏区振兴发展部际联席会议第二次会议精神，总结老区振兴发展一年来的工作，研究部署2015年的工作。

12月26日 万载至宜春、萍乡至洪口界、九江绕城、都九高速星子至九江段、寻全高速安远至全南段5条高速公路项目建成通车，标志着全省县县通高速公路目标实现。

12月27日 中航工业直升机景德镇通航基地揭牌暨飞行培训开班仪式在景德镇吕蒙机场举行，标志着中国第一个国产民用直升机驾驶员执照培训基地诞生。

12月29日 省智能机器人工程技术研究中心与重点实验室在中航工业洪都揭牌成立，并首次发布中航工业洪都智能移动控制器技术。

同日 国家发改委等11部门印发《国家新型城镇化综合试点方案》，鹰潭市、樟树市被列为国家新型城镇化综合试点地区。

12月29日—30日 全省经济工作会议召开，明确用5年左右时间决战与全国同步全面小康。

12月31日 省委、省政府印发《关于建设生态文明先行示范区的实施意见》，提出要有步骤、分阶段推进生态文明先行示范区建设，通过着力构建“六大体系”，推进“十大工程”，努力实现一年开好局、三年见成效、六年大进展。

二〇一五年

1月5日 全省发展升级视频现场会举行。会议强调，全省上下要主动适应经济发展新常态，努力在新一年展现新作为、取得新成绩，为与全国同步建成全面小康社会打下坚实的基础。

同日 国家发改委印发通知，正式将江西省列入国家物联网重大应用示范工程区域试点省，并同意省发改委上报的区域试点江西省总体工作方案，明确江西省以南昌和九江为重点区域，以骨干企业为龙头，以示范项目为抓手，围绕农业、交通、能源3个重点领域开展试点工作。

1月9日 在北京召开的国家科学技术奖励大会上，江西省有7个项目获2014年度国家科学技术进步奖：由景德镇中国直升机设计研究所主持完成的“直－10专用武装直升机”研制项目获一等奖，《弱磁性矿石高效强磁选关键技术及装备》《高等级中厚钢板连续辊式淬火关键技术、装备及应用》《超级稻高产栽培关键技术及区域化集成应用》《隧道与地下工程重大突涌水灾害治理关键技术及工程应用》《多囊卵巢综合征病证结合研究的示范和应用》5个项目和1个专用项目获二等奖。

1月13日 第四届中国旅游产业发展年会在南昌召开，活动由中国旅游协会和中国旅游报社联合主办，以“新常态下的旅游业改革发展”为主题，为期两天，共设主题论坛、年度发布和产业论坛三大板块，国家旅游局相关司室负责人、全国省（区、市）旅游局局长、有关城市和旅游企业代表及有关专家学者等600余人与会,围绕旅游国际传播、乡村旅游、高铁旅游传播、新常态下的旅游业改革发展等话题进行讨论。

1月15日 北京通航江西直升机有限公司在景德镇揭牌成立。

1月15日—16日 2015年全国旅游工作会议在南昌召开。会议对全国旅游工作作出全面分析和谋划,围绕“文明、有序、安全、便利、富民强国”五大目标,推出3年旅游业发展十大行动52项举措。会议提出,未来35年是中国旅游业的发展黄金期和转型攻坚期,全行业要不断增强产业自信、行业自信、事业自信,努力开辟新常态下中国旅游业发展的新天地。

1月16日 由省旅发委主办的2015江西风景独好旅游推介会在南昌举行,首次面向全国旅游业界集中展示江西秀美风光和深厚人文底蕴。

同日 鹰潭铜期货交割仓库揭牌。这是上海期货交易所设立的第12个铜期货交割仓库,也是中国内陆首个铜期货交割仓库。

1月18日—21日 国务院扶贫办建档立卡督查调研组到吉安县就扶贫开发建档立卡工作进行督查调研。

1月19日 赣州进境木材国检监管区直通运营在赣州启动,标志着全国内陆首个进境木材国检监管区建成并投入使用。

1月22日 省政府办公厅印发《江西省2015年节能减排低碳发展行动工作方案》。

1月23日 省委、省政府印发《关于加大改革创新力度加快农业现代化发展的实施意见》。该意见以稳粮增收、调整转型、提质增效、改革创新为总要求,对2015年及今后一个时期江西省全面深化农村改革、推动农业农村发展升级进行全面部署。

1月24日 2015年全国文化科技卫生“三下乡”集中服务活动在寻乌县拉开帷幕。

2月2日　作为全国首批国有林场改革试点省份，江西省国有林场改革试点任务基本完成，将原有的425个国有林场整合重组为216个，平均经营规模由改革前的3867公顷扩大到8000公顷。

同日　11时24分，江西电网统调用电负荷达1583万千瓦，比2014年度创造的1540万千瓦最高用电负荷水平高出43万千瓦，创历史新高。当天，江西电网保持安全稳定运行，各地均未拉闸限电。

2月10日　省科技厅、省委组织部、省财政厅、省农业厅、省林业厅、省人社厅、省扶贫和移民办在南昌共同启动江西省科技特派团富民强县工程。首批171个科技特派团共1111名农业专家奔赴基层，挂点服务89个县(市、区)的优势特色产业，提供科技支撑。

2月10日—11日　省委、省政府在婺源县召开全省旅游产业发展大会，总结2014年一年来旅游强省建设成效，研究部署2015年重点工作，推动全省旅游产业在新起点上实现新发展。会议强调，要主动适应新常态，牢牢把握新机遇，奋力推进旅游强省建设迈上新台阶。

2月12日　省商务厅印发关于积极参与“一带一路”倡议的措施和意见，提出要拓宽陆上、海上、空中、数字四大通道，将江西打造成为“丝绸之路经济带”和“21世纪海上丝绸之路”的连接点和内陆开放型经济战略高地。到2020年初步构建江西省宽领域、多层次、全方位对外开放新格局，力争累计实现外贸进出口总额突破3000亿美元，实际利用外资突破600亿美元，对外承包工程突破500亿美元，对外投资突破100亿美元，为江西省“五年决战同步全面小康”提供强大支撑。

同日　省发改委、省国土资源厅、省住建厅等12部门印发《江西省物流园区发展规划》，对全省物流园区发展进行了科学布局：南昌、赣州、九江、上饶4个设区市为一级物流园区布局城市，吉安、宜春、鹰潭、新余、萍乡、抚州、景德镇7个设区市为二级物流园区布局城市，南昌县、共青城市、瑞昌市等20个县(市)为三级物流园区布局城市。

2月15日　省政府印发《2015年民生工程实施意见》，决定在连续8年大力实施民生工程的基础上，2015年筹集资金1000亿元，着重围绕就业和创业、社会保险等8个方面，集中办好涉及群众切身利益的50件实事。

2月16日　省科技厅和省统计局公布2014年全省高新技术产业发展状况。数据显示，2014年江西省高新技术产业实现“三项突破”——增加值突破1700亿元，地区生产总值贡献率突破10%，四大领域产值突破千亿元；彰显“四大亮点”——规模更聚集、动力更强劲、效益更喜人、区域更均衡。

2月26日　省对口支援新疆工作领导小组召开第五次会议。会议强调，要强化援疆工作的组织领导，牢固树立全国“一盘棋”的大局意识，紧紧围绕新疆社会稳定和长治久安这个总目标，努力形成全省援疆工作的强大合力，确保中央大政方针和省委、省政府各项决策部署落到实处，努力创出江西特色、树立江西形象，为促进新疆社会稳定和长治久安作出新的更大贡献。

同日　科技部发布《科技部关于公布2014年创新人才推进计划入选名单的通知》，江西省10人入选2014年国家创新人才推进计划：南昌大学陈义旺、华东交通大学徐长节、晶能光电（江西）有限公司陈振入选中青年科技创新领军人才，江西博君生态农业开发有限公司朱博、明冠新材料股份有限公司闫洪嘉、江西新天地药业有限公司李龙瑞、江西天佳动物药业有限公司肖世平、普正药业有限公司肖军平、江西沃格光电科技有限公司易伟华、江西日月明铁道设备开发有限公司陶捷入选科技创新创业人才。

2月27日　全国人大常委会决定授权余江县率先在全域范围内推行农村宅基地制度改革试点工作。截至2017年6月15日，全县共退出宅基地2.75万余宗252万平方米，探索出了经济欠发达地区加强农村宅基地管理的“余江案例”。

同日 由中央电视台举办的“感动中国”2014年度人物评选结果揭晓，于都县皮防所医生肖卿福当选。肖卿福坚守麻风病防治战线40多年，用心温暖着麻风病患者。

2月28日 中央文明委在北京召开全国精神文明建设工作表彰暨学雷锋志愿服务大会。会上，南昌市荣获第四届“全国文明城市”称号，是江西省首个获此称号的城市；另外，萍乡市、景德镇市、吉安市、新余市、赣州市、乐平市、瑞金市、丰城市、宜丰县、玉山县、南昌县被确定为新一轮“全国文明城市提名城市”。

同日 省政府公布第一批18个省级历史文化街区，分别是南昌市万寿宫、绳金塔、进贤仓历史文化街区，赣州市七里镇、郁孤台、姚衙前、灶儿巷、南市街历史文化街区，景德镇市三闾庙、彭家弄、葡萄架、富强上弄、陈家弄、刘家弄历史文化街区，瑞金市廖屋坪—上湖洞、粜米巷、沙洲坝历史文化街区，宜春市王子巷历史文化街区。

3月1日 《不动产登记暂行条例》施行第一天，在崇义县不动产登记中心，林仁群成为全国第一个领到林权类不动产权证的林农，证书编号为D36000000001。此前（2月6日），国土资源部决定在全国6个设区市9个县共15个地区设立不动产登记窗口联系点，江西崇义是联系点之一。

同日 章金媛被全国妇联授予“全国三八红旗手标兵”荣誉称号。

3月2日 在鄱阳湖监测到灰头麦鸡的身影，灰头麦鸡为全球性近危鸟类物种，被列入“世界自然保护联盟”。

3月3日 江西省2015年第一批政府与社会资本合作（PPP）推介项目新闻发布会在南昌举行。会上向社会推出项目80个，总投资1065亿元。现场签约项目10个，总投资近54亿元。

3月4日 中宣部公布第一批50个全国学雷锋活动示范点和50

名全国岗位学雷锋标兵,江西高速昌泰公司“金庐陵”综合援助服务指挥中心、武警江西省总队抚州市支队通信修理技师李进明、江西省奉新县白洋教学点教师支月英入选。

3月6日 中共中央总书记、国家主席、中央军委主席习近平参加十二届全国人大三次会议江西代表团审议并发表重要讲话。他肯定了江西一年来取得的成绩,并对江西工作提出“一个希望、三个着力”重要要求。“一个希望”,即希望江西全面贯彻党的十八大和十八届三中、四中全会精神,坚持以邓小平理论、“三个代表”重要思想、科学发展观为指导,坚持稳中求进工作总基调,主动适应和把握经济发展新常态,以提高经济发展质量和效益为中心,锐意进取,攻坚克难,奋力取得新的更大的成绩。“三个着力”,即要求江西着力推动老区加快发展、着力推动生态环境保护、着力推动作风建设。

3月10日 省政府与中国工商银行股份有限公司在北京签署“走出去”战略合作协议,中国工商银行将为江西企业“走出去”提供全方位、优质和高效的金融服务。

3月13日 江西省首张“三证合一”营业执照在南城县行政中心发放。证照上印着三个号码:工商部门的注册登记号码、质监部门的组织机构代码和税务部门的税务登记号。这标志江西省“三证合一”登记制度正式实施。

3月15日 庐山核心景区实行大门票“一票制”,标志着江西省景区门票价格改革试点取得突破。2015年,国家旅游局启动景区门票价格管理改革试点工作,江西是7个试点省(区、市)之一。江西选择庐山、龙虎山、滕王阁作为国有景区试点。

3月16日 《瑞兴于经济振兴试验区发展总体规划》正式获国家发改委批复。试验区覆盖瑞金、兴国、于都三县(市),总人口约230万人,将探索一条革命老区实现经济振兴的新路子。

同日　中国南方稀土集团有限公司成立，这是江西省首家冠以“中国”字样的集团公司。

3月24日　由中组部、中宣部、中央政法委、最高人民法院和上海市委联合举办的邹碧华同志先进事迹巡回报告会在南昌举行。邹碧华是江西奉新人，生前是上海高级人民法院党组成员、副院长。

3月25日　法治江西建设领导小组办公室官网——法治江西网正式上线。这标志着法治江西宣传工作有了一个崭新的平台，将开启法治江西建设的新篇章。

同日　省委农业和农村体制改革专项小组第三次全体会议召开。会议总结部署全省农业农村改革工作，审议专项小组改革举措实施规划(2015—2020年)等文件。

同日　吉安市获评“国家卫生城市”。

3月25日—26日　全省搬迁移民扶贫座谈评审会议在于都县召开。

3月26日　全国三八红旗集体、全国巾帼示范村——青山湖区湖坊镇进顺村召开第一次妇女代表大会暨妇女联合会成立大会。这标志着全省首个村级妇联组织成立。

同日　全国扶贫培训工作研讨班在石城县举办。

3月28日　国家发改委、外交部、商务部印发《推动共建丝绸之路经济带和21世纪海上丝绸之路的愿景与行动》，南昌被列为“一带一路”重要节点城市，并明确定位打造成内陆开放型经济高地。

4月1日　省政府办公厅印发《关于鼓励省属独立科研院所科技人员创新创业的试点办法》。

同日　省政府办公厅印发《江西省专利奖励办法》。

4月2日　省政府印发《服务业发展提速三年行动计划(2015—2017年)》。

4月5日　国务院批复同意《长江中游城市群发展规划》。这是贯彻落实长江经济带重大国家战略的重要举措。长江中游城市群是以武汉城市圈、环长株潭城市群、环鄱阳湖城市群为主体形成的特大型城市群。

4月8日　南昌大学第一附属医院为两名脊椎肿瘤患者成功施行脊椎肿瘤全脊椎切除术,标志着江西省脊椎肿瘤治疗水平上了新台阶。

4月11日　由省科协、省教育厅、省科技厅、省发改委联合主办的第30届江西省青少年科技创新大赛在南昌市朝阳小学举行。

4月12日　省委办公厅、省政府办公厅印发《关于加强江西特色新型智库建设的意见》,明确构建江西特色新型智库建设的重大意义、指导思想、基本原则和总体目标,提出构建江西特色新型智库新格局,建立健全省、市、县三级智库组织体系,重点培养30—60个专业化、高质量智库,要求各地各部门制定面向社会公开招标管理办法,探索建立按需购买、以事定费、公开择优、合同管理的购买机制。

4月14日—17日　民政部、交通部、国务院扶贫办有关人员到江西省莲花县、遂川县、兴国县部分产业扶贫基地、基础设施扶贫项目建设点、移民搬迁扶贫项目建设点,调研了解扶贫项目实施或进展情况,看望慰问部分困难群众。

4月15日—17日　湖南省党政代表团在江西省考察交流。首日,江西、湖南两省合作交流座谈会在南昌举行。双方签署《进一步推动赣湘合作框架协议》《共建赣湘开放合作试验区战略合作框架协议》。

4月17日　省政府印发《关于促进服务外包产业加快发展的实施意见》。

4月18日　江西省残疾人运动员肖翠娟获全国第九届残运会暨第六届特殊奥林匹克运动会女子举重55公斤级冠军。

4月19日　江西省文物考古工作者对鹰潭龙虎山大上清宫遗址的

考古发掘有重大发现，证实该遗址为北宋以后龙虎山道教祖庭的主体。这是中国首次进行的大规模道教遗址发掘。

4月20日 省生态文明先行示范区建设领导小组第一次会议召开，研究部署2015年生态文明先行示范区建设的目标任务。会议强调，2015年是生态文明先行示范区建设的开局之年，全省上下要按照习近平总书记“一个希望、三个着力”重要要求，以改革创新为动力，坚持问题导向治标，推动发展升级固本，让江西青山常在、绿水长流、空气常优，为建设美丽中国作出更大贡献。

4月21日 省鄱阳湖生态经济区建设（昌九一体化发展）第四次领导小组会议在九江召开。会议强调，要认真贯彻落实习近平总书记系列重要讲话特别是在江西代表团审议时的重要讲话精神，主动对接参与国家重大战略，以昌九一体化发展为龙头，以环鄱阳湖城市群为载体，加快完善基础设施，促进产业转型升级，打造对接合作平台，巩固提升生态优势，确保全面实现鄱阳湖生态经济区建设阶段性目标，进一步提升全省区域经济发展水平。会议审议了《〈昌九一体化发展规划〉实施方案》《关于支持昌九一体化发展的若干政策》《2015年度鄱阳湖生态经济区（昌九一体化）重点调度推进的100个新开工重大项目》以及昌九一体化综合交通、城镇体系、土地利用、工业布局4个专项规划。

4月23日 省委、省政府在赣州市南康区召开全省工业产业集群发展升级现场推进会，学习交流工业产业集群发展经验。会议强调，推进工业产业集群发展，是发展升级之要、小康提速之基、绿色崛起之需，是推进省委“十六字方针”的核心动力。各地、各部门要做推进工业产业集群发展的“明白人”，牢牢把握工业产业集群发展的重要环节，进一步做强龙头企业、提升产业链条、做大工业园区、健全市场体系，大力提升推进工业产业集群发展的有力支撑，进一步完善服务平台、提供创新支撑、优化发展环境，以工业产业集群发展的扎实成效，助推江西经济社会发展交出一份靓丽的成绩单。

同日 国家发改委、科技部、国土资源部、环保部、水利部、农业部等11个部委联合公布全国生态保护与建设示范区名单，江西省有4个市县入选，其中吉安市成为市（州、地区）级生态保护与建设示范区，上饶市婺源县、九江市武宁县、赣州市上犹县成为县（市、区）级生态保护与建设示范区。

4月24日 省政府印发《贯彻国务院关于依托黄金水道推动长江经济带发展指导意见的实施意见》，提出要加强基础设施、重点产业、开放平台和市场体系对接，着力构建联江通海综合交通、集聚集约产业转型升级、联动发展新型城镇化、全方位多层次开放合作和江湖和谐生态安全五大格局，努力把江西建设成为长江经济带的重要战略支撑、内陆沿江开放合作的新高地、国家生态文明建设的先行示范区。

4月27日—29日 江西省党政代表团在福建省开展学习考察。首日，江西与福建两省在福州举行合作发展交流会，进一步加强国家"一带一路"、自贸区、赣南等原中央苏区振兴发展等重大战略协同。

4月28日 500千伏抚州至瑞金红都输电线路工程开工。这是省内最长的500千伏线路工程，线路全长246.5千米，铁塔573基，途经抚州、赣州2市8县，总投资5.42亿元。2016年5月31日，该输电线路投运。

4月 萍乡市被确定为全国首批16个"国家海绵城市建设试点城市"之一，是江西唯一获批的设区市。

5月1日 第42届世界博览会在米兰开幕，万年稻作文化作为国家展示项目中唯一的江西元素，在此亮相184天。

5月5日—6日 湖北省党政代表团到江西进行为期两天的考察交流。首日，两省在南昌举行合作交流座谈会，商讨深入贯彻落实长江经济带国家战略，进一步拓展合作领域、聚焦合作重点、丰富合作成果，开创赣鄂深入对接、互利合作新时代，并签署《长江中游城市群战略合作协议》。

5月8日 省委办公厅印发《关于在全省县处级以上领导干部中开展“三严三实”专题教育实施方案》。

5月11日 省政府与中国航天科工集团在南昌签署合作框架协议，成立江西航天云网科技有限公司，共同推进江西航天云网建设。

同日 由中组部和国家测绘地理信息局联合举办的智慧城市建设专题研究班在南昌开班。

5月12日 国务院扶贫办在北京召开扶贫宣传工作座谈会。省扶贫和移民办被评为2014年度“扶贫宣传先进单位”；龚亮保被评为2014年度“扶贫宣传优秀联络员”，并作为优秀联络员代表发言。

5月13日—14日 省政府召开全省服务业发展提速推进大会，总结交流服务业发展工作，动员部署服务业发展提速三年行动计划，推动服务业发展提速、比重提高、水平提升。

5月14日 全国妇联在北京人民大会堂举行“2015寻找最美家庭”揭晓仪式，100户全国“最美家庭”代表出席。江西省新建县南矶乡的陈凡经家庭、吉安县敦厚镇蒋新东家庭、崇仁县巴山镇宁宏昌家庭当选全国“最美家庭”。

5月14日—16日 国家节能考核组到江西就2014年度节能目标完成情况和节能措施落实情况进行现场考核评价。考核组通报认为，江西省已初步完成2014年度节能目标、“十二五”进度目标。

5月15日 为响应国家“一带一路”倡议，抢抓历史性发展机遇，省政府印发《江西省参与丝绸之路经济带和21世纪海上丝绸之路建设实施方案》，提出全面参与国家“一带一路”建设。

同日 省政府办公厅印发《支持昌九一体化发展的若干政策措施》，在资金、项目、土地、产业发展、一体化融合、保障措施等方面提出了支持昌九一体化发展的20项政策措施。

5月16日 省政府办公厅转发省新农村建设办公室、省住建厅《关于江西省农村生活垃圾专项治理工作方案》。

同日 第六届全国特殊奥林匹克运动会圆满落下帷幕。由40名残疾人运动员组成的江西省代表团分别在田径、举重、乒乓球、羽毛球、篮球5个大项目69个小项目比赛中获37金25银7铜,5支运动队均获体育道德风尚奖。

5月18日 在浙江宁海举办的全国首批徐霞客游线标志地答辩、评审会议结果出炉,广丰县铜钹山白花岩片区成为全国首批徐霞客游线标志地。

5月19日 省旅发委与"旅交网"宣布建立战略合作关系,并举行旅游招商、项目建设与投融资战略合作签约仪式和新闻发布会。

5月20日 全省控编减编工作电视电话会召开。会上出台全省控编减编工作方案,确保本届政府任期内财政供养人员只减不增,2017年底前实现省级党政群机关行政编制总体精简5%,精简的编制向关系国计民生的重点领域和关键环节倾斜。

5月21日 第二届中国青年企业家发展峰会在共青城举行。此次峰会以"新常态、新青年、新作为"为主题,包括中国青年企业家协会会员在内的海内外各界企业家代表400余人参加。

5月23日 省政府办公厅印发《关于支持赣南等原中央苏区振兴发展重点平台建设的若干政策措施》《关于深入推进对口支援赣南等原中央苏区的若干措施》。

5月25日 在全国地质勘查行业"最美地质队员"评选活动总结表彰会上,全国优秀科技工作者、省地矿局赣南地质调查大队已故高级工程师杨衍忠获全国"十佳最美地质队员"称号,该局地调院西藏区调队队长、"龚全珍式好干部"胡为正获全国"最美地质队员"称号。

同日　商务部等10部门联合印发《全国流通节点城市布局规划(2015—2020年)》,确定37个国家级流通节点城市和66个区域级流通节点城市。南昌市被确定为国家级流通节点城市,九江市、赣州市被确定为区域级流通节点城市。

5月27日　2014年全省综治工作(平安建设)考核评价结果揭晓,江西省在连续10年被评为全国综治工作优秀省的基础上,以96.61的高分位居全国第一。

5月27日—29日　江西代表团在香港参加2015年赣港经贸合作活动,共签约100个项目,投资额达98.9亿美元。

5月29日　南昌大学艺术与设计学院工业设计系设计的陶瓷环保创意包装作品获"世界之星"包装设计奖,并获"世界之星"包装设计主席奖,这是江西省首次获"世界之星"包装设计主席奖。

5月30日—6月13日　来自法国普瓦提埃大区中心医院的两位总护士长在江西进行为期15天的临床医疗观摩学习,这是欧美国家医务人员首次赴江西短期培训。

6月1日　省委、省政府印发《关于全力打好精准扶贫攻坚战的决定》,将精准扶贫攻坚实绩作为市县综合考核评价的重要内容,建立贫困县考核、约束、退出机制。

同日　南昌市入围全国首批15个小微企业创业创新基地示范城市。此后3年,南昌获9亿元资金用于扶持小微企业的发展。

6月5日　江西省国家数字出版基地建设研讨会在南昌举行。2014年10月《国家新闻出版产业基地(园区)管理办法》出台后,该基地是全国第一家严格按照该办法批准建设的基地。

同日　在国际田联竞走挑战赛拉科鲁尼亚站比赛中,中国选手刘虹(江西安福人)在女子20公里竞走项目中以1小时24分38秒的成绩获得冠军,并打破了俄罗斯名将拉什马诺娃在2012年伦敦奥运会上创造的1小时25分02秒的世界纪录。

同日 2015年度美国IDEA国际工业设计卓越奖入选名单揭晓，由南昌大学艺术与设计学院教师吴江、舒余安指导，工业设计系2012级学生赵贺琦、林洁完成的参赛作品《盲点温度计设计》在全世界1.2万余份作品中脱颖而出，获美国IDEA国际工业设计卓越奖。

6月9日 省委、省政府在吉安县召开全省精准扶贫攻坚现场推进会。会议强调，要始终牢记、坚决贯彻习近平总书记的殷切期望和重要指示，以更实的导向牢固树立正确的政绩观，以更实的工作把扶贫扶到点上、扶到根上，以更实的作风一抓到底、久久为功，进一步深入推进精准扶贫各项工作，确保全省"五年决战同步全面小康"战略目标圆满实现。

6月10日 丰城市资源循环利用产业基地入选第六批国家"城市矿产"示范基地名单，成为江西省第三个国家"城市矿产"示范基地。

6月11日 省委办公厅、省政府办公厅印发《关于着力推动赣南等原中央苏区加快发展的意见》，紧扣打好民生改善、产业发展、基础设施、生态文明攻坚战，提出了一系列政策措施。

6月12日 省委常委会召开会议，研究部署繁荣发展哲学社会科学等工作。会议审议通过《中共江西省委关于进一步繁荣发展哲学社会科学的意见》。

6月15日—18日 中电投江西贵溪发电有限责任公司挂榜山、雷公岭灰场光伏发电项目并网发电，进入商业运营阶段。该项目为全国首家在火电厂灰场上建设的新能源项目，总投资约2.07亿元。项目投产后，年发电量约2500万千瓦时，产值约3000万元。

6月24日 全国首个岐黄国医外国政要体验中心启动仪式在南昌举行。该中心由太湖世界文化论坛主办。

6月25日 江西师范大学在国内科研院所首开先河，设立马达加斯加研究中心，为马达加斯加研究中心首批研究员颁发聘书，并举办首届“马达加斯加论坛”。

6月27日 国内第一台二次再热发电机组——华能安源电厂新建工程1号机组通过168小时连续满负荷试运行，标志着中国电力设计、制造、安装和调试水平又上了一个新台阶。

6月28日 合福高铁正式开通运营。这条高铁的开通，标志江西省“一纵一横”高铁“黄金十字”主架骨形成，江西成京福“8小时高铁交通圈”中心点。合福高铁全线长850千米，江西段183.2千米。福州、南昌至合肥由原来8.5小时和7小时压缩至4小时左右。

6月30日 中组部授予江西省信丰县委书记张逸、奉新县委书记张家良、广丰区委书记郑光泉“全国优秀县委书记”称号。

7月1日 江西省全面推行工商营业执照、组织机构代码证和税务登记证“三证合一、一证三号”登记制度。

7月2日 作为省级不动产统一登记工作试点县(市)之一，共青城市颁发全省省级不动产统一登记工作试点的首本房地合一不动产权证书。

同日 赣南苏区振兴发展产业投资基金获国家发改委批复成立。

同日 工信部公布2015年智能制造试点示范项目名单，江西中石化九江分公司石化智能工厂、昌飞公司直升机旋翼系统制造智能车间2个项目入选。此后，江铜、江中2个项目，孚能科技、三川智慧科技、合力泰科技、晶科能源4个项目，华意压缩机、国泰特种化工、汉腾汽车3个项目，分别入选2016—2018年试点示范项目。

7月3日 江西参与“一带一路”建设政银企对接会举行，签署《江西省发展和改革委员会、中国进出口银行江西省分行参与丝绸之路经济带和21世纪海上丝绸之路建设战略合作协议》。中国进出口银行江西分行至2017年将对江西省企业完成进出口贸易和“走出去”领域贷款投放500亿元。

7月5日—7日 江西省党政代表团抵达安徽学习考察。江西、安徽两省在合肥举行合作发展交流会，深入贯彻落实长江经济带、中部崛起等国家战略，推动赣皖互利合作共同发展提高到新水平。

7月7日 以江西国际经济技术合作公司为项目总承包单位的肯尼亚加里萨50兆瓦光伏电站项目两国政府优惠贷款框架协议签署。该项目总投资1.38亿美元，为非洲国家最大的光伏电站项目之一，也是江西在非洲的第一个光伏电站项目。

7月15日 江西高铁网“第二纵”——南昌至赣州铁路客运专线开工建设。昌赣客运专线全长415.165千米，工程总投资507.5亿元，建设工期5年。

7月16日 全国最大的杂交水稻现代化育制种企业——江西春雷集团与江西天涯种业有限公司在萍乡市湘东区签订重组合并协议。重组后，江西天涯种业将投资3亿元打造“育繁推一体化”的国家级种子龙头企业。

同日 省政府办公厅发布《关于做好“十三五”规划扶持贫困村工作的通知》，确定兴国县兴江乡桐林村等2900个村为全省省级“十三五”规划扶持贫困村。

7月17日 江西省跨国企业集团跨境人民币资金集中运营业务在南昌正式启动。江西铜业集团、晶科能源有限公司通过人民银行南昌中心支行跨境双向人民币资金池结算业务备案，率先获得开办跨境人民币资金集中运营业务资格。

7月18日 在意大利米兰举办的第42届世界博览会上，以“秀美江西·生态农业·绿色崛起”为主题的“江西活动日”在中国馆举行，景德镇陶瓷、赣剧、婺源茶艺亮相，这是江西省首次组织政府代表团赴境外参加世界博览会。

同日 省政府出台《关于大力推进大众创业万众创新若干政策措施的实施意见》，从降低准入门槛、激发主体活力、加大资金扶持、提升服务水平4个方面推出了28条举措，进一步优化创新环境，激发全社会创业创新活力。

7月20日 瑞金共和国摇篮旅游区跻身国家5A级旅游景区。

同日 为期22天的“千年瓷都——中国景德镇陶瓷文化展”在西班牙马德里中国文化中心落下帷幕。该展览是2015年度部省对口合作计划的第一个文化交流活动。

7月21日—22日 省委十三届十一次全体会议在南昌召开。会议总结上半年经济工作，分析当前经济形势，安排下半年主要任务，研究深入贯彻“发展升级、小康提速、绿色崛起、实干兴赣”十六字方针特别是全力推进绿色崛起工作。会议要求，始终坚持以习近平总书记治国理政战略思想为指导，坚决贯彻好习近平总书记“一个希望、三个着力”重要要求，坚定不移地落实好中央决策部署和省委“十六字方针”，努力走出一条具有江西特点的绿色崛起新路子。

7月23日 省军民结合产业发展推进大会召开。会议强调，力争到2020年，全省军民结合产业主营业务收入突破2500亿元；主营业务收入超过100亿元的企业达到6家以上，超过10亿元的企业达到40家以上；参与军品研制的企业达到130家以上；建成10个军民结合产业基地；形成体系完善、创新驱动、高效增长的军民结合高端产业形态。

7月24日 省政府办公厅印发《江西省贯彻落实国家贫困地区儿童发展规划（2014—2020年）实施方案》。

7月27日 省委、省政府在南昌召开科学技术奖励大会，表彰获2014年度江西省科学技术奖的单位和个人。2014年度江西省科学技术奖共授奖106项成果和2名外籍专家，获奖科技人员共613人，科技进步奖获奖单位163个。

7月28日 江西日报社所属的江西大江传媒网络股份有限公司在全国中小企业股份转让系统(新三板)挂牌,成为“江西互联网第一股”。

7月29日 首届“互联网+革命老区农村电商”发展峰会在赣州举行。此次峰会主题为“扶贫、创业、创新”。会上,省商务厅与阿里巴巴集团签订了农村电商战略合作协议。

7月29日—31日 中国科学院研究员龙花楼率11名专家到遂川县调研评估“实施精准扶贫、精准脱贫”政策措施落实情况。

7月30日 首届中国青年APP大赛总决赛在共青城举行。大赛中脱颖而出的80多个APP好项目获得上亿元风险投资。

8月3日 省委印发《关于加强和改进党的群团工作的实施意见》。

8月5日 余江县农村宅基地制度改革试点工作启动会召开。会议强调,鹰潭市、余江县要严格按照国家改革要求,扎实完成各项任务,全面提升农村宅基地管理水平,努力为全国提供可复制、可推广的实践经验。

同日 省政府印发《江西省推广自由贸易试验区改革试点经验实施方案》,从深化行政管理体制改革、深化商事登记制度改革、推进贸易管理领域改革、建立企业年度报告公示和经营异常名录制度等10个方面提出74条具体措施,推动上海、广东等自由贸易试验区改革经验在江西落地实施。

8月8日 国家重点水电工程——洪屏抽水蓄能电站一期主体工程、总库容为6316万立方米的下水库正式下闸试蓄水,标志着该电站最关键的节点工程完工。

同日 昌九高速公路改扩建通远试验段建成通车,标志着该路全线“四改八”改扩建项目启动。

8月11日 国务院批复同意将瑞金市列为国家历史文化名城。

8月12日　“共话赣陶情·同筑中国梦”江西省文化援疆慰问首场演出在新疆阿克陶县举行。此次慰问演出共4场，于14日晚结束。

8月18日　全省茶叶品牌整合工作动员会在南昌召开。会议强调，推进茶叶品牌整合是做大、做优、做强江西茶叶产业的关键之举，是促进农业转型升级的重要内容，各地、各部门要明晰推进茶叶品牌整合的主要路径，推动茶产业加快转型升级。

同日　在全国乡村旅游提升与旅游扶贫推进会议上，国家旅游局公布了首批20个“中国乡村旅游创客示范基地”，石城大畲村入选。2016年8月、2017年7月，婺源县篁岭民俗文化村、大余丫山风景区分别于第二、三批入选。

8月19日　第十三届赣台(宜春)经贸文化合作交流大会在宜春开幕，包括台湾工业总会、商业总会、工商协会及台湾农会、青创会等知名协会和25家台湾百大集团、上市公司的负责人在内的近千位嘉宾参加会议。会上，省委、省政府授予宜春为全省首个台湾青年创业基地，签约台资入赣项目72个，签约金额达36.2亿美元。

同日　2015年上海书展暨“书香中国”上海周开幕，江西在上海展览中心举行主宾省馆开馆暨“版权云”上线仪式。这是江西首次作为主宾省参加上海书展。

8月20日　省政府与中国铁塔股份有限公司战略合作框架协议签约仪式在南昌举行。中国铁塔公司将江西作为全国信息基础设施布局重点，加大移动通信基站和室内分布系统等基础设施建设的投资力度，到2020年底累计投资200亿元，实现全省城市和农村4G高速网络全面覆盖。

8月24日　省委、省政府在南昌召开现场办公会，专题研究支持南昌打造核心增长极、推进昌九一体化工作。

同日　国际原子能和中国国家原子能机构联合主办的“从磷酸盐

和其他来源进行可持续铀和重要材料生产的领导力研讨会”在东华理工大学举行。

8月28日 省扶贫和移民办与农发行江西省分行就建立战略合作关系签订扶贫攻坚战略合作框架协议(2016—2020年)。9月23日,江西省在全国首创的扶贫与政策性金融合作平台正式启动。

同日 在第十五届国际田联世界田径锦标赛上,江西安福姑娘刘虹以1小时27分45秒的成绩夺得女子20公里竞走金牌。这是江西运动员在田径世锦赛上夺得的第一枚金牌。

同日 省政府印发《关于加快推进“互联网+”行动的实施方案》。

同日 省政府办公厅印发《关于支持农民工等人员返乡创业的实施意见》。

8月31日 江西应用技术职业学院和江西航空职业技术学院入选全国首批现代学徒制试点高职院校。

9月1日 全省污水管网建设和融资工作动员部署会在南昌召开。省政府统筹安排财政性资金10亿元,融资33.6亿元,对污水进水COD浓度100毫克/升以下或污水收集65%以下的48个县(市、区)污水处理厂配套管网建设给予支持。建设项目804个,污水管网建设长度1823千米。

同日 省国税局、省地税局与建设银行江西省分行签约搭建省级小微企业“税银合作”平台——“税易贷”。

9月3日 省委、省政府印发《关于加快转变农业发展方式建设现代农业强省的意见》,提出加快构建完善现代农业经营体系、生产体系和产业体系,着力转变农业经营方式、生产方式、资源利用方式和管理方式,进一步巩固粮食主产区地位,努力建设全国知名的绿色有机农产品供应基地,走出一条产出高效、产品安全、资源节约、环境友好的现代农业强省之路,在全国率先实现农业绿色崛起。

9月6日 为期4天的第二届海峡两岸山地自行车联谊赛暨第二届环鄱阳湖国际骑游大会在南昌结束。

同日 省政府办公厅印发《关于加快高速宽带网络建设推进网络提速降费的实施意见》。

9月8日 江西省与纳米比亚共和国奥沙纳省在南昌签署建立友好省关系意向书。

同日 在2015年厦门国际投资贸易洽谈会上,江西省政府主办了江西省现代农业合作(厦门)推介会。推介会签订农业合同项目33个,签约金额111.9亿元,客商投资110.07亿元。

9月11日 在联合国海陆丝绸之路城市联盟成立大会上,景德镇市被授予联合国海陆丝绸之路城市联盟首批创始成员,并获得特别贡献奖。

9月12日 第六届环鄱阳湖国际自行车大赛在赣州市上犹县文体中心拉开战幕。此届比赛历时12天,来自中国、澳大利亚、法国、美国等30多个国家和地区的22支职业车队200多名专业车手参赛。

9月17日 江西政务服务网开通运行,这是江西省"三单一网"改革工作取得的阶段性成果。该服务网在全省111个市、县(区)政府设服务平台、49个省级部门设立服务窗口,按主题、按部门对全省政务服务资源进行全口径汇聚。年底,江西政务服务网实现省、市、县三级联网,标志着全省"三单一网"改革阶段性目标完成。

9月18日 科技部公布一批创建国家可持续发展实验区名单,江西省资溪县、鹰潭市龙虎山风景区位列其中。

9月21日 全省首批7份"一照一码"营业执照在南昌市颁发,新版营业执照只印着一个18位数字的注册号码。南昌市在全省率先启动"一照一码"登记制度改革。10月1日起,全省全面实行"一照一码"登记制度,标志着江西"三证合一"登记制度改革进入全面实施阶段。

9月24日　省扶贫和移民办与农业银行江西省分行在南昌签订金融扶贫合作协议。

9月29日　江西省首座新一代智能变电站——110千伏赣县双龙变电站投产送电。这是国家电网公司50个新一代智能变电站扩大示范工程首个建成的项目。双龙变电站总用地面积0.4公顷，总投资3490万元。

9月30日　江中制药(集团)有限公司、江西本草天工科技有限公司"创新药物与高效节能降耗制药设备国家重点实验室"和青峰药业有限公司"创新天然药物与中药注射剂国家重点实验室"入选科技部公布的第三批企业国家重点实验室名单，实现了江西企业国家重点实验室建设"零"的突破。

10月1日　南昌往返日本大阪的直飞国际航班开通。这是昌北国际机场首次开通直飞日本的正班航线，该航班由首都航空执飞。

10月8日　省政府与中国建筑股份有限公司签署"十三五"战略合作框架协议。"十三五"期间，中国建筑股份有限公司在江西投资500亿元。

10月9日　农业部公布2015年中国最美休闲乡村推介名单，江西省5个乡村入选：进贤县太平村入选特色民居村，崇义县水南村入选特色民俗村，武宁县南屏村入选现代新村，浮梁县严台村、黎川县洲湖村入选历史古村。

10月12日—17日　江西省农业考察团参访台湾现代农业，并出席赣台农业产业发展合作推介会。会上，现场签署合作意向农业项目14个，意向合作金额5.27亿美元。

10月13日　第五届全国道德模范座谈会和授奖仪式在北京举行，江西省井冈山革命博物馆原馆长、离休干部毛秉华当选"全国助人为乐道德模范"，崇仁县政协退休干部宁宏昌当选"全国孝老爱亲道德模范”。

10 月 15 日　国家旅游局发布公告,正式批准宜春明月山旅游区为国家 5A 级旅游景区,赣西实现国家 5A 级旅游景区“零”的突破。

10 月 18 日　2015 中国景德镇国际陶瓷博览会在景德镇开幕。

10 月 20 日　江西省首个综合保税区——赣州综合保税区(一期)正式通过海关总署、国家发改委等 10 部委联合验收。该保税区是江西省首个综合保税区,整体规划面积 4 平方千米,规划建设保税物流区、保税服务区、保税加工区和口岸作业区四大功能区。

10 月 21 日　省政府在南昌举行 2015 年度“庐山友谊奖”颁奖仪式,来自 10 个国家的 15 位外国专家获此奖项。这是省政府授予到赣工作外国专家的最高荣誉。

同日　国务院正式批复赣州高新技术产业园区和吉安高新技术产业园区晋升为国家高新技术产业开发区。

10 月 26 日　省文化产业公共服务平台启动。

10 月 26 日—27 日　全省乡村旅游提升与旅游扶贫推进工作会议在大余县召开。

10 月 27 日　在鄱阳县饶丰镇红土山百亩“籼改粳”核心示范区,3 块田平均亩产 922.5 千克,比 2014 年提高 8 千克,刷新江西省水稻单产纪录。

10 月 30 日　寻乌至全南高速公路全线正式通车,标志着江西新增一条通往福建和广东的出省高速通道。

11 月 1 日　省政府印发《江西省流域生态补偿办法(试行)》,决定 2016 年筹集 20.91 亿元在全省境内实施流域生态补偿。至 2017 年底,江西共筹集分配流域生态补偿资金 47.81 亿元。

11 月 2 日　全省生态文明先行示范区建设现场推进会在武宁县召开。会议决定在全省推行“河长制”,并公布省级“总河长”及省级负责河流“河长”名单。

11月5日　江西萧翔农业发展集团有限公司在江西联合股权交易中心挂牌，标志着江西省区域性股权交易市场正式运营。

11月6日　南昌至樟树高速公路改扩建、金溪至抚州高速公路建成通车新闻发布会暨南昌至九江高速公路改扩建、新干航电枢纽项目建设动员会召开。

11月11日　省旅游集团与建设银行江西省分行在南昌正式签署战略合作协议，共同发起设立总规模达400亿元的江西省旅游产业基金。

11月12日　中国第一个工业互联网平台——江西航天云网正式上线。

11月14日　南昌汉代海昏侯墓主椁室考古发掘启动仪式在海昏侯墓园举行。

11月19日　江西省与科技部2015年工作会商会议在南昌举行。会上，双方围绕今后两年的3个重大议题展开会商，确定以深化科技体制改革为动力，在大力发展战略性新兴产业、促进革命老区精准扶贫和振兴发展、支持江西生态文明先行示范区建设3个方面予以重点推进。

同日　第二届华侨华人赣鄱投资创业洽谈会（简称华赣会）在南昌闭幕。此届华赣会共有来自全球30多个国家和地区的江西同乡会会长、“一带一路”沿线国家和地区侨团侨社、在赣投资的知名侨资企业代表及港澳代表、海外华侨华人科技专业人才等470余人参加。会议期间，共签约重大项目73个，签约合同总金额235.42亿元。

同日　江西银监局批复江西金融租赁有限公司开业申请。这是全省首家金融租赁公司。

11月20日　丰城市党建项目“在基层党组织建立矛盾纠纷‘金牌调解’的免费‘社会法庭’”荣获第三届全国基层党建创新最佳案例奖。

11月24日 省政府印发《关于进一步加强政务公开工作的意见》。

同日 赣欧国际货运班列(南昌—鹿特丹)从南昌横岗站首发。

11月29日 赣州黄金机场改扩建工程全面开工建设。赣州黄金机场改扩建工程是2015年省重点工程新开工项目,建设工期3年,工程概算投资10.24亿元。

11月30日 第五十三次省政府常务会议召开。会议确定打造南昌光谷、建设江西LED产业基地实施方案,加快推动LED产业发展。

12月4日 由省高级人民法院联合江西日报社、江西电视台和驻赣18家银行机构共同创建的"法媒银·失信被执行人曝光台"上线,在全国首创"法(院)媒(体)银(行)"联手共筑诚信模式,标志着全省打击"老赖"全面步入"互联网+"时代。

12月5日—7日 江西省党政代表团在上海市考察学习,双方签署《进一步深化沪赣合作框架协议》。

12月7日—9日 江西省党政代表团在江苏省考察学习。双方就贯彻国家长江经济带战略、"一带一路"倡议,围绕推进"十三五"赣苏新合作、新发展深入交流。

12月11日 2015年泛珠三角区域合作行政首长联席会议在福州召开。会上,泛珠区域"9+2"各方行政首长对推进泛珠合作的有关重要事项进行审议,围绕"将泛珠合作纳入国家战略,深化新一轮泛珠合作"主题进行讨论,并签署《2015年泛珠三角区域合作行政首长联席会议纪要》。

同日 省扶贫和移民办、省商务厅与中国邮政集团公司江西省分公司就联合推进"农村e邮"精准脱贫工程在南昌签订战略合作协议。

12月12日 全国首家农药电子监管示范店、萍乡市首家农资超市正式营业。

12 月 14 日　江西省对口支援赣南等原中央苏区工作座谈会召开。会议总结两年来对口支援工作，欢送完成对口支援任务的第一批中央国家机关挂职干部。

12 月 18 日　赣闽粤三省和中国电信集团公司、广东新岸线计算机系统芯片有限公司在北京签署框架协议，合作推进赣闽粤原中央苏区农村超高速无线局域网应用试点工作。

12 月 21 日　支持赣南等原中央苏区振兴发展部际联席会议第三次会议在北京举行。会议总结部际联席会议第二次会议以来的工作落实情况，继续推动有关事项的落实，研究部署下一步支持赣南等原中央苏区振兴发展工作。

12 月 22 日　南昌、武汉、长沙、合肥四城市实现医保结算系统平台互联互通，四省会城市城镇参保职工可持本地社会保障卡在其他三市定点医疗机构看病就医，即时结算。

12 月 23 日　全国知名民营企业助推江西发展升级大会在南昌举行。这是 2015 年“民企入赣”主题招商最后一场重大活动。大会期间，共有 121 个项目集中签约，投资总额 2190.14 亿元。

12 月 25 日　江西省在第五届中国旅游产业发展年会年度发布的十类奖项中夺得 6 项大奖，分别为：“炫动旅游 +”入选 2015 年中国旅游营销创新 TOP 10，清婺景入选 2015 年“美丽中国”主题旅游十佳线路，婺源九思堂入选 2015 年中国特色民宿 TOP 10，明月山入选 2015 年中国旅游厕所革命先锋 TOP 10，省旅发委市场促进处入选 2015 年中国旅游影响力传播机构 TOP 10，三清山入选 2015 年“旅游 +”创新项目 TOP 10。

12 月 26 日　《江西日报》报道，赣瑞龙铁路开通运营，标志着赣南结束没有动车开行的历史。赣瑞龙铁路是连接赣南、闽西革命老区的首条快速铁路，全长 250 千米，设计运行时速 200 千米。

同日 南昌地铁1号线开通试运营。这是江西省第一条地铁线路。

12月27日 省人社厅印发《江西省高层次人才引进实施办法》。

12月29日 全省扶贫开发工作动员部署会议召开。会议强调,全省上下要坚决贯彻中央扶贫开发工作会议决策部署和习近平总书记的重要要求,举全省之力打赢产业扶贫、安居扶贫、保障扶贫三大攻坚战,确保到2018年,全省基本消除绝对贫困现象,井冈山市等有条件的革命老区贫困县率先实现脱贫摘帽;确保到2020年,现行扶贫标准下贫困人口全部脱贫,贫困县全部摘帽。

12月30日 江西海外能源资源开发联盟在南昌成立。这是全省首家企业海外产业联盟。

12月31日 省委、省政府印发《关于深化供销合作社综合改革的实施意见》。

12月 鹰潭市入选首批国家级旅游业改革创新先行区。

是年 江西资本市场直接融资实现历史性突破,截至12月29日,直接融资规模达到1476.09亿元,“引资入赣”成效明显。

二〇一六年

1月5日 全省首家水产院士工作站在鄱阳县鄱阳湖壹号渔业集团成立。

1月6日 省政府决定,成立省参与“一带一路”建设和推动长江经济带发展领导小组。

同日 省政府印发《关于加快推进残疾人小康进程的实施意见》。

1月8日 2015年度国家科学技术奖励大会在北京召开。江西共有12项重大科技成果获奖,其中一等奖2项、二等奖10项,技术发明奖2项,科技进步奖10项,获奖项目数为历史之最。由南昌大学、晶能光电(江西)有限公司、中节能晶和照明有限公司共同完成的“硅衬底高光效GaN基蓝色发光二极管”项目荣获本届国家技术发明奖中唯一的一等奖,实现了江西获国家技术发明奖一等奖“零”的突破。

同日 华南地区首家综合性自然博物馆——赣州市自然博物馆开馆试运营。

1月8日—10日 农业部调研组一行在赣州调研农业农村经济、农业扶贫以及赣南苏区振兴发展对口支援工作。

1月11日 江西省与工信部在南昌签署深化战略合作协议,共同推动《中国制造2025》中确定的战略任务、重点领域、重大工程的实施,推进落实国家重大区域战略和重大政策,促进江西制造业转型升级、绿色发展,打造重要的先进制造业基地。

1月13日 南昌至宁都高速公路冈上至宁都段项目、南昌至上栗高速公路建成通车。至此，全省高速公路总里程突破5000千米，达到5088千米。

1月14日 省政府印发《关于贯彻落实〈中国制造2025〉的实施意见》，提出针对各领域产业发展的不同阶段，按照优势型、成长型和培育型分类施策，抢占技术创新、规模效应、运作模式的制高点，按照制造业强国“三步走”战略，分阶段推进江西省向制造业强省跨越。

1月14日—15日 国务院扶贫开发领导小组宣讲调研慰问组一行来江西调研扶贫开发工作，慰问困难群众，宣讲中央扶贫开发工作会议精神。

1月16日—18日 第四届“万里茶道”与城市发展中蒙俄市长峰会在铅山县举行。来自“万里茶道”沿线蒙古、俄罗斯等国家的8个节点城市和7个国际组织以及我国国内9个省43个节点城市的330余名嘉宾参加。

1月20日 省委印发《关于落实把纪律挺在前面要求的意见》。

1月22日 婺源成功入选中国国际特色旅游目的地创建名单，成为江西省唯一入选城市。

1月23日 省委、省政府印发《关于落实发展新理念加快农业现代化实现全面小康目标的实施意见》，从加快转变农业发展方式、提高农业质量效益和竞争力，全面深化农村改革、增强农业农村发展活力，推进城镇村联动发展、完善城乡统筹发展体制机制，强化农村生态文明建设、推动农业可持续发展，提高做好“三农”工作能力和水平、加强和创新农村社会管理5个方面提出了28条措施，对“十三五”时期全省农业农村工作进行全面部署。

同日 省政府印发《关于进一步做好防范和处置非法集资工作的实施意见》《促进大数据发展实施方案》。

1月25日 省政府办公厅印发《江西省突发环境事件应急预案》。

1月27日 省委组织部、省委党建工作领导小组办公室印发《关于全面推行“党建+”工作的实施方案》，要求各地各单位采取“1+3+X”的模式推进，“1”是党建工作，“3”是指中心工作、重点工作、日常工作，“X”是本地本单位的特色工作。

1月29日 江西航空首架航班正式载客运营，填补了全省航空业的空白，结束了江西没有本土航空公司的历史。

1月 吉安市获批为国家循环经济示范城市。

2月1日 国家旅游局公布首批创建“国家全域旅游示范区”名单，江西省上饶市、鹰潭市、湾里区、武宁县、石城县、井冈山市、青原区、靖安县、铜鼓县、南丰县、资溪县11个市、县(市、区)名列其中。

2月1日—3日 中共中央总书记、国家主席、中央军委主席习近平在江西吉安、井冈山、南昌等地调研考察。他对江西工作提出了“新的希望、四个坚持”重要要求。“新的希望”，即希望江西全面贯彻党的十八大和十八届三中、四中、五中全会精神，坚持以邓小平理论、“三个代表”重要思想和科学发展观为指导，按照“五位一体”总体布局和“四个全面”战略布局，树立和贯彻新发展理念，主动适应经济发展新常态，向改革开放要动力，向创新创业要活力，向特色优势要竞争力，奋力夺取全面建成小康社会决胜阶段新胜利；“四个坚持”，即要求江西坚持用新发展理念引领发展行动，坚持做好农业农村农民工作，坚持把共享理念落到实处，坚持弘扬井冈山精神。

2月4日 省政府印发《关于加强农村低保与扶贫开发制度衔接的实施方案》，加强农村低保与精准扶贫制度衔接，协同解决农村低保对象贫困问题。江西是全国首个出台农村低保与扶贫开发衔接制度的省份。

2月6日 省政府发布《关于做好化解房地产库存工作的通知》，出台20条新举措化解房地产库存。

2月9日 国务院批复同意南昌出口加工区整合优化为综合保税区。2017年5月11日，南昌综合保税区通过国家验收，7月3日封关运行。

2月18日 《江西日报》报道，全省新增5个国家级实验教学中心，分别是南昌大学物理实验教学中心、江西理工大学化工冶金实验教学中心、景德镇陶瓷学院陶瓷材料工程实验教学中心、南昌大学医学虚拟仿真实验教学中心、江西中医药大学中药产业链关键环节虚拟仿真实验教学中心。至此，全省高校共有国家级实验教学示范中心17个、国家级虚拟仿真实验教学中心4个。

2月19日 省政府发布《关于2016年民生工程安排意见的通知》，提出在连续9年大力实施民生工程的基础上，2016年继续加大民生投入力度，共筹集财政性资金约1200亿元，着重围绕就业和创业、社会保险、抚恤和社会救助、医疗保障、教育文化体育等社会事业、住房保障、扶贫开发、群众生产生活8个方面，集中办好涉及群众切身利益的50件实事。

2月22日 中国（南昌）虚拟现实（VR）产业基地正式揭牌。南昌率先在国内提出打造全球首个城市级VR产业基地的目标，与全球同步抢占这个新兴产业带来的万亿元市场份额。

2月25日 江西省公共信用信息平台上线，“信用江西”网站开通运行。

2月 省政府决定设立省供销合作产业发展基金，并由省财政首期安排1000万元支持设立产业基金。

3月1日 《江西日报》报道，2015年，江西国防科技工业全行业营业收入首破千亿元大关，达到1003.4亿元，迈入全省千亿产业方阵。

3月2日 由省政府主办的南昌汉代海昏侯国考古新闻发布会和考古成果展在北京首都博物馆举行。南昌汉代海昏侯墓主人为第一代海昏侯、第二代昌邑王、第九位皇帝刘贺。刘贺墓迄今出土各类珍贵文物1万余件,数量之大、种类之多均创中国汉墓考古之最。

同日 中国妇幼健康科技大会暨“首届妇幼健康科学技术奖”颁奖会在北京举行。省妇幼保健院李隆玉带领的科研团队研究的“40年农村地区低成本子宫颈癌筛查技术应用研究与效果评价”项目获二等奖。

同日 省纪委、省委组织部联合印发《关于支持、保护和激励党员干部改革创新、担当有为的意见》,从教育引导、核实保护、容错免责、为官不为问责处理4个方面构建一整套支持、保护和激励党员干部改革创新、担当有为的制度机制。

3月3日 国务院印发《关于深化泛珠三角区域合作的指导意见》,推动泛珠三角区域合作向更高层次、更深领域、更广范围发展。泛珠三角区域包括福建、江西、湖南、广东、广西、海南、四川、贵州、云南9省(区)和香港、澳门特别行政区。

3月5日 省政府印发《关于创新驱动“5511”工程的实施意见》,提出“十三五”期间在全省实施创新驱动“5511”工程,即围绕江西省优势战略性新兴产业,重点新建50个国家级创新平台和载体,新增50个国家级创新人才和团队,实施100项重大科技专项,新增1000家高新技术企业,努力实现新常态下发展动力由要素驱动向创新驱动转变、产业结构由中低端向中高端迈进,进一步提升江西省科技支撑和引领经济社会发展能力。

同日 省政府印发《重点创新产业化升级工程实施办法》,明确每年实施10个左右重大科技研发专项项目,扶持20个左右重点产业领域创新成果产业化项目,支持5个左右重点产业骨干工程。

3月7日 江西银监局出台16条具体举措,力促全省银行业打出精准扶贫“组合拳”,在全国率先建立分片包干、责任落实机制,助力江西“五年决战同步全面小康”的战略目标顺利实现。

3月8日　省委、省政府印发《关于深入实施创新驱动发展战略推进创新型省份建设的意见》，提出力争到2020年，江西加快迈向创新型省份行列；创新型经济格局初步形成，科技进步贡献率提高到60%，高新技术产业增加值比2015年翻一番。

同日　省政府办公厅印发《加快林业改革发展推进我省生态文明先行示范区建设十条措施》，提出深化集体林权制度改革、抓好国有林场改革发展、实施森林质量精准提升工程、推进森林城市建设、严格森林资源保护、完善生态补偿机制、加强森林灾害防控、大力开展油茶精准扶贫、加快毛竹产业发展、加大林下经济发展扶持力度十条措施。

同日　省国土资源厅出台服务全省贫困地区精准扶贫工作的九条措施，全力保障脱贫攻坚用地需求，允许贫困地区利用灾毁、废弃园地进行耕地开发，支持贫困地区矿产资源勘查开发利用。

3月15日　江西省余江县、会昌县、婺源县被列为农民住房财产权抵押贷款国家级试点县，安义等10个县(市)被列为农村承包土地的经营权抵押贷款国家级试点县(市)。

3月15日—16日　全省扶贫和移民工作暨搬迁移民扶贫现场推进会在修水县举行。

3月17日　省金融资产管理股份有限公司经省政府批复成立，是全省唯一一家可从事本区域内金融机构不良资产批量收购和处置业务的地方资产管理公司。

3月18日　在玉山县举行的为期8天的第二届中式台球世界锦标赛结束，来自29个国家和地区的360多名选手参赛。中国选手石汉青获男子组冠军，中国选手陈思明获女子组冠军。

3月20日　《江西日报》报道，江西向社会公布保留和取消调整的行政审批中介服务事项清单，保留43项，取消和调整60项。

3月22日 由省政府主办、抚州市政府和省文化厅承办的汤显祖逝世400周年纪念活动新闻发布会在北京举行。

3月23日 国务院扶贫开发领导小组宣讲组来江西开展易地扶贫搬迁政策宣讲。宣讲组围绕贯彻落实习近平总书记关于脱贫攻坚系列重要讲话精神,就新时期脱贫攻坚易地扶贫搬迁政策做了全方位多角度的讲解,着重宣讲解读了易地扶贫搬迁脱贫政策目标、省级投融资主体运作、住房建设面积标准和各类资金性质等问题。

3月24日 新余市跻身全国绿化模范城市。这是该市继获得"国家森林城市""全国园林城市"称号后,在造林绿化方面获得的又一"国字号"金字招牌。

3月31日 省政府办公厅印发《江西省"河长制"省级会议制度(试行)》《江西省"河长制"信息通报制度(试行)》《江西省"河长制"工作督办制度(试行)》《江西省"河长制"工作考核办法(试行)》4项制度。

同日 南昌市第一医院心胸外科成功为患者实施全省首例自主呼吸麻醉下单孔胸腔镜肺大疱切除术,该技术在全国属领先水平。

3月 省纪委派驻机构改革调整工作全面完成,实现了对134家省一级党和国家机关派驻纪检机构全覆盖。

3月 江西被农业部列为首个"全国绿色有机农产品示范基地试点省"。

3月 江西被国家知识产权局列为全国首批三个特色型知识产权强省建设试点省份之一。

4月1日 省委、省政府加快中医药发展工作推进会在南昌召开。会议讨论了《关于加快中医药发展的若干意见》和《共建国家中医药综合改革试验区协议书》,研究建立中医药健康服务、中医药文化传承工作及中医药重点产业集群和重点企业发展3项重点工作推进机制。

4 月 2 日　南昌市鄱阳湖农牧渔产业发展有限公司在“新三板”挂牌上市,实现全省渔业企业上市“零”的突破,成为全国首家在“新三板”挂牌上市的水产品养殖与加工企业。

同日　南昌市湾里区、宜春市铜鼓县、景德镇市浮梁县被环保部命名为“国家生态县(市、区)”。

4 月 6 日　省政府印发《关于进一步完善城乡义务教育经费保障机制的实施意见》。

4 月 7 日　全省因病致贫家庭入户调查工作视频部署会在南昌召开。会议指出,实施健康扶贫工程是打赢脱贫攻坚战的重要举措,开展入户调查是全面掌握因病致贫家庭基础数据的重要手段,是实施精准健康扶贫的重要前提,要切实增强政治意识、大局意识、责任意识,全力做好入户调查工作。

4 月 8 日　省扶贫开发领导小组会议在南昌召开。会议审议《关于打赢脱贫攻坚战的实施意见》《省扶贫开发领导小组 2016 年工作要点》《江西省统筹整合财政涉农扶贫资金实施意见》《江西省“十三五”易地扶贫搬迁工作实施方案》等文件。

同日　安远县城北工业园中国供销赣南脐橙交易中心项目开工建设。该项目是央企入赣的重大项目,总投资 8 亿元,占地面积 32.67 公顷。项目建成后,安远将成为全国最大的赣南脐橙集散交易中心。

4 月 10 日　省直机关公车改革取消车辆首场拍卖会在南昌举行,100 辆公车拍卖总成交额 527.5 万元。

4 月 13 日　2016 中国国际电子商务博览会在浙江义乌落下帷幕。博览会上公布了全国“十佳电子商务园区”榜单,位于赣州市南康区的江西光明电子商务创业孵化园成为江西唯一入榜的电商园区。

4 月 19 日　江西赴利比里亚维和警队 12 名队员被授予联合国和平勋章。

4月20日　省政府印发《江西省鼓励科技人员创新创业的若干规定》。

4月21日　江西省科技馆向社会公众免费开放。

4月23日　由省新闻出版广电局、省直机关工委、江西日报社等8家单位联合主办的"书香赣鄱"全民阅读宣传月系列活动之一——"书香赣鄱·世界读书日经典诵读"活动在南昌滕王阁举行。

4月25日　省委、省政府印发《关于开展降低企业成本优化发展环境专项行动的通知》《关于降低企业成本、优化发展环境的若干意见》。

4月26日—27日　全省旅游产业发展大会在鹰潭市龙虎山举行。会议对加快旅游强省建设作出全面部署,提出"决战旅游产业一万亿"目标。27日,江西省推进旅游强省战略、决战旅游产业一万亿动员会在鹰潭召开。

4月27日　大唐抚州电厂全面竣工,正式投产发电后转为商业化运营。这是全省首个投产的百万千瓦级电厂。

4月29日　省军区组织召开驻赣部队助力老区脱贫攻坚推进会。

4月　省政府印发《关于开展农村留守儿童摸底排查工作的实施方案》。从4月初到7月底,在全省范围内开展一次农村留守儿童摸底排查工作,以建立留守儿童信息库。

4月—11月　由省政府主办,省体育局、省体育总会承办的江西省第五届全民健身运动会举行。

5月1日　江西省营业税正式退出历史舞台,标志着全国推开营改增试点在江西顺利落地。

5月6日　3名中国驻塞浦路斯维和警队队员被授予联合国和平勋章,其中两名来自江西,他们分别是南昌市公安局指挥中心的罗飞、景德镇市公安局出入境管理处的欧阳毅。

5 月 7 日 省政府与国家中医药管理局在南昌签署《共同推进中医药发展合作框架协议》和《共建江西中医药大学协议》。

5 月 9 日 省扶贫和移民办等 7 部门印发《关于全面推行“扶贫和移民产业信贷通”风险补偿机制的实施方案》。

同日 第 15 届赣港经贸合作活动——“金融 · 资本 · 绿色发展”合作交流会在香港会展中心举行。活动共举行 3 天,洽谈合作项目 105 个,签约投资总额 103.02 亿美元。以此为推动力,赣港合作驶入“绿色时代”和“双向开放时代”。

5 月 10 日 国务院办公厅公布 18 处新建国家级自然保护区名单,婺源森林鸟类自然保护区入选国家级自然保护区,这是此次江西省唯一入选的国家级自然保护区。

5 月 11 日 省检察院、省扶贫和移民办联合召开全省检察机关、扶贫部门集中整治和加强预防扶贫领域职务犯罪专项工作暨扶贫和移民系统党风廉政建设电视电话会议。

5 月 13 日 由省政府批准、省农业厅主办的 2016 年江西(上海)茶业博览会在上海国际农展中心举行,包括“四绿一红”“江西茗茶”在内的 115 家省内茶叶生产企业参加。

同日 2016 年全国田径大奖赛第三站的比赛进入第二个比赛日,江西运动员陈华琳在女子短跑 100 米项目上跑出 11.91 秒的成绩,获得金牌。

5 月 15 日 第六届全国生态旅游文化产业发展高峰论坛发布“最美古村落”榜单,江西省高安贾家村、吉安钓源村、吉水燕坊村、金溪竹桥村、乐安流坑村、婺源汪口村、婺源理坑村、婺源虹关村 8 个古村落上榜。

5 月 16 日 南昌西汉海昏侯墓以最高票入选“2015 年度全国十大考古新发现”。22 日,获首届中国考古学大会“考古资产保护金尊奖”。

同日　科技部公布2015年创新人才推进计划入选名单，江西省共有8人入选：南昌航空大学罗旭彪、南昌大学聂少平入选中青年科技创新领军人才；江西晨光新材料有限公司丁建峰、萍乡市德博科技发展有限公司杨启清、江西国燕高新材料科技有限公司张海兵、朝阳聚声泰（信丰）科技有限公司郭桥生、江西荣和特种消防设备制造有限公司涂建新、萍乡市慧成精密机电有限公司黄若入选科技创新创业人才。

5月17日　第八届中国国际警用装备博览会在北京举行，江西省中航工业昌河飞机工业（集团）有限责任公司、中国直升机设计研究所等航空企业、科研机构组团参展，其中昌飞AC311、AC313型警用直升机获8架订单。

5月18日　中国科协授予494人第七届"全国优秀科技工作者"奖，江西农业大学猪遗传改良与养殖技术国家重点实验室研究员（二级）任军，南昌大学食品学院院长、教授刘成梅，江西中医药大学针灸推拿学院院长、教授、主任医师陈日新，南昌大学第一附属医院副院长、主任医师、二级教授刘季春，江西理工大学二级教授廖春发5人获此荣誉。

5月20日　省委办公厅、省政府办公厅印发《关于坚决打赢脱贫攻坚战的实施意见》，明确规定贫困县党政一把手除领导班子换届和特殊情况必须调整外，原则上在贫困县脱贫摘帽前不得调整岗位；提出到2018年，实现现行标准下200万贫困人口全部脱贫，2900个贫困村全部退出和25个贫困县全部摘帽的目标，解决区域性整体贫困；到2020年，进一步巩固发展精准脱贫攻坚成果，稳步实现农村贫困人口不愁吃、不愁穿，义务教育、基本医疗和住房安全有保障，把江西省打造成全国扶贫攻坚的样板区。

5月22日　《人民日报》以"江西：脱贫依靠内生动力"为题报道了江西依靠创新方式方法、完善保障体系、民生救助兜底等措施打赢脱贫攻坚战的做法。

5月24日 省委、省政府印发《关于深入贯彻开放发展新理念构建全面开放新格局的意见》,提出到2020年初步建成内陆双向开放高地的定性目标。

5月25日 《国家发展改革委关于建设长江经济带国家级转型升级示范开发区的通知》印发,同意将33个开发区确定为长江经济带国家级转型升级示范开发区,江西省新建长堎工业园区、奉新工业园区、瑞昌经济开发区入选。

5月28日—29日 国务院扶贫办、中国保监会调研组到赣州市调研商业保险扶贫工作。

5月 省政府办公厅印发《江西省"十三五"易地扶贫搬迁工作实施方案》。

5月 经中共中央、国务院同意,南昌市等12个城市、区域被列为开展构建开放型经济新体制综合试点试验地区。

6月1日 景德镇市政府与中航工业昌河飞机工业(集团)有限责任公司直升机通航合作首航仪式在景德镇市罗家机场举行,双方共同签署景德镇直升机通航合作协议,标志着景德镇成为江西省首个与企业联合开展直升机通航活动的城市。

6月5日—6日 由国家发改委、外交部、湖北省政府主办,江西等中部其他五省政府协办的中国中部国际产能合作论坛暨企业对接洽谈会在武汉举行。江西国际公司、江西中煤建设集团有限公司、正邦集团等24家江西企业参加此次活动。其间,江联重工与三菱商事(中国)等4个合作项目签约。

6月6日 国务院批复同意设立江西赣江新区。赣江新区是中部地区第2个、全国第18个国家级新区,范围包括南昌市青山湖区、新建区和九江市共青城市、永修县的部分区域,规划面积465平方千米。

6 月 7 日 省政府与中国长江三峡集团公司能源战略合作签约仪式在北京举行。双方将共同推动白鹤滩至江西输变电线路建设，开展新能源开发、电力体制改革等方面合作，将江西打造成三峡集团新能源创新发展示范基地达成协议。

同日 南昌汉代海昏侯国遗址管理局挂牌成立。

6 月 8 日 江西海外农业投资联盟大会在南昌成立，标志着江西省农业对外开放迈出更加坚实的步伐。

6 月 12 日—14 日 国家特邀国土资源监察专员考察团到江西调研稀土资源开发利用管理工作。

6 月 15 日 省发改委公布赣南等原中央苏区振兴发展 2016 年工作要点，对精准扶贫、产业发展等方面工作作出明确要求。

6 月 16 日 国家卫计委办公厅、民政部办公厅联合印发《关于确定第一批国家级医养结合试点单位的通知》，江西省南昌市和赣州市成为首批国家医养结合试点单位。

6 月 17 日 由中国红十字会主办、省红十字会承办的第六届海峡两岸红十字博爱论坛江西交流活动在南昌举行。

6 月 19 日 江西省与中国电信集团公司在南昌签署合作框架协议。江西省支持中国电信参与江西“互联网 +”行动，中国电信把江西作为全国业务布局和发展的重点区域，双方合力推动移动互联网、云计算、大数据、物联网等技术和资源在江西经济社会各领域的全面应用。

同日 省政府印发《关于整合城乡居民基本医疗保险制度的实施意见》。

6 月 21 日 “2016 年中国十大古道”评选结果发布，婺源古道荣登榜首。婺源古道被誉为“最美森林古道”，是展现森林生态资源的完美走廊，其古今修葺和保护措施堪称典范。

6 月 24 日 交通运输部公布“十二五”绿色交通省（城市、公路、港口）等示范项目考核验收结果，昌樟高速公路改扩建工程验收结果被评定为优秀等级，列为“绿色公路”示范项目。这是江西省第一条绿色循环低碳主题性示范路。

6月26日 第十届“中国医师奖”颁奖大会在北京国际会议中心举行，江西省儿童医院新生儿外科主任黄金狮获奖。

同日 中国（南昌）虚拟现实（VR）产业基地新闻发布暨创新孵化中心签约大会在红谷滩新区举行。首批近50家企业在会上签订基地入驻协议。南昌市发布《关于加快VR/AR产业发展的若干政策（试行）》。

6月27日 在全国第三届国土资源节约集约模范县（市）表彰会上，玉山县获“全国国土资源节约集约模范县”称号。

6月28日 以江西省第四届全国道德模范龚全珍为原型的电影——《老阿姨》在莲花县首映。

6月29日 经吉安出入境检验检疫局检验合格、落户于青原区新工业园区的吉安荣威生物科技有限公司生产的首批1000千克羊毛脂醇出口约旦。这是全省范围内首次出口羊毛脂类产品。

6月29日—10月22日 为庆祝中国共产党成立95周年、纪念红军长征胜利80周年，引导广大青年学党史、知党情、跟党走，由团中央学校部联合团北京市委、团江西省委、团贵州省委，面向部分高校组织开展的“重走长征路、坚定跟党走、共筑中国梦——纪念建党95周年暨红军长征胜利80周年”全国大学生主题社会实践活动在井冈山大学启动。

6月 2016年健美操国际公开赛在英国布拉克内尔举行，代表中国大学生参赛的江西科技师范大学运动员获混合双人操、三人操、五人操、有氧舞蹈金牌以及男子单人操金牌、银牌的好成绩。

7月1日 庆祝中国共产党成立95周年大会在北京举行。江西省

2 人荣获“全国优秀共产党员”称号,3 人荣获“全国优秀党务工作者”称号,7 个基层党组织荣获“全国先进基层党组织”称号。

7 月 4 日　中国贫困妇女电商培训“全国零售训练营”项目江西试点启动大会在南昌新建区举办。

7 月 5 日　江西省战略性新兴产业推介会在杭州召开,推出 712 个重大项目,总投资 9154 亿元,吸引 150 余位来自长三角地区的客商参加。现场签约项目 48 个,总投资 274. 1 亿元。

7 月 6 日　由中物联冷链委员会组织评选的 2015 年中国冷链物流企业百强企业名单发布,新余东华龙货运有限公司、南丰县三友汽车物流配送有限公司入选。这是江西省冷链物流企业首次入选全国冷链物流企业百强。

同日　国产大型民用直升机 AC313 在景德镇完成一类风险试飞科目“空中应急漂浮系统充气试验”,填补了国产大型直升机应急漂浮系统研制的空白。

同日　2015“中国双拥”年度人物在四川西昌揭晓,九江日报社记者、九江市爱国拥军促进会副会长徐金前入选,是全省唯一获此荣誉的人。

7 月中旬　宜黄县林业局野生植物资源调查外业组在一处山脚溪水边发现中华水韭。中华水韭是数亿年前的“活化石”,是国家一级重点保护野生植物。

7 月 13 日　第 14 届中韩地方政府交流研讨会在南昌召开。江西与韩国已缔结 10 对友城。

7 月 27 日　省政府办公厅印发《江西省食品安全工作行政责任追究暂行办法》,启动江西最严食品安全工作行政责任追究机制。

7 月 28 日　全省钢铁煤炭行业化解过剩产能实现脱困发展工作会议召开。

7月29日 农业部发布《关于认定第六批全国一村一品示范村镇的通知》,公布316个第六批全国一村一品示范村镇,江西省靖安县高湖镇古楠村(古楠村大米)、新余市仙女湖风景名胜区仰天岗办事处湖陂村(湖陂葡萄)、上犹县梅水乡园村村(犹江绿月茶)、瑞昌市高丰镇青丰村(瑞昌山药)、余干县三塘乡明湖村(芡实)、抚州市临川区连城乡下庄村(抚州西瓜)、萍乡市湘东区麻山镇麻山村(葡萄)、浮梁县西湖乡(浮梁茶)、新干县三湖镇(三湖红橘)、安义县长均乡(蔬菜)10个村镇入选。

7月30日 省纪委印发《关于把握运用监督执纪"四种形态"的指导意见(试行)》。

7月31日 为期7天的2016斯诺克世界公开赛在玉山县闭幕。丁俊晖、马克·塞尔比、约翰·希金斯等72名国内外斯诺克选手参赛。

7月 省政府印发《江西省生态空间保护红线区划》,全省生态空间保护红线总面积为5.52万平方千米,占全省总面积的33.09%。

8月1日 省文化中心项目开工动员大会举行。省文化中心由省博物馆、省图书馆、省科技馆组成,建成后将成为全省投资最多、规模最大、档次最高、功能最强、内容最丰富的公共文化设施,成为展示江西历史文化的地标建筑。

同日 国家旅游局在井冈山市神山村举行红色旅游扶贫捐助活动,各项捐助总价值近300万元。

8月1日—7日 由省政府主办,省体育局、南昌市政府、中国网球协会承办的2016江西网球公开赛在南昌举行。这是江西省有史以来举办的级别最高、规模最大的国际网球赛事。11个国家和地区的50多名运动员参赛。中国选手段莹莹获冠军,中国组合梁辰/鲁晶晶获女双冠军。

8月2日 国家口岸办决定,将江西、重庆、陕西、贵州、内蒙古以及宁夏6个省(区、市)列入首批内陆沿边地区国际贸易“单一窗口”试点省(区、市)。

8月4日 省政府召开全省永久基本农田划定工作电视电话会议。国家核定江西耕地保有量4391万亩、基本农田保护目标3693万亩。

8月8日 省纪委发布《关于重申严禁党员干部出入私人会所、违规接受吃请纪律的通知》。

8月10日 省编办批复同意江西省产权交易所增挂“江西省碳排放权交易中心”牌子。

8月11日 国家旅游局、国家发改委等12部门联合印发《乡村旅游扶贫工程行动方案》,江西省714个村被列入全国乡村旅游扶贫重点村。

8月12日 中共中央办公厅、国务院办公厅印发《关于设立统一规范的国家生态文明试验区的意见》,江西被纳入首批统一规范的国家生态文明试验区,探索形成可在全国复制推广的经验。

8月15日 省政府和中航工业集团在南昌签署通航产业战略合作框架协议,共同推动通用航空产业跨越发展,促进全省产业转型升级,打造新的经济增长点。

同日 南康至成都家具专列开通发车。这是江西省开通的首条至省外的家具专列,每三天一趟,开启铁路系统与地方合作的新篇章。

8月20日 江西籍运动员刘虹在里约奥运会女子20千米竞走决赛中获得金牌。

8月22日 江西首个以森林为主题的专类博物馆——九江市森林博物馆完成主体基础工程建设。博物馆位于天花井国家森林公园内,项目总投资1500万元,占地面积9282平方米,总建筑面积2544平方米。

同日 省政府办公厅印发《江西省“十三五”期间易地扶贫搬迁工

程建设项目融资信贷方案》《关于加强面向“三农”职业教育和培训的若干意见》。

8月22日—24日 中共中央政治局常委、国务院总理李克强在江西考察。他希望江西在新时期继承发扬革命优良传统,在中部崛起中率先发展,在改革开放中走出发展新路,在推动新旧动能转换中探索出新经验。

8月29日—9月1日 国务院扶贫办对江西省脱贫攻坚工程实施情况进行专项督查。专项督查小组赴乐安、广昌两县进行实地督查。

8月30日 省卫计委、省扶贫和移民办在南昌联合召开全省健康扶贫工作电视电话会议,部署全省实施精准健康扶贫工程。

8月 贵溪市双圳林场发现国家一级重点保护植物伯乐树群落三个,株数为20多株,胸径最大的达29.5厘米。伯乐树别名山桃树、钟萼木,树冠呈塔形,树皮为褐色,有块状灰白斑点。

9月1日 省政府在南昌召开国家生态文明试验区(江西)建设推进会议。

9月3日 2016年二十国集团工商峰会(B20峰会)在杭州开幕,江西企业晶科能源作为基础设施议题组唯一一家新能源企业代表,提出两项主旨议题,分别是“绿色基础设施投资将成为全球经济的新增长引擎”和“太阳能发电成本低于火力发电,光伏将全面替代化石能源”。

9月4日 在第28届亚洲电视快棋赛决赛上,江西18岁棋手李钦诚击败韩国棋手申真谞,首次夺得亚洲杯冠军,并凭此直接从二段棋手升格为九段棋手,成为江西省唯一一名围棋九段棋手。

9月8日 省委办公厅、省政府办公厅联合印发《关于建立贫困准确退出机制的实施意见》。

9月9日 上港集团九江港务有限公司与上海泛亚航运有限公司联合在九江港城西港区集装箱码头开通九江至重庆集装箱直达航线,

货物运输时间由原来的30天左右缩短到10—15天，降低了企业货物运输成本。

9月10日 国务院正式批复《龟峰风景名胜区总体规划（2016—2030年）》。

9月12日 由团中央、省政府共同主办的第二届中国青年APP大赛暨第三届“创青春”中国青年创新创业大赛APP专项赛在共青城市结束。“指上贸易APP”（江西赛区）及“基于增强现实的医学器官模型教学系统”（福建赛区）获创意类项目金奖。

9月12日—23日 由省政府主办的第七届环鄱阳湖国际自行车大赛开赛。大赛以“骑遍神州大地，江西风景独好”为主题，有除非洲外四大洲22支车队参赛，200多名车手来自33个国家和地区。

9月14日 巴西时间14日（北京时间15日），在里约残奥会田径女子4×100米T11—T13级决赛中，来自萍乡市安源区的盲人运动员贾君婷仙和队友以47秒18的成绩夺得金牌并打破世界纪录。这是江西残疾人运动员在此届残奥会上收获的首枚金牌。

同日 国务院批复部分县（市、区）新增调整纳入国家重点生态功能区，江西省浮梁、莲花、芦溪、修水、石城、遂川、万安、安福、永新、靖安、铜鼓、黎川、南丰、宜黄、资溪、广昌、婺源17个县入选。

同日 省发改委发布《关于进一步做好民间投资有关工作的通知》，提出严格落实“非禁即入”原则，对法律法规未明确禁止的产业和领域，要鼓励和支持民间投资进入。

9月14日—18日 第九届非洲航空航天与防务展在南非茨瓦纳举行。由中航工业洪都研制生产的两架猎鹰L15高级教练机参展亮相，并首次在非洲大陆进行飞行表演。

9月15日 “天宫二号”空间实验室成功发射升空。吉水县选送的本地优良水稻种子和井冈蜜柚接穗搭乘“天宫二号”一同进入太空，为太空辐射下农作物生长等科研工作提供育种样本。至此,全省已有60 多种特色作物 100 多个品种登上过太空。

9 月 18 日 省政府办公厅印发《江西省发展升级引导基金设立与运作方案》。

9 月 19 日 2016 森林城市建设会在陕西延安召开。九江、鹰潭两市获“国家森林城市”称号。

9 月 20 日 由江西省天然气控股有限公司投资建设的省天然气管网工程井冈山支线,在井冈山市新城镇开工建设。支线由井冈山主干线和安福支线、莲花支线等三段组成,全长 203 千米,设计年输气量3. 15 亿立方米。这是江西省实施建设的首条数字化管道,智能化程度达到国内领先水平。

9 月 23 日 省委办公厅、省政府办公厅印发《江西省脱贫攻坚督查巡查工作办法》。

9 月 23 日—25 日 2016 江西旅游产业博览会在南昌举行,共吸引 16. 8 万人次参观,现场销售额 5920 万元,达成意向性合同金额 1. 52 亿元。

9 月 24 日 汤显祖纪念馆新馆暨莎士比亚、塞万提斯展区开馆。24 日—26 日,由省政府和中国人民对外友好协会联合主办的共同纪念汤显祖、莎士比亚、塞万提斯逝世 400 周年活动在汤显祖故里——抚州市举行。

9 月 27 日 江西省委 8 个巡视组开始对 25 个贫困县开展脱贫攻坚政治责任落实情况专项巡视。

9 月 28 日 为进一步推进赣西经济转型升级、新余宜春萍乡协同发展,打造江西经济新的增长板块,省发改委印发《赣西经济转型“十三五”发展规划(2016—2020 年)》,提出到 2020 年,实现赣西经济实力明显增强、现代产业体系基本建立、地区生产总值达 5500 亿元、人均地区生产总值为64000元的目标。

9月29日 省政府印发《江西省战略性新兴产业倍增计划(2016—2020年)》,提出到2020年,战略性新兴产业主营业务收入突破万亿元,占全省工业比重力争达到30%以上;培育战略性新兴产业主营业务收入超百亿元骨干龙头企业20家以上;建设20个战略性新兴产业集聚区,单个产业集聚区的产业链上下游企业主营业务收入达到1000亿元。

同日 首批"五证合一、一照一码"营业执照在共青城市颁发。10月1日起,全省全面实施"五证合一、一照一码"登记管理制度。这是江西继续深化商事制度改革的一大举措。

9月30日—10月7日 2016艺术江西国际博览会在南昌国际展览中心举行。参观人数超19万人次,现场成交额突破3800万元,拍卖成交额约1300万元,达成意向合作金额1.5亿元。

9月 江西婺源饶河源国家湿地公园湿地科普馆建成开馆。该馆是继鄱阳湖国家湿地公园湿地科普馆后省内第二家以湿地为主题的科普宣教馆,也是迄今全国唯一的以全球极度濒危物种——蓝冠噪鹛为主题的科普馆。

10月1日 省财政厅、省政府金融办、省农业厅、省林业厅、省扶贫和移民办、江西保监局等联合印发通知,在17个罗霄山片区贫困县和8个省定片区贫困县开展特色农业保险以奖代补试点工作。

同日 《江西省税收保障条例》正式实施。这是江西首次以地方性法规的形式对税收进行保障,标志着全省依法治税迈出关键一步。

10月7日 省委印发《关于繁荣发展社会主义文艺的实施意见》。

10月8日 国家口岸管理办公室正式批复同意赣州铁路国际集装箱场站为国家临时对外开放口岸。这是全国第8个获批的国家临时对外开放口岸,也是全省第3个实现对外开放的口岸。

10月10日 省政府与住建部在南昌签署合作框架协议，共同推进《江西省空间规划》编制工作。双方从建设美丽中国“江西样板”的战略高度，摸清空间资源家底，建立健全江西省空间规划体系与实施管理体制，总结出国家层面可复制、可推广的经验模式。

10月11日 国家发改委批复建设赣州至深圳客运专线可行性研究报告，同意建设赣深客专。赣深客专全长432千米，项目总投资641.3亿元，设计行车速度350千米/小时。

同日 住建部公布第一批中国特色小镇名单，江西省南昌市进贤县文港镇、鹰潭市龙虎山景区上清镇、宜春市明月山景区温汤镇、上饶市婺源县江湾镇4个镇上榜。

10月12日 中国内陆口岸（江西）国检监管试验区在赣州市南康区揭牌成立，这是全国内陆首个国检监管试验区。中国内陆口岸（江西）国检监管试验区由赣州进境木材国检监管区升格而成。

10月13日 赣粤两省举行行政首长会晤，共商深化赣粤合作事宜。

同日 南昌至洛杉矶洲际航线开通运营，结束江西省没有洲际航线的历史。

同日 省扶贫和移民办发布《关于建立贫困村退出指标体系的通知》。贫困村退出指标体系从贫困发生率、交通、饮水、住房、用电、通信、环境建设、公共服务设施8个方面进行明确，其中，贫困发生率低于2%为刚性指标，不达标不得退出。

10月14日 赣闽两省行政首长在南昌举行会晤，共商赣闽深化合作事宜，赣州市和龙岩市签署合作框架协议书。

同日 2016年泛珠三角区域合作行政首长联席会议省部际协商会议在南昌召开。国家发改委、环保部、国务院港澳办、国家开发银行等国家部委和金融机构相关负责人，以及泛珠合作各方行政首长或行政首长代表面对面就“设立泛珠三角区域合作基金”“粤港澳大湾区发展规划”“泛珠三角区域生态环境保护规划”等重大事项进行会商，共同签署《2016 年泛珠三角区域合作行政首长联席会议纪要》。会议确定年度 7 个方面重点工作。

10 月 15 日—17 日 第十四届赣台（南昌）经贸文化合作交流大会在南昌举行。会上，共签约台资入赣项目 61 个，金额 36.6 亿美元。

10 月 16 日 全国脱贫攻坚奖表彰大会在北京举行。江西省廖秀英、王晓阳分别获全国脱贫攻坚奖奋进奖、贡献奖。省扶贫和移民办计划财务处处长勒系永、瑞金市扶贫和移民办主任曾能贵荣获“全国扶贫系统先进工作者”称号，赣州市精准扶贫办、井冈山市扶贫和移民办荣获“全国扶贫系统先进集体”称号。

10 月 16 日—18 日 樟树第四十七届全国药材药品交易会举行。现场签约 26 个项目，合同金额 68 亿元。

10 月 17 日 省政府印发《关于加强困境儿童保障工作的实施意见》，对孤残儿童和建档立卡的贫困家庭残疾儿童提供包括义务教育、高中阶段教育在内的 12 年免费教育，并将 0—6 岁儿童纳入基本公共卫生服务范畴。

同日 南昌大学第一附属医院院士工作站揭牌。中国工程院副院长、院士樊代明出席揭牌仪式并任院士工作站站长。

10 月 18 日—22 日 2016 中国景德镇国际陶瓷博览会在景德镇国际会展中心举行。会展外贸订货 1.81 亿美元，内贸订货 11.15 亿元，现场交易 7180 万元。

10 月 19 日 赣粤两省签署东江流域上下游横向生态补偿协议。

10 月 20 日 省政府印发《关于进一步健全特困人员救助供养制度的实施意见》。

10 月 21 日 由省委宣传部、省文明办联合省慈善总会发起的“江西省关爱好人基金”成立。

同日 中国科学院院士、江西农业大学校长黄路生获2016年度何梁何利基金“科学与技术进步奖——农学奖”。

10月22日 江西省纪念红军长征胜利80周年大会在南昌举行。

10月23日 第二批(2016年度)“中国森林氧吧”评选名单出炉,江西婺源县饶河源国家湿地公园、遂川县白水仙风景名胜区、安福县羊狮慕景区榜上有名。

10月24日 南昌市举行海军南昌舰欢迎仪式,标志着南昌舰正式“入列”英雄城。

同日 江西凯马百路佳高端客车首次批量出口美国。

10月26日 省发改委印发《赣东北扩大开放合作“十三五”发展规划》,提出把赣东北打造为对接长江经济带和“一带一路”的双向开放示范区、中部地区重要的中高端产业转移承接基地、沿海地区绿色农产品供应基地、世界知名的文化生态旅游和健康养生基地;到2020年,赣东北地区生产总值达到4880亿元,占全省比重的19%。

10月27日 省财政厅、省扶贫和移民办转发《财政部、国务院扶贫办关于进一步做好贫困县涉农资金整合工作有关事项的通知》。

10月31日 国家文物局印发《大遗址保护“十三五”专项规划》。江西省吴城遗址(含筑卫城遗址)、湖田窑遗址、御窑厂遗址(含高岭瓷土矿)、吉州窑遗址、铜岭铜矿遗址、紫金城城址与铁河古墓群位列其中。

10月 国内首条浮法微晶玻璃生产线在宜丰鼎盛玻璃实业有限公司正式投产,填补了行业技术空白。

11月1日 江西2016年援外医疗队一行53人启程赴突尼斯、乍得执行为期两年的援外医疗任务。江西自1973年开始派遣援外医疗队,至今先后向非洲国家派出医疗队员32批。

11月1日—6日 第十一届中国国际航空航天博览会在珠海举

行，由中航工业昌飞和直升机所共同研制的国产轻型直11WB“鸑”式侦察攻击直升机亮相。

11月2日 省政府举行新闻发布会，江西将开展第三次全国农业普查，涉及1692个乡镇（场）、17065个村民委员会、19.99万个村民小组、923万乡村户、3670.65万乡村人口、1万多个农业生产经营单位，12月31日为普查标准时点，至2018年底结束。

11月3日 江西同心智库揭牌仪式暨2016智库研究报告发布会在南昌举行。会上发布了《打造美丽中国“江西样板”的战略重点及评价体系研究》智库研究报告。

11月4日 省政府印发《关于进一步降低企业成本优化发展环境的若干政策措施》，提出20条政策措施。

11月5日—8日 第十四届中国国际农产品交易会在云南昆明举行。江西省82家省级龙头企业、农民合作社携1000多个绿色生态农产品参展。其间，现场销售额312万元，签订贸易合同及意向金额3.95亿元，创江西省参加中国国际农产品交易会以来之最；8家企业获得产品金奖，江西展团获得最佳组织奖。

11月6日—8日 第四届湘鄂赣苏区论坛在铜鼓举行。

11月7日 2016年中国中小城市科学发展指数研究成果出炉，南昌县在中国中小城市综合实力百强县市（全国科学发展百强县市）排名第46位。

同日 省政府办公厅印发《关于加快培育和发展住房租赁市场的实施意见》，提出到2020年，全省基本形成供应主体多元、经营服务规范、租赁关系稳定的住房租赁市场体系，推动实现城镇居民住有所居的目标。

同日 《人民日报》发布全国“千强镇”名单，江西省湖坊镇、桃花镇、莲塘镇等26个镇上榜。

11月8日 在泰国清迈召开的第二届世界灌溉论坛暨国际灌溉排

水委员会第67届国际执行理事会上，泰和槎滩陂水利灌溉工程入选世界灌溉工程遗产名录，成为全省唯一的世界灌溉工程遗产。

11月9日 由中国科协主办，省科协承办，万年县委、县政府实施的“2016年科技论坛——中国稻作起源地学术研讨会”在万年举行。会议确认万年仙人洞—吊桶环遗址为世界稻作文化起源地，且把人类稻作历史向前推进5000多年。

11月10日 国家旅游局公布第二批创建“国家全域旅游示范区”名单，江西省景德镇市、新余市、芦溪县、宜丰县、安福县、瑞金市、龙南县入选。

11月12日—16日 中共江西省第十四次代表大会举行。会上，第十三届省委作《深入贯彻新发展理念　大力弘扬井冈山精神　为决胜全面小康建设富裕美丽幸福江西而奋斗》报告。大会选举产生由82名委员、17名候补委员组成的中共江西省第十四届委员会和由45名委员组成的中共江西省第十四届纪律检查委员会。

11月13日 沪昆高速抚州东乡服务区电动汽车城际快充站，成功接入国网“易充电”车联网平台，标志着全省首座高速快充站投入运行，实现高速充电站建设“零”的突破。

11月15日 农业部公布2016年全国休闲农业和乡村旅游示范县（市、区）名单，江西省吉安市青原区、宜春市袁州区、赣州市赣县入选。

11月18日 南昌大学江西扶贫发展研究院揭牌成立。这是江西省首家扶贫发展研究院，旨在从第三方的角度督查、评估委托单位精准扶贫工作的开展情况。

同日 省发改委等4部门印发《江西省推进医疗服务价格改革实施方案》，提出2016年先行放开120项医疗服务价格。

11月18日—19日 第三届中美友好城大会暨中美健康城市论坛在南昌举行。

11月21日 湖口、都昌等10家农商银行获江西银监局批准筹建。至此,全省86家农合机构、72家农商银行已获准筹建,正式告别“农信社”时代,实现农商银行全覆盖,标志着全省农信社产权改革顺利完成。

11月22日 省住建厅、省财政厅、省民政厅、省残联印发《江西省2016年农村危房改造实施方案》,国家下达江西省的12.78万户农村危房改造任务,在2016年12月底要全面开工,2017年4月底全面竣工,帮助住房最危险、经济最贫困农户解决最基本安居问题。

同日 省委办公厅、省政府办公厅印发《江西省贫困县脱贫攻坚工作成效考核办法》。

11月24日 省扶贫和移民办与人保财险江西省分公司和中国人寿江西省分公司在南昌正式签署《保险扶贫合作协议》。

同日 南昌航空城瑶湖机场开工。瑶湖机场建设项目参照军用3级永备机场建设,占地约266.67公顷,总建筑面积约6万平方米,总投资约16.5亿元。

11月25日—28日 第四届世界绿色发展投资贸易博览会绿色发展主旨论坛在南昌举行。会上,签约重大项目165个,签约总金额2428亿元。

11月26日 赣商发展大会在南昌举行。外省江西商会会长、秘书长及各商会已投资或有投资意向的赣商代表500余人与会。

同日 省发改委、省交通运输厅、省扶贫和移民办印发《江西省关于进一步发挥交通扶贫脱贫攻坚基础支撑作用的实施方案》,宣告打响交通扶贫脱贫攻坚战;提出到2020年,在贫困地区建成安全便捷交通运输网。

11月29日 全国网络扶贫现场推进会在宁都召开。国家发改委、中国农业发展银行与江西省政府签署网络扶贫合作框架协议。

11月29日—30日 全国邮政农村电商发展工作推进会在吉安召开。会议着力推广江西“精准扶贫+农产品返城”等发展模式,进一步加快农村电商发展步伐。

11 月 30 日　赣州港至盐田港铁海联运班列首发。这是江西继开通上饶(鹰潭)至宁波、赣州(吉安)至厦门、江西(宜春)集装箱快速班列后又一条口岸物流新通道,标志着江西对接“21 世纪海上丝绸之路”出海港口的口岸物流通道全面打通。

同日　景婺常高速公路德兴白沙关收费站段与浙江省杭新景高速公路衢州段全线连通。这是继沪昆高速公路后江西与浙江连通的第二条高速通道。

12 月 1 日　由国家旅游局和江西省委、省政府共同主办的“重走长征路”红色旅游主题活动旅游线路发布暨启动仪式在于都举办。

同日　江西、湖北、湖南三省在北京签署《关于建立长江中游地区省际协商合作机制的协议》,标志着长江中游地区省际协商合作机制正式建立。三省还共同发布长江中游湖泊湿地保护与生态修复联合宣言,为生态长江建设贡献“中游样板”。

同日　江西省儿童医院成立由全省 11 个设区市 17 家医院共同加盟的省儿童医院联盟。这是全省首个跨区域的专科医疗联合体。

同日　《江西省传统村落保护条例》正式施行。这是全国首部传统村落保护的省级地方性法规。

12 月 2 日　全国政协重点督办提案办理协商座谈会在南昌召开。会议围绕“加大《国务院关于支持赣南等原中央苏区振兴发展的若干意见》实施力度,确保赣南等原中央苏区与全国同步全面建成小康社会”重点督办提案,听取江西省有关情况汇报以及国家发改委、财政部、交通运输部、农业部、国务院扶贫办等提案办理单位的办理情况,协商解决问题。

12 月 3 日　第十三届全国见义勇为英雄模范(含群体)名单揭晓,江西勇斗劫匪的何洪成当选全国见义勇为模范,救起 9 条生命的徐龙宝、李日辉、杜振东3人当选全国见义勇为模范群体。

12月4日 在2016年世界羽联黄金大奖赛澳门公开赛上，省球类运动管理中心的羽毛球运动员、南昌小将赵俊鹏获男单冠军。

12月6日 省政府办公厅印发《关于促进通用航空业发展的实施意见》。

12月7日 省政府办公厅印发《江西省版权输出奖励暂行办法》，设立江西省版权输出奖，为全国首个以省政府名义设立的版权输出奖。

12月8日 江西省与浪潮集团有限公司在南昌签署战略合作协议。浪潮集团在未来5年内将在江西省投资40亿元，打造中部地区具有影响力的云计算和大数据产业基地，形成相关产业集聚区，共同推动政府数据开放、双创等平台建设，构建新型智慧城市。

同日 《江西省实施〈退役士兵安置条例〉办法》公布，自2017年2月1日起施行。该办法规定，被评为一级至四级残疾义务兵和初级士官退出现役的，由国家供养终身。

同日 江西省全面完成钢铁煤炭行业化解过剩产能任务，通过国家钢铁煤炭行业化解过剩产能第二验收抽查组的验收抽查。8月，全省提前完成退出粗钢产能433万吨、生铁产能50万吨的任务，占总任务的100%。年内全省关闭煤矿232处、退出产能1547万吨，分别占年度目标任务的113.2%和121%，超额完成任务。

12月9日 第六届江西艺术节在南昌举行。

12月12日 江西省首座35千伏模块化变电站——宁都田埠35千伏变电站建成。

12月13日 支持赣南等原中央苏区振兴发展部际联席会议第四次会议在北京举行。会议总结第三次部际联席会议以来的工作进展情况，继续推动有关事项的落实，研究部署下一步支持赣南等原中央苏区振兴发展工作。

12 月 15 日 全省农村低保制度与扶贫开发政策有效衔接工作电视电话会议召开。

12 月 17 日 国家中医药教育国际化(南昌)试验区签约仪式在江西中医药大学举行。试验区由教育部教育发展研究中心与江西中医药大学、江中集团三方合作共建。

12 月 19 日 省委、省政府印发《关于进一步推进农垦改革发展的实施意见》,要求全省农垦系统“把握两个重点、围绕三个战略、建设四大项目”,把农垦建设成为绿色生态产业的聚集区、农业现代化的示范区、新型城镇化的样板区、全面小康的先行区。

12 月 19 日—23 日 国务院农村食品安全专项治理工作督察组到南昌市及安义县、新余市及分宜县等地,通过听取汇报、现场检查、座谈走访、查阅资料等方式督查全省农村食品安全专项治理工作。督察组对全省农村食品安全专项治理工作取得的成效给予肯定。

12 月 20 日 省政府印发《江西省特色小镇建设工作方案》,提出 2017 年、2018 年两年,全省分批确定 60 个左右的特色小镇建设名单,由省、市、县三级共同扶持打造;力争到 2020 年,建成一批各具特色、富有活力的现代制造、商贸物流、休闲旅游、传统文化、美丽宜居等特色小镇。

同日 赣州至深圳客专、兴国至泉州铁路、安庆至九江客专江西段和皖赣铁路浯溪口水库段改线工程建设动员会举行。赣深客专、安九客专启动建设,标志着江西“北上南下”高铁主通道建设全面展开,建成后将与昌吉赣客专贯通,与“东进西出”的沪昆高铁一起构成江西省高铁“十字架”大动脉。

12 月 21 日 2016 年中国虚拟现实产业创新大会暨中国虚拟现实产业展览会在南昌举行。在会上同时启动六大支撑平台,全面助推全球首个城市级 VR 产业基地——中国(南昌)虚拟现实产业基地发展。

12 月 22 日 装载着 1100 吨玉米的火车专列驶入南康区赣州港,

标志着漳州招商局码头至赣州港专列开通，实现闽赣两省港口间的首次合作。

12月23日　江西省首座大型抽水蓄能电站——靖安洪屏电站全面投产发电。洪屏抽水蓄能电站成为华中电网最大的“蓄电池”和“应急电源”，在电网调峰、填谷、调频、调相和事故备用时发挥作用。

12月23日—24日　2016江西军民融合产品·技术·资本合作推进会在南昌举行。开幕式上，省政府分别与中国核工业集团、中国船舶工业集团签署战略合作协议。会上，洽谈达成签约项目213个，签约总金额699.5亿元。

12月24日　省政府发布《关于江西省“十三五”脱贫攻坚规划的通知》。

12月26日　江西江铃集团新能源汽车有限公司年产5万辆纯电动乘用车项目由国家发改委核准通过。江铃集团新能源汽车有限公司成为国内第7家拿到独立新能源汽车生产资质的企业。

12月27日　历时4个月的江西首届公共安全创新创业大赛在南昌结束，全国共有152个项目参赛。

12月28日　省委召开2016年度市委书记和省直各有关工委书记抓基层党建工作述职评议会议。

12月29日　省扶贫和移民办在南昌举办“全省扶贫小额信贷信息化操作培训班”，对有关市县扶贫部门负责扶贫小额信贷的工作人员进行培训。

12月29日—30日　江西省首届高校科技成果对接会在南昌召开。会上，江西通用航空研究院举行揭牌仪式。17所高校与34家企业签署35个合作项目协议，发布《江西高校科技创新服务区域经济社会发展报告(2011—2015年)》。

是年　南康家具产业集群产值突破千亿元，达1010亿元，迈入省千亿元产业集群行列。

是年 2016年江西共完成造林2084万亩，森林覆盖率稳定在63.1%，森林蓄积量超过5亿立方米；全省城市建成区绿化覆盖率达到44.61%、绿地率达41.61%，位居全国前列。

是年 2016年全省完成76万人脱贫，全省贫困人口下降到113万人，贫困发生率降至3.3%，比2015年下降2.4%，贫困地区农民可支配收入增长速度高于全省平均水平2%，达到9110元，收入增长率达11%左右。

二〇一七年

1月1日 即日起，江西调整企业和机关事业单位退休人员基本养老金，惠及全省295万人。

1月2日 《江西日报》报道，中材江西电瓷电气有限公司被科技部授予“高压绝缘材料研究开发国际科技合作基地”。

1月4日 江西“精准施策助力健康扶贫”被评为2016年度全国“推进医改，服务百姓健康”十大新举措。江西成为全国唯一连续8年每年一项重大改革举措入选的省份。

同日 国家发改委印发《关于建设通用航空产业综合示范区的实施意见》，南昌市、景德镇市入选全国首批通用航空产业综合示范区。

1月5日 鹰潭市政府与中国移动、华为公司正式签署窄带物联网（NB-IoT）试点城市全面合作框架协议，迈出了在全国率先建设全域窄带物联网的步伐。

1月9日 国家科学技术奖励大会在北京召开。江西12项重大科技成果获国家科学技术奖，其中具有完全自主知识产权的4项，参与完成的8项。

1月15日 “南昌西汉海昏侯墓发现失传1800多年的《论语》的《齐论》版”入选2016年度中国十大文物事件。

1月16日 省政府办公厅公布会昌湘江源、信丰金盆山、修水程坊3处新建省级自然保护区。至此，全省已建立15处国家级和34处省级林业自然保护区。

1 月 17 日　江西黑猫炭黑股份有限公司、江西金利隆橡胶履带有限公司、江西赣锋锂业股份有限公司 3 家企业列入第一批全国制造业单项冠军培育名单。

1 月 18 日　广丰 500 千伏输变电工程正式建成投运,形成了江西东部 500 千伏环网,标志着江西电网"两纵四横五环网"500 千伏骨干网架全面建成。

1 月 19 日　省生态文明建设领导小组公布省第二批生态文明示范县(市、区)名单,石城县、井冈山市、瑞金市、玉山县、德兴市、莲花县、万载县、新余市渝水区、安义县、修水县、广昌县、宜黄县、上犹县、都昌县、永新县、乐安县共 16 个县(市、区)入选。

同日　贵溪市塘湾镇被国家标准委、国家发改委列为国家新型城镇化标准化试点,成为江西省唯一一个试点地区。

1 月 24 日　省政府办公厅印发《江西省城镇居民独生子女父母奖励办法》,决定对符合奖励条件的城镇独生子女父母每人每月发放奖励金 100 元。

1 月　经专家评审、国家文物局批准,景德镇御窑厂遗址被列入"中国世界文化遗产预备名单"。

2 月 17 日　国家发改委、商务部公布《中西部地区外商投资优势产业目录(2017 年修订)》,自 2017 年 3 月 20 日起施行。江西共有智能机器人研发与制造、脐橙、铜矿、汽车零部件制造等 28 项产业入选。

2 月 19 日　省政府办公厅印发《江西省食品安全示范城市创建工作方案》,提出从 2017 年至 2019 年全省创建 3 个国家级食品安全示范城市、4 个省级食品安全示范城市;创建 30 个省级食品安全示范县、40 个市级食品安全示范县。

2 月 21 日　省政府办公厅印发《江西省整合城乡居民基本医疗保险制度推进全民参保登记工作实施方案》。

同日 国家发改委、住建部印发《气候适应型城市建设试点工作的通知》,九江市被列入全省唯一试点的城市。

2月22日 《江西日报》报道,国家质检总局公布新一批获得国家生态原产地保护产品名单,会昌米粉成为全国首个米粉类国家生态原产地保护产品。

2月24日 央企入赣投资合作洽谈会在九江举行。江西与国家电网、中国大唐、中节能、中交建、中国医药和中国邮政储蓄银行6家央企签订战略合作协议;与央企签约投资项目113个,投资总额2340.49亿元。

2月25日 江西省发展升级引导基金在南昌揭牌,标志着“赣字号”千亿级基金航母群正式启航。

同日 国家旅游局宣布,江西省上饶市龟峰景区、抚州市大觉山景区新晋为国家5A级旅游景区,抚州市大觉山景区是全国首个获此殊荣的民营企业景区。

2月26日 省政府举办新闻发布会,正式宣布井冈山在全国率先脱贫摘帽。

2月28日 省政府与中国农业发展银行签署战略合作协议和共创省级政策性金融扶贫实验示范区合作协议。

3月1日 赣京经济合作交流座谈会在北京举行。双方签署《进一步深化京赣合作框架协议》,标志着双方合作进入一个新阶段。会议期间,共达成项目成果68个,签约金额1001.8亿元。

3月3日 省住建厅、省发改委、省财政厅联合下达2017年全省保障性安居工程建设工作计划,要求年内棚户区改造开工24.23万套,基本建成93658套。

3月12日 江西省绿化委员会公布《江西省2016年国土绿化状况公报》,显示全省森林面积增加19万公顷。

3 月 15 日　“2017 年度 *The Architectural Review* 未来建筑奖”在法国戛纳揭晓。景德镇御窑博物馆建筑设计通过独立体量与拱的旋转和结合脱颖而出，荣获“最佳文化建筑”（the Winner of the Cultural Regeneration Category）。

3 月 16 日　世界银行执行董事会批准提供给中国 1.5 亿美元贷款，用于江西鄱阳湖流域重点城镇污染综合治理与生态安全改善项目，减少水污染，加强水环境管理。

3 月 25 日　“盐田国际内陆港——赣州”揭牌仪式在赣州市南康区举行，标志着赣州港正式成为盐田国际内陆港。

3 月 26 日　省政府办公厅发布《关于进一步发挥资本市场作用助力打赢脱贫攻坚战的通知》，明确到 2020 年要实现全省各贫困县（市、区）均有 1 家以上 A 股上市公司或“新三板”挂牌企业，在江西联合股权交易中心挂牌企业不少于 20 家，贫困地区直接融资增速高于全省平均水平。

3 月 29 日　国务院发布第九批国家级风景名胜区名单，江西省瑞金风景名胜区、龙南县小武当风景名胜区、上栗县杨岐山风景名胜区、会昌县汉仙岩风景名胜区 4 处风景名胜区榜上有名。至此，全省共有 18 处国家级风景名胜区，列全国第四位。

3 月 30 日　江西创新社保兜底扶贫机制，为 40 万建档立卡贫困户参加城乡居民基本养老保险实行政府代缴兜底，实现全省 25 个贫困县贫困户 100% 参保。这一做法得到人社部的充分肯定，并在全国推广。

4 月 6 日　省扶贫和移民办、省商务厅等 6 部门印发《2017 年江西电商扶贫工程推进方案》。

4 月 7 日　省政府办公厅转印发省文化厅、省发改委、省财政厅《关于推动文化文物单位文化创意产品开发的实施意见》。

4 月 17 日　工信部批复同意赣州市为创建“中国制造 2025”试点

示范城市。

4 月 19 日 经省委、省政府批准，南昌县行政审批局挂牌成立。这是江西成立的首个行政审批局，原属 27 个职能部门的 278 项行政审批事项划归该局管理。

4 月 20 日 农业部公布 2017 年第二批农产品地理标志登记产品公告信息，江西占圩红薯、黎川黎米、袁州茶油入选。自 2009 年农业部启动农产品地理标志登记工作以来，全省共有 78 个农产品获农业部农产品地理标志登记保护。

4 月 22 日 省政府印发《江西省“十三五”控制温室气体排放工作方案》。

5 月 1 日 全国首个长江经济带数据智慧服务平台——长江经济带数据中心平台在南昌大学启用。

5 月 4 日 省委办公厅、省政府办公厅印发《江西省全面推行河长制工作方案（修订）》《关于以推进流域生态综合治理为抓手打造河长制升级版的指导意见》，标志着江西“打造河长制升级版”工作正式启动。

5 月 5 日 国家发改委核准批复江西省首单绿色企业债券，即萍乡市汇丰投资有限公司发行不超过 20 亿元的绿色债券，所筹资金 12 亿元用于萍乡经开区海绵城市及城市建筑节能建设项目，8 亿元用于补充营运资金。

5 月 10 日 省委、省政府在井冈山召开全省脱贫攻坚现场推进会。要求全省上下要深入贯彻落实习近平扶贫开发战略思想，确保到 2020 年全省农村贫困人口如期脱贫、贫困县全部摘帽，脱贫实效和质量进入全国“第一方阵”。

5 月 11 日—15 日 第十三届中国（深圳）国际文化产业博览交易会在深圳举行。展会期间，江西共有 68 个文化产业项目现场签约，投资总金额超过200亿元。

5月16日 农业部、国务院扶贫办在瑞金召开全国产业扶贫现场观摩会，将赣州产业扶贫模式作为全国三大产业扶贫经典案例进行总结推广。

5月20日 中国生态旅游投资与发展论坛发布“2017百佳深呼吸小城”名单，江西省井冈山市、修水县、宜春市袁州区、石城县、婺源县入选。

5月26日 省政府办公厅印发《关于健全生态保护补偿机制的实施意见》，提出到2018年，全省森林、湿地、水流、耕地4个重点领域的生态保护补偿试点示范取得阶段性进展；到2020年，4个重点领域的生态保护补偿实现全覆盖，基本建立符合省情的政府主导、社会参与、市场化运作的多元化生态保护补偿机制。

5月28日 上饶市三清山机场正式通航，这是江西第7个民用机场。

5月31日 中国江西国际经济技术合作公司在赞比亚首都卢萨卡与赞比亚道路发展署正式签订“卢萨卡－恩多拉高速公路项目”商务合同，项目总金额12.45亿美元。这是江西单个项目合同额最大的对外承包工程项目。

6月1日 赣州港首次开行去往吉尔吉斯斯坦的中亚班列。

6月5日 《2016年江西省环境状况公报》正式发布。公报显示，2016年，江西省生态环境状况指数（EI）为79.02，名列全国前茅；集中式饮用水源地水质达标率接近100%，地表水达标率比全国平均水平高出近20%，环境空气质量和生态创建处于全国中上水平。

6月8日 全国健康扶贫工作现场推进会在成都召开。江西在会上作典型经验发言。

6月9日 2017“江西风景独好”（香港）旅游推介暨项目招商会在

香港举行。

6月12日—13日 省委、省政府在九江召开全省旅游产业发展大会。会议主题为“深化改革创新 推进全域旅游”。

6月13日 国家旅游局公布“第二批国家级旅游业改革创新先行区”名单，全国共有21个市、县(区)入选，赣州市名列其中，是江西此次唯一入选的城市。

6月26日 中央全面深化改革领导小组第三十六次会议审议通过《国家生态文明试验区(江西)实施方案》，为打造美丽中国“江西样板”，完善生态文明制度体制探索路径、积累经验。

6月27日 国土资源部在赣州举行赣南脱贫攻坚暨定点扶贫30周年座谈会，总结赣南定点扶贫成效与经验，促进赣南革命老区振兴发展。

6月28日 省委、省政府在赣州召开深入推进赣南等原中央苏区振兴发展工作会议。

同日 农业部公布第四批中国重要农业文化遗产名单，江西南丰蜜橘栽培系统、广昌莲作文化系统入选。此前，万年稻作文化系统、崇义客家梯田系统分别入选第一批、第二批中国重要农业文化遗产名单。

6月30日 省委、省政府印发《关于推进防灾减灾救灾体制机制改革的实施意见》，要求将年均因灾直接经济损失控制在全省GDP的1.3%以内。

7月4日 省政府印发《关于完善支持政策促进农民持续增收的实施意见》。

7月5日 由国务院新闻办公室、中华人民共和国驻德国大使馆主办的“感知中国·匠心治陶”景德镇陶瓷文化展在德国柏林开幕。

7月7日 江西省对接“丝绸之路经济带”中欧班列(赣州港—乌兹别克斯坦)顺利开通。

7月10日 省政府印发《江西省脱贫攻坚工程项目“绿色通道”实施方案》，要求优化项目审批环节，实行限时办结制，以提高工作效率。

同日 武夷山边界调整项目在第41届联合国教科文组织世界遗产委员会会议上审议通过，江西铅山武夷山成功列入世界文化与自然遗产地，成为全国第五个、江西首个世界文化与自然双遗产地。

7月13日 江西整体接入国家基本医疗保险异地就医结算系统。全省有南昌大学第一附属医院、江西省人民医院等28家定点医院正式纳入该系统。

7月14日 省政府与华为技术有限公司举行战略合作协议签约仪式，共建“云上江西”。

同日 全国爱国卫生运动委员会公布《全国爱卫会关于命名2014—2016周期国家卫生县城（乡镇）的决定》。江西省5个市的9个县城（乡镇）被正式命名为“国家卫生县城（乡镇）”，分别是南昌市的南昌县城、太平镇，吉安市的峡江县城，赣州市的崇义县城、关西镇、小布镇，宜春市的宝峰镇、温汤镇，鹰潭市的塘湾镇。

7月17日 省残联、省扶贫和移民办等26部门印发《江西省贫困残疾人脱贫攻坚行动计划（2017—2020年）》，提出确保到2020年全省贫困残疾人如期脱贫。

7月18日 农业部公布第七批全国一村一品示范村镇名单，赣州市章贡区沙石镇火燃村（茹蔬城食用菌）、瑞金市叶坪乡田坞村（京瑞民兴辣椒）、黎川县华山镇洲湖村（白茶）、铜鼓县大塅镇交山村（有机白茶）、莲花县良坊镇新田村（甜叶菊）、南昌县黄马乡（蔬菜）、水丰县佐龙乡（辣椒）、庐山市横塘镇（羽绒电商）、横峰县葛源镇（春桂葛根）、乐平市乐港镇（乐港蔬菜）和分宜县凤阳镇（凤扬西瓜）11个村镇榜上有名。

7月21日 省本级和11个设区市跨省异地就医结算系统全部接

入全国异地结算平台，实现了与全国390个地区、4055家医疗机构跨省异地就医直接结算。

7月25日 省发改委印发《江西省水电矿产资源开发资产收益扶贫改革试点实施方案》。从2017年起，全省在贫困地区选择一批水电、矿产资源开发项目，用3年左右时间组织开展资产收益扶贫改革试点，逐步建立全省贫困地区水电、矿产资源开发收益扶贫制度，实现贫困人口共享资源开发成果。

7月27日 住建部公布第二批276个全国特色小镇名单，赣州市全南县南迳镇、吉安市吉安县永和镇、抚州市广昌县驿前镇、景德镇市浮梁县瑶里镇、赣州市宁都县小布镇、九江市庐山市海会镇、南昌市湾里区太平镇、宜春市樟树市阁山镇入选。至此，全省有12个小镇入选全国特色小镇。

7月30日 国家旅游局公布全国第三批“中国乡村旅游创客示范基地”名单，江西大余丫山风景区入选。

8月2日 《江西日报》报道，江西省新余市、鹰潭市、南昌市、九江市、吉安市、上饶市入选“2016中国外贸百强城市”。

8月3日 江中药业、孚能科技、中材电瓷、洪都航空、欧菲光、江特电机6家企业的项目入选2017年工信部智能制造专项项目，实现江西申报国家智能制造专项“零”的突破。

8月9日 国家体育总局公布全国第一批运动休闲特色小镇试点项目名单，上饶市婺源县珍珠山乡运动休闲特色小镇、九江市庐山西海射击温泉康养运动休闲小镇、赣州市大余县丫山运动休闲特色小镇3个项目入选。

8月14日 《江西日报》报道，国家标准委向省政府发函同意江西筹建国家绿色技术标准创新基地（江西绿色生态）。这是国家标准委批准的第10个国家创新基地。

8月17日 经中央批复,江西设立"河长制"工作先进集体、优秀河长评比表彰项目。这是全国首个省级"河长制"工作的表彰项目。

8月18日 省政府办公厅印发《江西省网络市场监管与服务示范区创建实施方案》。这是全国首个印发的省级示范区创建实施方案,标志着全省省级网络市场监管与服务示范区创建工作拉开帷幕。

8月21日 商务部、财政部、国务院扶贫办日前公布2017年电子商务进农村综合示范县名单,修水县、南康区、鄱阳县、横峰县、遂川县、万安县、永新县、乐安县、芦溪县、南城县10个县榜上有名。

8月22日 江西三清山的标志性景观"东方女神"和"巨蟒出山"被世界纪录认证机构(WRCA)认定为"世界最大的天然女神峰"和"世界最高的天然蟒峰"。

同日 国家能源局公布首批"互联网+"智慧能源(能源互联网)示范项目名单,江西井冈山经济技术开发区园区能源互联网示范项目成功入选。

8月24日 全国工商联公布2017年中国民营企业500强名单,江西正邦集团、双胞胎集团、方大钢铁、晶科能源、济民可信、赣基集团、博能实业7家企业上榜。

8月26日 省发改委印发《赣州市九江市国家级产城融合示范区建设总体方案》,确定赣州市主要建设任务为:完善农业转移人口市民化等机制,探索革命老区和欠发达地区"四化"同步发展新路径;九江市重点建设任务为:推动形成空间融合和产业联动发展模式,完善城乡建设投融资等体制机制。

8月30日—9月1日 以"创新引领、融合发展"为主题的第十五届赣台经贸文化合作交流大会在九江举行。本届大会共签约79个项目,投资总额40.6亿美元。

8月31日 水利部公布第十七批国家水利风景区名单,江西石城琴江水利风景区、崇义客家梯田水利风景区、德兴大茅山双溪湖水利风景区入选。至此,全省共创建 41 处国家级水利风景区。

9 月 1 日 科技部正式发布《中国区域创新能力监测报告 2016—2017》《中国区域科技创新评价报告 2016—2017》。报告显示:2016 年江西科技进步水平指数直接突破 50% 的瓶颈线,首次迈进全国“第二类地区”行列;区域综合科技进步水平排名 20 位,比 2015 年跃升 2 位,综合指数较 2015 年提高 3. 13% ,增速位居全国第一;科技进步环境指数排全国 18 位,较 2015 年大幅度跃升 7 位,增幅为全国第一。

同日 省委、省政府印发《关于稳步推进农村集体产权制度改革发展壮大农村集体经济的实施意见》,提出到 2018 年基本完成农村集体资产清产核资工作,到 2021 年基本完成农村集体经营性资产股份合作制改革,到 2020 年底集体经济年收入超过 5 亿元的村达到总数的 80%以上,基本消除“空壳村”,并培育一批经济强村。

9 月 5 日 《江西日报》报道,由江西理工大学牵头组建的中国稀金(赣州)新材料研究院和参与共建的中国科学院海西研究院赣州稀金产业技术研发中心、质谱科学与仪器国际联合研究中心赣州分中心 3 个科研平台正式挂牌成立。

9 月 8 日 以“开放的中国:美丽江西秀天下”为主题的外交部江西全球推介活动在北京成功举办,来自 130 多个国家和国际组织共 260 多位外交官出席。江西是第 10 个在外交部进行全球推介的省份。

9 月 9 日 南昌 11 家、省直 17 家医院最后一批以“取消药品加成”(中药饮片除外)为标志的公立医院综合改革启动,标志着全省全面推开公立医院综合改革,全部取消药品加成。历经半个多世纪的“以药补医”旧体制在全省正式退出历史舞台。

9 月 10 日 2017 中国 500 强企业高峰论坛在南昌举行。江西入围 2017 中国企业 500 强名单的有 6 家;入围 2017 中国制造业企业 500

强名单的有 12 家;入围 2017 中国服务业企业 500 强名单的有 8 家。

9 月 13 日 科技部、工信部和江西省签署框架协议,决定共同推进新一代宽带无线移动通信网国家科技重大专项成果转移转化试点示范,标志着全国第二个国家科技重大专项成果转移转化试点示范正式落户江西。

9 月 14 日 工信部公布 2017 年第一批国家绿色工厂和绿色工业园区等绿色制造示范名单,江西于都南方万年青水泥有限公司、中国石油化工股份有限公司九江分公司、江西合力泰科技有限公司、江西博雅生物制药有限公司、江西赣锋锂业股份有限公司、赣州市豪鹏科技有限公司、江西恒泰铝材有限公司、巨石集团九江有限公司 8 家企业入选国家绿色工厂,丰城市循环经济园区入选国家绿色工业园区。

9 月 15 日 为落实"美丽江西秀天下"全球推介会成果,推进高水平产业对接,江西在上海举办与跨国公司合作交流会。会上,江西与世界 500 强及跨国公司等达成合作项目 20 个,合同投资金额 18.03 亿美元。

同日 国家质检总局发布《关于公布 2017 年国家级出口食品农产品质量安全示范区名单的公告》,江西新增婺源县国家级出口茶叶质量安全示范区、寻乌县国家级出口寻乌蜜橘质量安全示范区、信丰县国家级出口脐橙质量安全示范区。至此,全省已建成 5 个国家级出口食品农产品质量安全示范区。

9 月 16 日 省委办公厅、省政府办公厅印发《关于深入推进脱贫攻坚工作的意见》,从准确把握脱贫攻坚重点要求、着力实施脱贫攻坚重点工程、完善支持脱贫攻坚投入政策、夯实打牢脱贫攻坚工作基础、强化推进脱贫攻坚实施保障 5 个方面出台 20 条具体意见,确保到 2020 年江西脱贫实效和质量进入全国"第一方阵"。

9 月 18 日 环保部命名第一批全国生态文明建设示范市县名单,

江西省靖安县、资溪县、婺源县榜上有名。

9月19日 农业部公布2017年中国美丽休闲乡村推介名单,江西六地入选,分别是井冈山市神山村、广昌县姚西村、安源区红旗分场入选特色民居村,渝水区下保村、新建区石咀村入选现代新村,婺源县延村入选历史古村。

9月20日 江西提前3个月完成新一轮农网改造升级“两年攻坚战”工程建设任务。工程惠及150.84万户591.44万人,涉及全省11个设区市95个县区6396个自然村。

同日 江西文化演艺发展集团有限责任公司挂牌成立。这是江西为进一步深化文化体制改革,由省政府出资建立,省歌舞剧院、省话剧团等14家单位合并组成的大型国有文化企业。

9月22日 2017中国(江西)非公有制经济发展论坛在南昌开幕。本届论坛的主题为“非公有制经济转型升级与绿色发展”。开幕式上,集中签约30个项目,签约金额366.95亿元;加之论坛前期召开的6场招商活动,签约126个项目,签约金额为680亿元。

9月23日 中共中央办公厅、国务院办公厅印发《国家生态文明试验区(江西)实施方案》,标志着江西建设国家生态文明试验区正式进入实施阶段。

9月24日 由省政府和中国人民对外友好协会、中国戏剧家协会联合主办的汤显祖戏剧节暨国际戏剧交流月活动在抚州拉开帷幕。

9月26日 2017“中国天然氧吧”创建活动发布会暨首届“中国天然氧吧”论坛在浙江省开化县举行,江西省婺源县、龙虎山风景名胜区、上犹县、武宁县荣获2017年“中国天然氧吧”称号。

9月27日 在北京召开的第十四届精神文明建设“五个一工程”表彰座谈会上,江西共有5部作品获奖,省委宣传部获“组织工作奖”。5部作品获奖情况分别是:电影《建军大业》获“特别奖”,电影《老阿姨》、采茶戏《永远的歌谣》、广播剧《反腐第一枪》、图书《一百个孩子的中国梦》获“优秀作品奖”。

9 月 28 日 世界温泉健康养生大会暨第二届世界温泉健康名镇（明月山）峰会在宜春市明月山举行。

9 月 29 日 省政府办公厅印发《江西省“菜篮子”市长负责制考核办法》，以进一步落实“菜篮子”市长负责制，全面加强“菜篮子”工程建设。

9 月 30 日 省工商企业登记网络服务平台（第一期）上线运行。

10 月 2 日 《江西日报》报道，2017 年，江西中煤建设集团入选全球最大国际工程承包商百强榜，名列第 95 位。

10 月 7 日 国家新闻出版广电总局出版融合发展（中文传媒）重点实验室在南昌市中文传媒公司正式揭牌，是全国 20 家出版融合发展重点实验室之一。

10 月 9 日 《人民日报》发布“2017 年中国中小城市科学发展指数研究成果”。南昌县、贵溪市、樟树市入选全国中小城市综合实力百强县市榜，分别排名第 44 位、第 82 位、第 98 位；广丰区位列全国综合实力百强区榜第 81 位。

同日 省政府办公厅印发《关于加快推进人工智能和智能制造发展的若干措施》，明确了人工智能和智能制造主攻的四大领域，并提出重点打造 10 个人工智能和智能制造产业基地，支持打造南昌世界级 VR 中心。

10 月 10 日 江西省赣州市、景德镇市和上饶市被国家林业局授予“国家森林城市”荣誉称号。

10 月 11 日 省环保厅公布第十批省级生态乡（镇）和第八批省级生态村名单，南昌市新建区金桥乡等 46 个乡（镇）被命名为第十批省级生态乡（镇），南昌市湾里区招贤镇竣上村等 77 个村被命名为第八批省级生态村。至此，全省共有省级生态乡（镇）500 个、省级生态村 811 个。

10 月 12 日 省发改委、省扶贫和移民办、省林业厅印发《江西省推进生态保护扶贫实施方案》，提出到 2020 年，贫困地区生态质量进一步提升，空气质量优良天数比例优于全省平均水平，生态补偿制度全面实施，贫困群众通过生态补偿的受益明显提高。

10 月 13 日 2017 全球服务外包大会暨第二届中国服务贸易创新发展武汉峰会在武汉举行。会上，南昌、武汉荣获“中国服务外包中西部最具竞争力城市”称号。

10 月 17 日 海峡两岸交流基地授牌仪式在景德镇中国陶瓷博物馆举行。该基地于 4 月获中共中央台办、国务院台办批准，是江西继鹰潭市龙虎山之后获批的第二家海峡两岸交流基地。

10 月 20 日 省政府办公厅印发《江西樟树“中国药都”振兴工程实施方案》，提出通过 10 年至 15 年努力，把樟树打造成中医药强省的先行先试区，形成中医药振兴发展的“樟树样板”，力争在中医药全产业链发展上走在全国前列，创建国内一流、世界知名的中医药传承发展中心。

10 月 24 日 国家发改委、工信部等 10 部门公布第三批结合新型城镇化开展支持农民工等人员返乡创业试点地区名单，江西省泰和县、井冈山市、瑞金市、定南县、兴国县、南城县、上栗县、萍乡市安源区、全南县、石城县 10 个县（市、区）入选。

10 月 27 日 省政府发布《关于同意吉安县脱贫退出的批复》，吉安县成为全省第二个脱贫摘帽的贫困县。

11 月 6 日 江西决定从即日起至 12 月 5 日，在全省范围内全面启动全民参加登记入户调查工作，让更多的人享受社会保险，实现社会保障全覆盖的目标。

11月8日—9日 全国就业扶贫经验交流现场会在赣州举行。截至2017年10月底,全省50.34万贫困劳动力中已有28.47万人实现就业,占贫困劳动力总数的56%;建设了3000多个“扶贫车间”,帮助5万余名贫困群众实现了家门口就业。

11月9日 萍乡市安源境界三维影视动画有限责任公司申报的动画作品《三星堆传奇》、新余市渝州绣坊有限责任公司申报的民间刺绣(夏布绣)特色文物文创产品开发与互联网推广示范项目、江西希格思科技有限公司申报的博天下悦江西——赣文化数字展示与公共教育平台3个项目入选国家文物局2017年度“互联网+中华文明”示范项目库。

同日 省旅游规划研究院发布《江西红色旅游大数据报告》。报告显示,2016年全国红色旅游接待游客11.47亿人次,其中江西1.43亿人次,占比约1/8,已成为全国红色旅游“首选地”。

11月10日 省政府发布《关于公布江西省第五批省级非物质文化遗产代表性项目名录的通知》。截至当日,全省共有国家级非遗代表性项目70项,省级非遗代表性项目560项。

同日 江西大成国有资产经营管理有限责任公司所属企业——江西新余国科科技股份有限公司在深圳举行首次公开发行股票并在创业板挂牌上市仪式。这是江西省国资系统第一家创业板上市公司。

同日 民政部、财政部公布第二批中央财政支持开展居家和社区养老服务改革试点地区名单,江西省赣州市、吉安市入选。

11月10日—11日 中国红色旅游推广联盟成立暨2017中国(江西)红色旅游博览会在南昌举办。由江西倡议、全国24个省(区、市)共同发起的中国红色旅游推广联盟正式成立,联盟永久秘书处设在江西。

11月13日 江西省环鄱阳湖血吸虫病防治科研联合体成立,标志着全省首个由省、市、县组成的血吸虫病三级医联体正式组建。

11月14日 《江西省重要湿地确定指标》地方标准正式发布，规定了江西省重要湿地的确定范围和八项确定指标。这是全省发布的首个湿地地方标准，将于2018年1月1日正式实施。

同日 国家旅游局公布10个国家工业遗产旅游基地名单，萍乡市安源景区成为江西唯一获评单位。

11月15日 省政府办公厅印发《关于推进健康扶贫再提升工程的实施意见》，明确贫困人口住院报销比例达到90%，在继续实施10种大病免费救治的基础上，对贫困人口患食道癌、胃癌、直肠癌等15种重大疾病实行专项救治政策，贫困人口患晚期血吸虫病实行免费救治。

11月17日 全国精神文明建设表彰大会在北京举行。吉安市、赣州市、南昌县荣获第五届“全国文明城市”称号；南昌市南昌经济技术开发区白水湖管理处港口村、井冈山市茅坪乡神山村、峡江县金坪民族乡等59个村镇荣获第五届“全国文明村镇”称号；江西省司法厅（机关）等69个单位荣获第五届“全国文明单位”称号；赣南师范大学等22所学校荣获第一届“全国文明校园”称号。新余市荣获第五届“全国未成年人思想道德建设工作先进城市（区）”称号；共青团南昌市委员会等6家单位荣获第四届“全国未成年人思想道德建设工作先进单位”称号；龚全珍等3人荣获第四届“全国未成年人思想道德建设工作先进工作者”称号。会昌县总工会退休干部王盛荣荣获第六届“全国道德模范”称号；支月英等11人荣获第六届“全国道德模范提名奖”。此外，江西还有1个城市、6家单位、3名个人荣获新一届“全国未成年人思想道德建设工作先进”市（区）、单位、工作者。

11月19日 2017年世界厕所日暨中国厕所革命宣传日活动在北京举行。江西荣获全国“厕所革命突出成果奖”。自2015年以来，江西大力实施“厕所革命”三年行动计划。至2017年底，全省已实际完工

2937 座厕所,完工率占厕所革命三年行动计划的 117% 。

11 月 20 日 国家发改委、交通运输部、国家铁路局、中国铁路总公司印发《铁路“十三五”发展规划》,江西昌吉赣、安九、赣深、长赣等高铁项目和九景衢、蒙华铁路煤运通道、兴泉等干线铁路被确定为重点项目。

11 月 22 日 省政府新闻办、省政务服务管理办公室联合召开《省本级第一批“一次不跑”政务服务事项清单》新闻发布会。21 个省直部门的 173 项政务事项,通过采取全程网办、上门服务、邮递办理等措施,实现企业和群众办事无须前往政府部门或设在各地的办事大厅,让办事“零”跑动。

11 月 23 日 省政府办公厅印发《江西省第二次全国污染源普查实施方案》。全国污染源普查每十年开展一次。

同日 省文化厅印发《关于进一步加强全省农村文化建设的实施方案》,提出到 2020 年,全省 80% 以上的乡镇综合文化服务中心达国家三级以上评估标准。

11 月 27 日 以“万侨创新、合作共赢”为主题,由国务院侨办主办,省外侨办承办的第八届海外华侨华人专业协会会长联席会在南昌召开。来自美国、德国、日本等 20 多个国家的 190 余名华侨华人专业协会负责人参会。

11 月 27 日—29 日 以“情系江西、共谋发展”为主题的首届世界赣商大会暨第三届华赣会在南昌举行。首届世界赣商大会签约项目 226 个,签约合同项目金额 3085. 55 亿元。

11 月 28 日 宜春明月山机场迎来今年第 50 万名旅客。这是江西首个通航第 4 年年旅客吞吐量突破 50 万人次的支线机场,标志着该机场正式跃入中型机场行列。

同日 农业部公布 2017 年全国休闲农业和乡村旅游示范县(市、

区)名单,江西省永修县、南丰县、崇义县3个县入选。至此,全省有15个全国休闲农业和乡村旅游示范县(市、区)。

11月30日 江西省与中国农业银行举行战略合作签约协议。中国农业银行未来5年将向江西提供不低于3000亿元的意向性信用额度。

同日 省委办公厅、省政府办公厅印发《关于深化职称制度改革的实施意见》。改革的主要目标是:力争通过3年时间,基本完成工程、卫生、农业、会计、高校教师、科学研究等职称系列改革;通过5年努力,基本形成设置合理、评价科学、管理规范、运转协调、服务全面的职称制度。

同日 美国《工程新闻实录》和《建筑时报》共同主办的2017“中国承包商80强和工程设计企业60强”榜单在苏州揭晓,江西建工第一建筑有限责任公司连续两年荣膺“中国承包商80强”。

同日 国家能源局印发《关于公布2017年光伏发电领跑基地名单及落实有关要求的通知》,上饶光伏发电技术领跑基地在本次国家确定的三个技术领跑基地中排位第一。

12月1日 科技部发布《科技部关于开展第三批创新型产业集群试点的通知》,江西申报的抚州生物医药和新余动力电池两个创新型产业集群被纳入。

12月2日 国家文物局公布第三批国家考古遗址公园名单和立项名单,江西吉州窑国家考古遗址公园成功入选;同时,汉代海昏侯国遗址公园和吴城考古遗址公园获批立项。加之2010年入选第一批国家考古遗址公园立项名单的景德镇御窑厂考古遗址公园,全省共有4个国家级考古遗址公园。

12月6日 南昌昌北国际机场迎来2017年第1000万名旅客,标志着该机场正式晋升为年旅客吞吐量超千万人次的枢纽机场,同时也是全省首个、全国第31个千万级机场。

同日 中航工业昌飞与美国SRSG公司就S300项目合作正式签约,标志着S300系列直升机项目正式开始。

12月7日 省旅发委制定《江西省厕所革命新三年行动计划(2018—2020年)》,对未来3年“厕所革命”提出新的目标、任务和保障措施,提出未来3年计划新建、改扩建1850座厕所,将“厕所革命”进行到底。

12月8日 江西在上海举办全省现代农业产业项目推介会。推介会以“培育新动能·合作促共赢”为主题,现场共签约农业投资合作项目19个,签约总金额97.55亿元。

12月9日 《江西日报》报道,省委宣传部出台《江西省加强和改进中华文化“走出去”工作实施办法》,明确每年拿出600万元在全省范围内资助江西文化产品走向世界。

12月12日 国家知识产权局公布2017年度国家知识产权示范企业和优势企业名单,江西省江铃汽车股份有限公司等5家企业被确定为国家知识产权示范企业,奥其斯科技股份有限公司等26家企业被确定为国家知识产权优势企业。

12月13日 2017年全省工业旅游区(点)评定结果出炉,九江市宁红茶文化园、萍乡市安源景区、赣州市宋城壹号文化创意产业园等15家单位入选。

12月14日 2017中国工业百强县(市)、百强区名单出炉,江西省南昌县、青山湖区榜上有名。

同日 2017年江西省5A级、4A级乡村旅游点评定结果出炉,赣州市南虔心小镇、宜春市明月山栖隐谷、萍乡市芦溪仙凤三宝园3处景区入选5A级乡村旅游点,上饶市婺源县松风翠、吉安市井冈山神山村等8处景区入选4A级乡村旅游点。至此,全省有5A级乡村旅游点6

处、4A 级乡村旅游点 26 处。

12 月 15 日　省发改委印发《江西省直升机起降点布局规划(2017—2030 年)》,提出到 2020 年,全省直升机起降点达到 64 个,实现直升机通航运营“市市通”;到 2030 年,直升机起降点达到 193 个,基本实现直升机通航运营“市县通”和“县县通”。

12 月 16 日　全国县域经济专业研究机构社会智库北京中郡研究所完成《2017 县域经济与县域发展监测评价报告》,对外公布了第十七届全国县域经济与县域综合发展前 100 名县市名单。江西省南昌县排名第 30 位,实现“九连升”。

同日　省政府印发《关于加快林下经济发展的行动计划》,明确重点打造油茶、竹类、香精香料、森林药材、苗木花卉、森林景观利用六大林下经济产业,提出到 2020 年,实现全省六大林下经济新增规模 1000 万亩以上,经营林地累计达 4600 万亩;新增林下经济产值 800 亿元,年总产值达到 2000 亿元以上,参与农户达到 230 万户以上,使全省大多数山区林农实现“不砍树、能致富”目标。

12 月 18 日　依托江西银行,江西在全国率先组建专业人才服务银行——江西人才服务银行在赣江新区成立。这是江西继启动人才创新创业引导基金后又一项走在全国前列的人才服务创新举措。

12 月 19 日　上饶市城市建设投资开发集团有限公司在香港成功发行了 3 年期、3 亿美元债券,在新加坡交易所上市。这是江西国有企业首次在境外成功发行有评级的美元债券,也是省内首次利用境外债券资金用于“一带一路”建设,标志着江西开拓国际资本市场取得了新突破。

同日　工信部、民政部、国家卫计委印发《关于公布 2017 年智慧健康养老应用试点示范名单的通告》,江西省樟树市阁山镇被列为国家智慧健康养老示范街道(乡镇)。

12 月 20 日　在 2017 中国森林氧吧论坛上，第三批“中国森林氧吧”榜单正式发布，全国 31 家单位入选。江西省贵溪国家森林公园、黎川岩泉国家森林公园、遂川五斗江国家湿地公园 3 处景区榜上有名。

12 月 21 日　江西省首个华文教育基地授牌仪式在景德镇皇窑陶瓷文化旅游区举行。

12 月 22 日　民政部公示首批全国农村幸福社区建设示范单位。吉安市万安县成为江西唯一入选的县级示范单位，萍乡市莲花县琴亭镇莲花村、新余市渝水区良山镇下保村、赣州市瑞金市叶坪乡黄沙村华屋社区、赣州市兴国县埠头乡枫林村铭恩社区、上饶市上饶县皂头镇新田村入选村（农村社区）示范单位。

12 月 24 日　全省有史以来投资最大的水利工程建设项目——峡江水利枢纽工程正式通过竣工验收，标志着该工程正式全面运行。

同日　赣江新区国际仲裁院挂牌仪式举行，该仲裁院是目前中西部省份唯一一家独立的国际仲裁机构。

同日　省政府印发《关于加快农业结构调整行动计划》，提出到 2020 年，全省培植稻米、蔬菜、果业、畜牧业、水产、休闲农业和乡村旅游 6 个千亿元产业，茶叶、中药材、油茶 3 个超百亿元产业；培育年销售收入超 10 亿元的农业龙头企业 100 家、超 50 亿元的 10 家、超 100 亿元的 3 家。

12 月 25 日　江西江南香米业有限公司在江西联合股权交易中心备案发行绿色私募可转债，发行规模 5000 万元。这是江西也是全国区域性股权市场（“新四版”）备案发行的首单绿色私募可转债。

12 月 26 日　省委宣传部、省发改委、省旅发委印发《江西省贯彻落实〈2016—2020 年全国红色旅游发展规划纲要〉实施方案》，提出要依托全省红色旅游核心资源和经典景区，整合优化精品线路，不断完善体制机制，打造全国红色旅游的“江西样板”。

12 月 28 日 国家统计局、国家发改委、环保部、中组部发布《2016 年生态文明建设年度评价结果公报》，首次公布 2016 年度各省份绿色发展指数。江西生态保护指数排全国第 6 位，环境质量指数排全国第 11 位，绿色发展指数排全国第 15 位，绿色生活指数排全国第 14 位，公共满意程度排全国第 13 位。

12 月 29 日 省政府决定，成立省健康扶贫再提升工程领导小组。

同日 省大数据中心正式挂牌成立。中心承担落实大数据发展政策及规划、江西省大数据发展核心技术研究和标准制订、基础设施及应用的建设维护、公共数据的汇聚共享和开放等工作。

同日 省发改委、国家开发银行江西分行、德兴市政府共同签署合作备忘录，到 2020 年，国家开发银行计划为德兴市提供总额达 10 亿元的返乡创业贷款。这标志着国家开发性金融支持返乡创业促进脱贫攻坚加快乡村振兴行动在江西正式落地，并将逐步扩大到全省其他地方。

12 月 30 日 国家发改委、农业部、工信部、财政部、国土资源部、商务部、国家旅游局 7 部门发布《关于印发首批国家农村产业融合发展示范园创建名单的通知》，公布了首批 148 个创建名单，江西省吉安市、抚州市东乡区、宜春市万载县、景德镇市乐平市的农村产业融合发展示范园 4 个园区入选。

是年 江西全省 PM_{10} 年均浓度为 72.6 微克/立方米，圆满完成《大气污染防治行动计划》PM_{10} 73.2 微克/立方米的空气质量改善任务目标。

是年 截至年底，全省实有个体工商户 169.7 万户、私营企业 54.4 万户，个体私营从业人员 930 万人，创造的经济总量占全省生产总值的比重近 60%，创造的税金达到全省总额的 65%。

二〇一八年

1月3日 江西农业企业积极参与“一带一路”建设，在境外设立且存续经营的农业企业达25个，累计投资2.72亿美元。

1月4日 国家旅游局公布新一批10家国家级旅游度假区名单，江西省宜春市明月山温汤旅游度假区榜上有名。

同日 全省新增18家4A级景区。至此，全省有5A级景区10家、4A级景区122家。

1月8日 国家科学技术奖励大会在北京召开。江西两项重大科技成果获得国家科学技术进步奖二等奖，分别是江西省农业科学院水稻研究所参与合作完成的“中国野生稻种质资源保护与创新利用”项目、新余钢铁股份有限公司参与合作完成的“热轧板带钢新一代控轧控冷技术及应用”项目。

同日 全省住房城乡建设工作会议召开。会议提出，2018年全省加大棚户区改造力度，完成改造各类棚户区27.8万套，同时完善公租房分配方式，对低保、低收入住房困难家庭实现应保尽保。

1月9日 江西省与商务部在北京签署《商务部　江西省人民政府关于建立合作机制的框架协议》。商务部将支持江西深度参与“一带一路”建设，实施长江经济带等国家发展战略，支持江西内贸创新发展、对外贸易转型升级、现代服务业加快发展，推动江西企业加快“走出去”，助推江西打造内陆双向开放高地。

1月10日 国家标准委印发《关于下达2018—2019年度国家级服

务业标准化示范项目的通知》,井冈山旅游服务标准化示范项目入选。

1月12日 商务部公布2018年全国公益性农产品示范市场名单,江西省南昌深圳农产品中心批发市场有限公司、宜春市赣西农副产品批发市场入选。

1月16日 联合国教科文组织2017年度亚太地区文化遗产保护奖之创新奖授奖仪式暨首届遗产地DIBO论坛在景德镇举行,景德镇陶瓷工业遗产博物馆被授予该国际奖项。

同日 省中西医结合医院在南昌挂牌成立,填补了江西没有省级中西医结合医院的空白。

1月18日 全省工业园区综合信息服务平台正式上线运行,标志着省、市、园区、企业四级网络全面贯通。

1月21日 鹰潭市龙虎山大上清宫遗址经过3年7个月的科学发掘,取得阶段性重大成果。

同日 中国稀土功能材料产业创新联盟在赣州成立。

1月22日 省政府印发《江西省"十三五"深化医药卫生体制改革规划》。

1月25日 全省国有企业2017年度经济运行情况暨国资国企改革亮点工作新闻发布会举行。2017年,全省国有企业资产总额24739.8亿元、实现营业收入6011.1亿元、实现利润总额301.7亿元,增速均列全国第13位,国企整体混改率71.3%,"僵尸企业"出清率80.2%。

1月26日 第三届全国社会治理创新经验交流会在北京举行,"丰城市建立社会治安治理台账全面提升社会治安防控水平"项目获评全国社会治理创新优秀案例,丰城市因此被授予"2017全国社会治理创新优秀城市"荣誉称号。

1月27日 由中国科协主办的"中国工业遗产保护名录"发布会

举行，正式公布第一批中国工业遗产保护名录，萍乡市的萍乡煤矿和景德镇市的宇宙瓷厂位列其中。

1月29日 为加快推进国家生态文明试验区建设，进一步完善全流域生态补偿机制，省政府印发《江西省流域生态补偿办法》。2018年，江西筹集超过28.9亿元资金在全省境内实施流域生态补偿。

1月30日 农业部公布首批国家级稻渔综合种养示范区名单，江西省万载县丁家源稻渔综合种养示范区（3000亩）和彭泽县九江凯瑞国家级稻渔综合种养示范区（10000亩）成功入选。

2月1日 《江西日报》报道，江西重工集团与伊朗中央石化工业发展集团成功签署约4.1亿欧元的《设备采购与服务合同》。江西重工集团将为伊朗建设一座年产100万吨乙烯的现代化工厂。

2月2日 省发改委公布2018年全省大中型建设项目名单。2018年，全省重点实施大中型建设项目1900个，总投资2万亿元左右，当年预计完成投资5944.4亿元，项目集中在基础设施、产业升级、公共服务和生态环保四大领域。

2月5日 中央电视台、国家统计局、中国邮政集团、北京大学国家发展研究院在北京联合发布《中国经济生活大调查（2017—2018年）》，南昌跻身"中国十大幸福城市"，位居第三。

同日 联合国粮农组织致函中国农业部，确认中国南方联合梯田入选全球重要农业文化遗产。江西崇义客家梯田是其中的一部分。至此，全国有15个项目入选全球重要农业文化遗产，其中与江西有关的有2个，另一个是万年稻作文化系统。

2月6日 上饶市在全国首创设立优质旅游诚信理赔基金。该基金规模为1000万元，是全国首支全域范围内将理赔范围由旅游购物扩展到旅游全产业链的基金。

2月7日 《江西日报》报道，江西新华发行集团蝉联"中国出版政府奖”。自 2007 年获得首届“中国出版政府奖”之后，江西新华发行集团成为全国唯一一家连续 4 届获此殊荣的发行集团。

同日 省委办公厅、省政府办公厅印发《关于加强乡镇政府服务能力建设的实施方案》。

2 月 8 日 省委军民融合发展委员会办公室揭牌成立。

同日 江西上饶、鹰潭、景德镇与安徽黄山、浙江衢州、福建武夷山签订成立以上饶为核心的区域城市旅游联盟——赣浙闽皖区域城市优质旅游联盟。

2 月 11 日 宜春 110 千伏城中变电站送电成功，标志着全省首座室内双层钢结构变电站正式竣工投运。

2 月 12 日 江西报业传媒集团有限责任公司、江西广电传媒集团有限责任公司挂牌成立。

2 月 13 日 省委、省政府印发《关于实施乡村振兴战略的意见》。

同日 工信部公布第八批“国家新型工业化产业示范基地”名单，江西申报的赣州高新技术产业开发区新材料（稀有金属）、鹰潭电子信息（物联网）、上饶经济技术开发区电子信息（光伏）3 家省级产业基地成功晋级。

同日 “南康家具”商标获国家工商总局认定，成为全国首个以地名命名的县级工业集体商标。

2 月 28 日 国务院批复同意九江共青城高新技术产业园区、宜春丰城高新技术产业园区升级为国家高新技术产业开发区。截至当月，全省共有南昌、新余、景德镇、鹰潭、抚州、吉安、赣州、九江共青城、宜春丰城 9 家国家高新技术产业开发区，总数量位居全国第五位、中部地区第二位。

3 月 4 日 江西在全国首创建立乡村扶贫工作站（室），共建立村级扶贫工作室 17320 个、乡镇扶贫工作站 1551 个，实现有脱贫攻坚任务的乡村全覆盖。

3月6日 省委、省政府印发《关于加大城镇贫困群众脱贫解困力度的意见》,在全国率先推出城镇贫困群众全面脱贫解困系列举措,惠及全省城镇特困人员88.61万人。

3月9日 全省已建立162家院士工作站,覆盖全省11个设区市、十大战略性新兴产业;引进院士150名,院士团队专家1100余人。

3月11日 省绿化委员会公布《江西省2017年国土绿化状况公报》。2017年,全省完成造林142.1万亩,森林覆盖率稳定在63.1%。

3月12日 省政府教育督导委员会派出17个督导组,对全省34个县(市、区)党政领导干部履行教育职责情况进行实地督导。这是江西首次开展县(市、区)党政领导干部履行教育职责督导评价。

3月13日 国家旅游局和国家中医药管理局对外公示73家首批国家中医药健康旅游示范基地创建单位名单,江西省新余悦新养老产业示范基地、德兴国际中医药健康旅游产业基地、黎川国医研中医药健康旅游示范基地、婺源文化与生态旅游区4家单位入选。

3月15日 省发改委公布全省首批低碳旅游示范景区名单,吉安市的井冈山风景名胜区、上饶市的三清山风景名胜区、靖安县的三爪仑风景名胜区、崇义县的阳明山国家森林公园、广丰县的铜钹山国家森林公园、崇仁县的源野山庄景区、青原区的青原山风景名胜区、仙女湖区的昌坊旅游度假村、上栗县的杨岐山风景名胜区9个景区入选。

3月19日 《人民日报》报道,2017年南昌经济技术开发区分别在全国219个国家级经开区中排名第57位、在全国365个国家级产业园中排名第34位,成为全省唯一进入全国50强的国家级经开区和国家级产业园。

3月20日 赣京绿色金融合作推介会暨项目签约仪式在北京举行。推介会上,共签署合作和投资协议36项,投资项目签约金额430.1亿元。

3 月 22 日 南昌以"基于 5G 应用的民生服务和社会治理"示范项目入选"5G 规模组网建设及应用示范工程"示范城市名单,标志着南昌与北京、深圳等 12 个城市同步进入 5G 时代。

3 月 23 日 由联合国粮农组织、省财政厅、省林业厅主办的"FAO/GEF 江西省湿地保护区体系示范项目"指导委员会第一次会议在南昌召开。联合国粮农组织驻华代表 GEF(全球环境基金)项目官员表示,希望将江西湿地保护区体系示范项目打造成全球湿地保护样板。

3 月 24 日 省政府印发《进一步扩大和升级信息消费持续释放内需潜力的实施方案》。

同日 《江西日报》报道,2018 年江西首次实施安全生产巡查工作制度,对全省 11 个设区市开展全覆盖巡查督导。

3 月 26 日 省委、省政府印发《关于加强和完善城乡社区治理的实施意见》。这是省委、省政府出台的第一个关于城乡社会治理的纲领性文件。

3 月 27 日 民航华东地区管理局在上饶市向顺丰集团旗下的江西丰羽顺途科技有限公司颁发国内首张无人机航空运营(试点)许可证。

同日 省发改委、省财政厅、省国土资源厅、省环保厅、省水利厅、省农业厅、省林业厅、省粮食局印发《江西省耕地草地河湖休养生息规划(2016—2030 年)》,提出通过规划的实施,有序实现耕地草地河湖休养生息,推动全省农业资源持续利用和经济社会可持续发展。

3 月 省政府同财政部正式签署世界银行全球环境基金(GEF)"可持续城市综合方式"项目《赠款执行协议》,南昌市获全球环境基金(GEF)赠款 500 万美元。这个项目此前于 2017 年 9 月获世界银行正式批准。

4 月 3 日 省政府新闻办、省质监局召开新闻发布会,发布《国家技术标准创新基地（江西绿色生态）2018年行动计划》。

同日 中宣部、中央文明办在北京召开全国学雷锋志愿服务工作推进会。会上公布全国志愿服务“四个100”（100个最美志愿者、100个最佳志愿服务组织、100个最佳志愿服务项目、100个最美志愿服务社区）先进典型名单，江西共有9个典型入选。

4月4日 省赣南等原中央苏区振兴发展工作领导小组办公室印发《江西省赣南等原中央苏区振兴发展2018年工作要点》，提出统筹推进脱贫攻坚、产业发展、生态建设、基础设施、改革开放和对口支援各项工作，争取全年24万以上贫困人口脱贫、7个贫困县达到脱贫摘帽条件。

4月7日 江西引进的2名高端外国专家成功入选第八批国家“千人计划”外专项目，实现“零”的突破。

4月10日 “2017年度全国十大考古新发现”在北京揭晓，江西省鹰潭龙虎山大上清宫遗址成功入选。

4月11日 宜春市获评全国木本油料特色区域示范市，成为全省首个获此称号的设区市。

4月12日 《江西日报》报道，“乐平辣椒”获批中国地理标志证明商标。

4月18日 抚州市东临新区正式揭牌，截至目前江西有8个设区市已设立城市新区。

4月21日 “2018美丽中国—生态城市与美丽乡村经验交流会”在北京召开，公布了2018美丽中国—生态城市与美丽乡村获奖名单，江西省德兴市、宜春市奉新县、芦溪县上埠镇、婺源县江湾镇、贵溪市金屯镇、进贤县文港镇、宜丰县新昌镇7个地方上榜。

4月23日 省政府办公厅印发《江西省打赢蓝天保卫战三年行动计划（2018—2020年）》。

4 月 24 日　省政府办公厅印发《关于加快推进企业上市的若干措施》,标志着全省企业上市"映山红行动"正式启动实施。

4 月 25 日　江西省军民融合重大项目集中签约仪式举行。此次签约的重大项目包括中国军民融合技术交易中心、中国 AOPA 适航技术服务中心、中国国际飞行器交易中心、南昌军民融合产业示范基地、国家区域通航管理和服务项目等。

同日　江西北斗应用项目座谈会召开,同时举行江西北斗应用研究院揭牌仪式。

4 月 27 日　赣东北旅游合作联盟第一次会议在鹰潭召开。会议提出打造赣浙闽皖四省边际旅游黄金走廊,推动全省旅游业持续健康发展。

5 月 4 日　省政府与中国长江三峡集团有限公司在九江签署共抓长江大保护战略合作框架协议。

5 月 7 日　"江西风景独好"——2018 江西旅游推介会在资溪县举行,驻华使节参访团、全国各省(区、市)旅游部门负责同志、境内外旅行商等 200 余人参加。

同日　省政府办公厅印发《江西省人民政府及其各部门任命的国家工作人员宪法宣誓组织实施办法》。

同日　省发改委公布 2018 年江西省第一批传统基础设施领域省级 PPP 示范项目推介名单,昌九客专等 18 个项目计划引入社会资本参与,总投资达 327. 93 亿元。

5 月 7 日—8 日　省委、省政府在抚州召开全省旅游产业发展大会。

5 月 8 日　全省事业单位公务用车制度改革动员部署大会召开。全省涉改事业单位 4. 1 万余家,涉改事业编制人员 86 万余人,涉及教科文卫体等多个行业。

同日 文旅部公布第五批国家级非物质文化遗产代表性项目代表性传承人名单,江西省共有 34 人入选。

5 月 9 日 省委办公厅、省政府办公厅印发《关于在湖泊实施湖长制的工作方案》,明确实施湖长制,进一步加强湖泊保护管理,推进国家生态文明试验区建设。

5 月 10 日 光明日报社和经济日报社在第四届中国(深圳)国际文化产业博览交易会上联合发布第十届“全国文化企业 30 强”名单,江西出版集团入选,也是其连续 10 届获此殊荣。

5 月 10 日—14 日 第十四届中国(深圳)国际文化产业博览交易会在深圳举行。江西展团有 500 多家文化企业和单位、1200 多名参展商、300 多个文化项目、2000 多件文化展品参会。会上,正式公布“2018 中国最美县域榜单”,江西省崇义县、上犹县、芦溪县、婺源县、修水县、奉新县、井冈山市、资溪县、靖安县、安福县、宜丰县、武宁县 12 个县(市)上榜。

5 月 12 日 鹰潭首趟中欧班列开通。该班列全程约 1.1 万千米,经满洲里口岸出境,终点是白俄罗斯首都明斯克。

5 月 15 日 商务部对国家级经开区 2017 年度考评结果显示,南昌经开区、赣州经开区、井冈山经开区、九江经开区、南昌小蓝经开区跃入全国百强。

同日 文旅部、工信部发布第一批国家传统工艺振兴目录,江西省共有 18 个项目入选。

5 月 16 日 首届赣深经贸合作交流会在深圳举行。通过前期对接洽谈,合作交流会共签约 61 个投资合作项目,签约投资总金额 819.7 亿元。

5 月 17 日 全国红色旅游创新发展研究基地在南昌大学揭牌。

5 月 18 日 第十五届(2017 年度)全国博物馆十大陈列展览精品

正式对外公布，江西南昌八一起义纪念馆的“南昌起义　伟大开端”展览、省博物馆的“惊世大发现——南昌汉代海昏侯国考古成果展”上榜。南昌八一起义纪念馆自2009年之后第二次摘得全国博物馆陈列展览最高奖项，开文博界同一展览题材两次获奖的先河。

5月20日　省政府办公厅印发《关于加快推进新能源汽车产业发展的实施意见》，明确提出到2020年，江西全省新能源汽车及“三电”关键零部件技术达到国内领先水平，新能源汽车产能达50万辆，锂离子动力电池产能达40千兆瓦时，新能源汽车产业主营业务收入达500亿元，力争形成一家销售收入过100亿元的整车企业。

5月21日　由民营企业江西冠一通用飞机有限公司自主研制的单发四座固定翼通用飞机GA20的首架机在南昌高新区顺利下线并完成滑跑演示。这是中国通航民企在国内研发的首个拥有自主知识产权的飞机型号。

同日　国家标准委印发《关于下达第九批国家农业标准化示范增补项目的通知》，江西国家大数据精准扶贫农业标准化试点（赣州市）、国家农村电商精准扶贫农业标准化示范区、国家蔬菜精准扶贫农业标准化示范区3个项目入列。

5月23日　省财政厅、省教育厅印发《关于制定学前教育生均公用经费标准的通知》《关于制定普通高中生均公用经费标准的通知》，明确全省从2018年起，学前教育生均公用经费标准按不低于600元/年、普通高中生均公用经费标准按不低于1000元/年，由各级财政统筹安排。至此，全省实现从学前教育到高等教育学校生均（公用）经费保障机制的全覆盖。

5月24日　江西省在全国第一个全面完成国家地表水水质自动监测站建设任务。全省87个国家考核断面需要建设76个国家地表水水质自动监测站，包括广东境内的2个赣粤省界断面水站，其中新建水站

49个、已建水站升级改造27个。

5月25日 江西2017年扶贫开发和易地扶贫搬迁两项工作双双获国务院通报表彰。根据《国务院办公厅关于对2017年落实有关重大政策措施真抓实干成效明显地方予以督查激励的通报》,江西获得中央财政奖励5.1亿元扶贫专项资金。

同日 《江西日报》报道,省妇联、省卫计委、省财政厅日前联合印发《江西省城镇贫困妇女"两癌"免费检查工作方案》,明确提出将在3年时间内实现城镇贫困妇女宫颈癌、乳腺癌免费检查全覆盖。

5月26日 江西新能源汽车大数据中心揭牌仪式在南昌市小蓝孵化基地举行。

5月28日 世界三大国际评级机构之一惠誉国际出具评级报告,给予江西省铁路投资集团国际信用评级"A-"等级,该集团成为全省首家获国际信用评级的省属企业。

同日 《人民日报》报道,江西"一村一名大学生"工程实施以来,共培养大学生4万余名,为贫困县培养1.3万名农村实用型人才。

同日 南昌至莫斯科定期往返航班正式开通。这是江西首条直飞俄罗斯的国际航线。

5月30日 省政府新闻办、省林业厅召开新闻发布会。会上发布历时两年完成的全省生态账:2016年,全省森林和湿地生态系统综合效益为14951.34亿元,其中,森林为13510.22亿元,湿地为1441.12亿元。

5月31日 中国民用航空江西航空器适航审定中心揭牌暨"江西快线"颁证仪式举行。江西航空器适航审定中心是全国首个省局共建的民航适航审定中心,也是继北京、上海、沈阳、西安之后设立的全国第5家适航审定中心。

6月1日 由中国人民对外友好协会、江西省人民政府、德国莱法州文化遗产保护与研究总会、德中友协联合会共同主办的“遇见中国——纪念马克思诞辰200周年”中国江西文化展在马克思的故乡德国特里尔市开幕,此次展览持续1个月。

6月4日 省政府新闻办公室联合省环保厅发布《2017年江西省环境状况公报》,2017年全省生态环境质量继续稳定保持优良水平,生态环境状况指数名列全国前茅,地表水水质优良比例为88.5%。

同日 省政府办公厅印发《江西省优化企业注册开办工作实施方案》,提出于2018年6月底前实现企业注册开办5个工作日完成。

同日 2017年全省航空产业实现营业收入740.13亿元,民航运输旅客吞吐量1415.5万人次,航空整机制造企业增加至8家。

6月6日 江西在北京召开新闻发布会,向社会公布江西浩海锂能科技股份有限公司开发完成的“锂云母全组分利用绿色工艺及关键技术”取得重大突破,并通过中国化工学会组织的国家级科技成果鉴定。专家一致认为该技术填补了国内外空白,达国际领先水平。

6月8日 省政府办公厅发布《关于取消调整省本级182项证明事项的通知》。

同日 省政府办公厅发布《关于公布省本级第二批“一次不跑”和第一批“只跑一次”政务服务事项清单的通知》。其中,省本级第二批“一次不跑”事项189项、第一批“只跑一次”事项312项。

6月11日 省深入推进经济发达镇行政管理体制改革工作领导小组第一次会议召开。江西采取“培育+认定”的方式,在全省确定30个镇推进经济发达镇行政管理体制改革,其中12个上报中央认定、18个省级重点培育。

6月12日 农业农村部公布2018年度农村集体产权制度改革试点单位名单,江西省鹰潭市、湾里区、武宁县、浮梁县、安源区、吉水县、南城县入选。

6月12日—13日　江西省和教育部联合主办的2018国际产学研用合作会议举行,6个国家的14个政府机构、39所大学、16所科研机构、34家企业的240余位代表参加。

6月13日　全省首张基层群众性自治组织特别法人统一社会信用代码证在南昌市西湖区桃花镇大堎村颁发。

同日　省发改委印发《江西省企业境外投资管理办法》,坚持以备案制为主的境外投资管理方式,实施"鼓励发展+负责清单"模式引导和规范企业境外投资方向。

6月14日　省政府作出《关于表彰第五届江西省优秀高技能人才的决定》,授予王伟等16名同志"赣鄱工匠"称号,授予王长荣等80名同志"能工巧匠"称号。

6月19日　江西省首批选派监狱戒毒民警从事社区矫正工作正式启动。南昌市东湖区、西湖区,九江市瑞昌市、浔阳区,景德镇市浮梁县、珠山区,赣州市章贡区,上饶市鄱阳县8个县(市、区)被列为此次监狱戒毒民警参与社区矫正工作试点地区。

6月21日　省政府与阿里巴巴集团、蚂蚁金服集团签署战略合作协议,双方将在政务服务、社会治理、民生保障、产业升级、电子商务、金融服务、现代物流、智慧旅游、文化教育、人才培养十大重点领域深入开展合作,促进江西"互联网+"水平提升,加快互联网经济发展。

6月23日—24日　世界中医药大会第四届夏季峰会在南昌召开。

6月26日　江西银行在香港联合交易所主板正式挂牌上市,成为江西今年启动实施企业上市"映山红行动"以来第一家境外上市公司,也是江西省首家上市银行。

6月27日　中共中央作出《关于追授郑德荣等7名同志"全国优秀共产党员"称号的决定》,江西省李泉新被追授"全国优秀共产党员"称号。

同日 省政府办公厅发布《关于加快推进社会保障“一卡通”应用工作的通知》。

6月28日 在全国深化“放管服”改革转变政府职能电视电话会议结束后,江西召开了全省深化“放管服”改革转变政府职能电视电话会议。

同日 省委组织部、省扶贫和移民办印发《关于聚焦打好精准脱贫攻坚战加强干部教育培训的实施意见》,明确2018年、2019年两年分级分类培训45万名扶贫干部。

6月29日 省政府印发《关于鼓励社会力量兴办教育促进民办教育健康发展的实施意见》,从深化分类管理改革、创新支持扶持机制、加快现代学校制度建设、提高民办学校教育教学质量等方面明确民办教育办学行为。

同日 历时13年,省地质专业系列志书《中国矿产地质志·江西卷》《中国区域地质志·江西卷》《江西省环境地质志》出版面世。这是江西地质行业最新、最系统的整装科学文献,堪称全省地质界的“百科全书”。

6月30日 省政府发布《江西省生态保护红线》。生态保护红线划定面积为46876平方千米,占全省面积的28.06%。

7月3日 为全面加强生态环境司法保护,省人民检察院印发《关于全面深化生态检察工作意见》。

7月5日 由中国农业科学院、中国水稻研究所组织的全国双季超级稻绿色提质增效技术集成与示范现场会在南昌举行。江西成新农场“双季超级稻”种植模式获肯定。

7月10日 财富中文网发布最新的《财富》中国500强排行榜,江西有7家企业上榜,分别是江西铜业股份有限公司、新余钢铁股份有限公司、天音通信控股股份有限公司、江铃汽车股份有限公司、晶科能源控股有限公司、江西正邦科技股份有限公司、方大特钢科技股份有限公司。

7月13日 南昌跨境电子商务综合试验区获国务院批复。

7月17日 省政府办公厅印发《江西省“厕所革命”三年攻坚行动方案》，提出对标全面建成小康社会，到2020年，全省完成新建公厕1.1万座、改建公厕0.5万座和农户改厕112万户的任务。

7月19日 2018江西省与跨国公司（上海）合作交流会在上海举行。会后举行项目签约仪式，共达成合作项目21个，合同投资金额29.82亿元。

7月20日 华顿经济研究院（原“上海经济发展研究所”）在上海发布“2018年中国百强城市排行榜”，南昌市位居第38位；赣州成为新晋百强城市，位居第88位。

同日 江西确定2018年参与“一带一路”建设重点项目清单，共63个项目，总投资达194亿美元，涉及基础设施建设、产业投资合作、境外合作园区、人文交流合作等领域。

7月22日 《江西日报》报道，团省委、省民政厅、省财政厅日前制定《江西省推进政府购买青少年社会工作服务的实施办法》，正式将青少年社会工作服务纳入政府购买服务支持范围，2019年纳入省市两级政府购买服务指导性目录。

7月25日 “2017年江西经济十件大事”暨“2017江西经济功勋企业”发布会举行。十件大事分别为：迈入GDP“2万亿元俱乐部”，江西经济高歌奋进；工业强省组合攻坚，新型工业化步履弥坚；国企改革巧出牌，“江西样板”实践见证发展；水陆空齐头并进，交通运输争当发展先行官；外贸出口刷新纪录，商务经济满堂喝彩；国企增加值首破千亿元，国有经济换挡提速；完善出台“1+N”政策，创新江西“破茧成蝶”；全域旅游扎实推进，“江西风景独好”后劲无限；新一轮“央企入赣”全面开花，铸就江西经济新增长点；制造业投资首破万亿元，“江西智造”扑面而来。与十件大事相对应的14家功勋企业分别为：江西省高速公路投资集团有限责任公司、江西铜业集团有限公司、江西中烟工业有限责任公司、江西省港航建设投资集团有限公司、江铃汽车集团公司、江西省建材集团有限公司、江中制药（集团）有限责任公司、江西省建工集团有限责任公司、正邦集团有限公司、中阳建设集团有限公司、江西联创光电科技股份有限公司、新余钢铁集团有限公司、江西赣锋锂业股份有限公司、江西青锋药业有限公司。

7月27日 2018年汤显祖国际戏剧交流月活动新闻发布会在北京召开，活动将于9月28日至10月底在抚州举办。这是江西连续第3年举办汤显祖戏剧交流活动。

7月28日 省委、省政府印发《关于全面加强生态环境保护坚决打好污染防治攻坚战的实施意见》，明确提出到2020年，全省生态环境质量进一步改善，主要污染物排放总量大幅减少，环境风险得到有效控制，城乡面貌明显改善，建成具有江西特色、系统完整的生态文明制度体系，生态环境保护水平同全面建成小康社会目标相适应。

7月29日 省政府正式批复同意瑞金市、万安县、永新县、广昌县、上饶县、横峰县6个县（市）正式脱贫摘帽，退出贫困县序列。经过国务院扶贫开发领导小组组织的第三方严格评估，这6个县（市）综合贫困发生率均低于2%，群众满意度均高于90%，符合贫困县退出的要求。

7月31日 全国电子社保卡试点地区（江西）首发式在新余举行，正式签发全省首张电子社保卡。

同日 全省农村创业创新园区已达210个，农村创业创新经营主体达20218个，年营业额突破千亿元，带动就业人口141.7988万人。

8月2日 省人社厅印发《江西省基本医疗保险特殊药品管理服务办法》，将27种昂贵药品纳入基本医疗保险特殊药品管理范围。

8月3日 省政府办公厅印发《江西省贯彻关于促进两岸经济文化交流合作若干措施的实施办法》,将国家"惠台31条"措施细化为60项举措,逐步为台胞提供与本省居民同等待遇。

8月4日 2018年(第35届)全国医药工业信息年会暨2017年度中国医药工业百强榜单发布会在上海召开,江西济民可信集团有限公司、仁和(集团)发展有限公司、青峰医药集团有限公司3家药企入围全国百强。

8月14日 省政府办公厅印发《江西省河长制湖长制省级会议制度》《江西省河长制湖长制信息工作制度》《江西省河长制湖长制工作督办制度》《江西省河长制湖长制工作考核问责办法》《江西省河长制湖长制工作督察制度》。

8月15日 国家知识产权局公布2018年度国家知识产权示范企业和优势企业名单,江西省南昌欧菲光科技有限公司等9家企业被确定为国家知识产权示范企业,江西凯顺科技有限公司等42家企业被确定为国家知识产权优势企业。

8月17日 全省实施乡村振兴战略暨改善农村人居环境工作推进会议召开。会议强调,全省上下要认真学习贯彻习近平总书记重要指示精神,以新举措加快推进农业农村现代化,促进农业全面升级、农村全面进步、农民全面发展,彰显江西乡村产业兴旺之美、自然生态之美、文明淳朴之美、共建共享之美、和谐有序之美,努力绘就新时代美丽乡村新画卷。

同日 省委、省政府印发《关于加快文化强省建设的实施意见》。

同日 《江西日报》报道,自2017年全省开展农村贫困人口重大疾病补充医疗保险以来,全省因病致贫家庭总户数比2016年减少30%以上;至2018年6月30日,全省农村贫困人口重大疾病补充医疗保险覆盖贫困人口362.14万人。

8月22日 美国《工程新闻实录》发布2018年“全球最大250家国际承包商”榜单，中国江西国际经济技术合作有限公司、江西中煤建设集团有限公司、中鼎国际工程有限公司、江西江联国际工程有限公司、江西水利水电建设有限公司5家赣企入选，江西国际、江西中煤分列第92位和第97位。

同日 江西省能源集团有限公司、建信金融资产投资有限公司、江西文东实业有限公司、中鼎国际建设集团有限责任公司、江西鼎新企业管理股份有限公司五方正式签订中鼎国际债转股暨混改和员工持股增资协议，标志着江西省国企市场化债转股第一单正式落地。

8月27日 省委办公厅、省政府办公厅印发《江西省进一步深化“放管服”改革推进政务服务便民化若干措施》。

8月29日 全国工商联发布《2018中国民营企业500强调研分析报告》，江西省的正邦集团有限公司、江西方太钢铁集团有限公司、双胞胎（集团）股份有限公司、晶科能源有限公司、江西博能实业集团有限公司、江西济民可信集团有限公司等6家企业入围。

8月31日 省政府发布《关于2017年度江西省科学技术奖励的决定》。各类奖项为：省自然科学奖一等奖1项，二等奖9项，三等奖10项；省技术发明奖一等奖1项，二等奖2项，三等奖4项；省科学技术进步奖一等奖14项，二等奖20项，三等奖43项；授予金浩、崔武卫等2名外国专家省国际科学技术合作奖。

同日 第十六届赣台（南昌）经贸文化合作交流大会“赣台现代农业对接会”举行。会上认定全省9家园区为首批赣台农业产业合作示范园，并举行授牌仪式。

9月2日 由中国企业联合会等机构连续第17次向社会公开发布的“中国企业500强”排行榜正式出炉，江西有7家企业入选，分别是江西铜业集团有限公司、江铃汽车集团公司、正邦集团有限公司、江西方大钢铁集团有限公司、新余钢铁集团有限公司、双胞胎(集团)股份有限公司、江西省建工集团有限责任公司。

9月6日 省委、省政府印发《关于打赢脱贫攻坚战三年行动的实施意见》,明确2018—2020年全省脱贫攻坚的目标任务。2018年实现40万贫困人口脱贫、1000个贫困村退出、10个贫困县摘帽的年度目标;2019年着力巩固脱贫成果,再努力实现40万贫困人口脱贫、6个国定贫困县和1个省定贫困县摘帽的目标;2020年如期高质量打赢全省脱贫攻坚战。

9月10日 省委宣传部、省新闻出版广电局、省发改委、省财政厅、省商务厅、省人社厅联合发布《关于支持江西省电视剧繁荣发展若干政策的通知》。

9月13日 省委办公厅、省政府办公厅印发《关于全面落实“四精”理念高质量推进新农村建设的实施意见》。

9月20日 自然资源部正式揭晓2018年国土资源科学技术奖,江西省浮梁县朱溪世界最大钨铜矿找矿科技创新与重大突破项目位列一等奖首位。

9月22日 首届“中国农民丰收节”江西系列活动在高安开幕。

9月25日 全省优质旅游工作推进会在南昌召开,全面部署全省优质旅游工作,加快推进旅游强省建设。省旅发委发布《江西省旅游景区优质旅游先锋行动三年计划(2018—2020年)》。根据计划,到2020年,全省国家5A级旅游景区数量将达到14家,国家4A级旅游景区数量达到150家。

9月28日 2018年汤显祖戏剧节暨国际戏剧交流月活动在汤显祖故里——抚州拉开帷幕。

9月29日 省政府新闻办、省人社厅联合召开江西创业担保贷款发放总量“破千亿”新闻发布会。全省创业担保贷款自2002年发放第一笔2万元的小额贷款，至9月底发放总量突破1000亿元，达到1011.2亿元，约占全国的1/7；累计扶持个人创业99万人次，带动就业389万人次；累计争取中央财政贴息资金50.3亿元。

10月12日 “一带一路”江西企业走进非洲国际发展论坛在南昌举行。

同日 《江西日报》报道，在近日揭晓的第九届中国技术市场金桥奖评审中，江西获奖21项，实现历史性突破。

10月13日 省政府印发《关于加快建设物联江西的实施意见》，提出在智能制造、智能交通、智慧医疗、节能环保、智慧消防等重点领域大力推动物联网技术应用与示范。

10月14日 省政府办公厅印发《加快推进虚拟现实产业发展的若干措施》，在技术创新、推广应用、培养人才、融资扶持、公共服务五大领域提出13条加快推进全省虚拟现实产业发展的具体措施，努力打造江西虚拟现实产业集群和新高地。

10月15日 全国绿化委员会、国家林业和草原局授予萍乡市“国家森林城市”称号。至此，全省11个设区市全部获评“国家森林城市”称号，江西也成为全国第一个“国家森林城市”设区市全覆盖的省份。与此同时，武宁、崇义获全国首批县级“国家森林城市”称号。

10月16日 以“改革攻坚，开放提升，加快推进江西高质量跨越式发展”为主题的2018江西智库峰会在南昌举行，来自中国工程院、中国科学院、中国社科院、北京大学、清华大学、复旦大学等科研院所、高校知名专家学者，省重点新型智库试点建设单位的首席专家和骨干成员共计300余人出席主论坛。

10月17日 推进江西国家生态文明试验区建设部省恳谈会在北京召开，国家发改委等13个国家部委有关负责同志出席。

同日 国务院扶贫开发领导小组发布《2018年全国脱贫攻坚奖先

进个人和先进单位公告》,江西省4人1集体获全国脱贫攻坚奖,分别为彭夏英获奋进奖,兰念瑛获贡献奖,王振美获奉献奖,谢远泰获创新奖,井冈山市获组织创新奖。

10月19日—21日 由工信部、省政府共同主办的2018世界VR产业大会在南昌举办。会上,157个协议和项目达成意向,投资总额631.5亿元。

10月23日 第四届中国县域电商大会发布"2017—2018年电商示范百佳县"排行榜,江西省7个县(市、区)入围,分别是赣州市南康区、井冈山市、庐山市、龙南县、新干县、进贤县、定南县。

10月24日 全国工商联发布由中央统战部、全国工商联共同推荐宣传的"改革开放40年百名杰出民营企业家"名单,江西省4位企业家入选,分别是华坚国际股份有限公司董事长兼总裁张华荣、果喜实业集团有限公司董事长张果喜、正邦集团有限公司董事长林印孙、科瑞集团董事局主席郑跃文。

10月27日 C919国产大飞机102架机、ARJ21飞机联合转场南昌瑶湖机场圆满成功。此后,C919全面开启在瑶湖机场的试飞科目,南昌由此成为国产大飞机的核心试飞基地。

10月28日 《江西日报》报道,科技部与省政府联合发文,批准依托东华理工大学,省部共建"核资源与环境国家重点实验室"。这是中国核资源与环境领域第一家国家重点实验室,也是江西高校中第二家省部共建国家重点实验室。

10月29日 文旅部在北京举办新晋5A级旅游景区授牌会,南昌滕王阁旅游区正式跻身国家5A级旅游景区行列。至此,全省国家5A级旅游景区增至11个。

11月8日 江西省扶贫办公室正式挂牌成立。

11月19日 文旅部、国务院扶贫办、中国农业发展银行联合发布

57个全国金融支持旅游扶贫重点项目推荐名单，江西省铜鼓县乡村旅游扶贫项目、修水县宁州水乡旅游度假区项目、大余县大余丫山乡村生态度假景区建设项目、会昌县汉仙养生旅游度假区建设项目4个项目入选。

12月2日 《江西日报》报道，依托人保财险江西省分公司，江西在全国率先开展脱贫保险业务，首创“贫困对象返贫责任险”，并已在乐安等14个县推广，为贫困对象筑牢“新农合、大病保险、疾病医疗商业补充保险、大病救助”四道保障线后的第五道保障线。

12月3日 省政府办公厅印发《关于落实“六稳”要求促进全省经济平稳健康发展的若干措施》。

12月6日 由江中集团、江西中医药大学、中国—葡萄牙中医中心主导的欧洲首个综合性中医药文化体验中心项目落户葡萄牙首都里斯本。

12月7日 全省市县机构改革推进会召开，标志着江西省市县机构改革进入全面实施阶段。

同日 九江国家农业科技园区被科技部认定为第八批国家农业科技园区，也是全省获批的第九个国家级农业科技园区。

12月9日 华东交通大学杨辉教授团队研究成果“高速动车组节能优化运行关键技术及应用”获评吴文俊人工智能技术发明奖一等奖。

12月14日 中国血防纪念馆在余江揭牌。

12月17日 省政府印发《关于赋予赣州市部分省级管理权限和先行先试项目的通知》，赋予赣州市经济调节等方面44项省级管理权限和城乡建设等方面6项先行先试项目。

同日 省政府印发《关于做好当前和今后一个时期促进就业工作若干政策措施的通知》。

同日 省政府办公厅印发《江西对接粤港澳大湾区建设行动方案》。

12 月 25 日　全省铁路建设“853”工程的重点项目——昌景黄高速铁路(江西段)开工建设。

12 月 26 日　全省“三请三回”暨“三企”入赣动员部署会召开,旨在全面推动乡友校友战友“资智回赣”,吸引更多国企民企外企“三企”入赣。

12 月 31 日　省委、省政府印发《关于支持民营经济健康发展的若干意见》。

二〇一九年

1月1日 《江西省实施河长制湖长制条例》施行。

1月3日 江西省17名运动员入选国家体育总局冬季运动管理中心冬季项目集训队,填补了江西省开展冰雪项目的空白。

同日 2018国家级教学成果奖获奖项目公布,江西省获一等奖2项、二等奖24项。

1月5日 省委办公厅、省政府办公厅发出通知,成立省委书记、省长任双组长的省生态环境保护委员会,并成立绿色发展等10个专委会。

1月8日 2018年度国家科学技术奖励大会在北京召开,江西省2个项目获国家技术发明奖二等奖,2个项目获国家科学技术进步奖二等奖。

同日 江西省首届数字经济大会在上饶召开。

同日 省生态环境保护委员会第一次会议召开。会议审议并原则通过《江西省生态环境保护委员会工作规则》《江西省生态环境保护约谈办法》等制度文件和《江西省污染防治攻坚战八大标志性战役总体工作方案》以及专项行动实施方案。

同日 瑶湖机场获得由中国民用航空华东地区管理局颁发的通用机场使用许可证,成为江西省首个4D级A类通用机场。

1月10日 2019年全国文化科技卫生“三下乡”江西分会场集中示范活动在大余举行。国家广播电视总局支持江西省广播电视事业发展物资、项目、资金共计 7567 万元。

1 月 14 日 省十三届人大常委会第十次会议举行，审议通过《关于全面纵深推进扫黑除恶专项斗争的决定》。

同日 中国文化遗产大会——文化遗产保护与利用学术论坛活动在乐平举行。会上，乐平被命名为“中国古戏台之乡”。

1 月 17 日 中国、俄罗斯、蒙古 3 个国家的 6 个机构在南昌签订《白鹤研究与保护合作备忘录》，就白鹤在越冬地、繁殖地、度夏地的繁殖、生存状况、保护方面进行长效合作。

1 月 20 日 台湾民主自治同盟江西省委员会成立暨第一次盟员大会在南昌召开。

1 月 22 日 广吉高速通车。广吉高速公路是交通运输部第一批绿色公路建设典型示范工程项目，也是江西唯一一个绿色公路建设典型示范工程项目。

1 月 28 日 省生态环境厅、省财政厅、省发改委、省水利厅联合印发《江西省建立省内流域上下游横向生态保护补偿机制实施方案》。

1 月 31 日 省政府办公厅印发《江西省在赣江流域开展按流域设置生态环境监管和行政执法机构试点实施方案》，标志着江西在全国率先试点开展按流域设置环境监管和执法机构。

1 月 经省国资委同意并报省人社厅备案，江西铜业集团公司被批准列为工资总额负面清单管理试点企业。这是江西省第一家开展工资总额负面清单管理试点的企业。

2 月 2 日 省人社厅、省财政厅印发《江西省就业补助资金职业培训补贴管理办法》。

2 月 4 日 2019 年央视春晚江西吉安井冈山分会场演出精彩呈现。这是央视春晚首次在江西设分会场。

2 月 15 日 省政府印发《2019 年民生实事工程安排方案》，决定

2019 年筹集财政性资金约 1800 亿元集中办好 51 件实事。

2 月 19 日　省委脱贫攻坚专项巡视整改领导小组第一次会议召开。会议审议并原则通过《江西省关于中央脱贫攻坚专项巡视反馈意见整改工作方案》。

同日　省委农村工作领导小组第一次会议暨省实施乡村振兴战略工作领导小组第一次会议、省社会主义新农村建设暨农村人居环境整治工作领导小组会议在南昌召开。

2 月 20 日　中国地质学会公布 2018 年度“十大地质找矿成果”，江西省横峰县松树岗矿区探明超大型钽铌稀有多金属矿床、新余市石竹山—上高县樟木桥探明世界最大硅灰石矿 2 个项目入选。

2 月 22 日　赣江新区建设领导小组、大南昌都市圈发展协调推进领导小组、VR 产业发展领导小组会议召开。

同日　江西省 2018 年度独角兽、瞪羚企业榜单发布会在南昌举行。经第三方机构评审，孚能科技（赣州）有限公司被认定为江西首家独角兽企业。

2 月 25 日　全省退役军人事务工作会议在南昌召开。这是江西省退役军人事务机构组建以来召开的第一次全省性工作会议。

2 月 26 日　南昌大学第一附属医院与中国电信江西分公司举行智慧医院 5G 联合实验室挂牌活动，标志着全省首个智慧医院 5G 联合实验室成立。同月，江西省首个医疗行业 5G 基站落户南昌大学第一附属医院。

同日　江西省发布《江西省 5G 发展规划（2019—2023 年）》。

同日　首届中国纺织服装企业传媒大会暨于都产业转移升级对接会在于都召开。

2 月 28 日　初教 -6 飞机 TC/PC（型号合格证/生产许可证）在南昌颁发，标志着初教 -6 飞机成为中国首个军转民飞机型号，正式获准进入国内民用航空市场。

3月1日　江西省与中国科学院在北京举行科技合作工作座谈会，签署省院共同推进建设中药大科学装置、共建中科院庐山植物园有关协议。

3月5日　中共中央政治局常委、全国人大常委会委员长栗战书参加十三届全国人大二次会议江西代表团的审议。

3月12日　江西省2019年首趟光伏中欧班列（上饶站至哈萨克斯坦阿拉木图）开行。

3月17日　在第十五届世界夏季特殊奥林匹克运动会举重比赛中，江西选手获6金6银。

3月18日　省政府办公厅印发《关于支持大南昌都市圈发展的若干政策措施》。

3月19日　由白俄罗斯驶抵南昌和由南昌发往白俄罗斯的两列中国国际进口博览会“江西号”班列开行，标志着江西省首条“点对点”中欧双向班列正式开通。

3月21日　省政府印发《关于深入推进“放管服”改革全面优化政务服务若干措施的通知》。

3月22日　省委、省政府印发《关于完善全省国有金融资本管理的实施意见》。

3月25日　在射击世界杯墨西哥站女子飞碟双向比赛中，江西省射击运动管理中心运动员张冬莲获季军，并获得2020年东京奥运会的参赛席位。

3月26日　省委办公厅、省政府办公厅印发《江西省革命文物保护利用工程（2018—2022年）实施方案》。

3月27日　省发改委、省交通运输厅联合印发《江西省高速公路网规划修编（2018—2035年）》，规划新增18条高速公路，提出到2035

年全省高速公路总里程 8273 千米、省际高速通道出口 39 个，构筑“10 纵 10 横 21 联”路网格局。

3 月 28 日 江西武功山经营管理体制改革《委托经营协议》集中签约，标志着江西武功山统一经营管理的序幕正式拉开。

3 月 29 日 省委印发《关于力戒形式主义为基层减负的三十条措施》。

3 月 31 日 国内产能最大、中国石化首套烷基化装置，在九江石化一次开车成功，生产出合格的烷基化油产品。

3 月 31 日—4 月 3 日 中共中央政治局常委、中央纪委书记赵乐际在江西调研。

4 月 2 日 第六届健美操世界杯和第九届国际健美操公开赛在葡萄牙结束，江西师范大学健美操队 12 名运动员及江西师范大学附中 3 名中学生运动员获 1 金 1 银 4 铜。

4 月 12 日 “中国工业遗产保护名录（第二批）”在北京发布，江西省共有 4 处工业遗产入选。

4 月 13 日 中国军民融合技术交易中心启动仪式在北京举行。全国首家中国军民融合技术交易中心落地南昌市青云谱区洪都航空集团老厂区。

4 月 19 日 省政府印发《新时代江西省非公有制经济五年发展规划（2019—2023 年）》。

4 月 24 日 省政府办公厅印发《降低社会保险费率综合实施方案》，规定自 2019 年 5 月 1 日起全省城镇职工基本养老保险单位缴费比例降至 16%，确保企业特别是小微企业社保缴费负担有实质性下降。

4 月 26 日 中国商飞江西生产试飞中心在南昌航空城奠基。

4 月 28 日 省政府批复同意会昌县、寻乌县、安远县、上犹县、石城县、南康区、遂川县、余干县、乐安县、莲花县 10 个县（区）脱贫退出。

同日　第23届“中国青年五四奖章”评选结果公布，江西省1人获“中国青年五四奖章”。2019年“全国向上向善好青年”推选活动结果公布，江西省6人入选“全国向上向善好青年”。

4月29日　省农业农村厅、省扶贫办印发《关于进一步发挥农民专业合作社带动作用助推产业扶贫的指导意见》。

同日　省纪委、省监委发布《关于敦促涉黑涉恶党员干部和公职人员限期向组织交代问题的通告》。

4月　人保财险赣江新区分公司与江西省易家河村实业有限公司正式签订柑橘“气象+价格”综合收益保险保单。这是江西省探索保障特色农产品综合收益的第一单，也是中国柑橘综合收入保险创新探索的第一单。

4月　江西省出台首个蔬菜地方标准——《“赣南蔬菜”品牌认定及评价》。

5月9日　2019年江西省文化强省建设推进大会在南昌召开。

5月14日　省委、省政府印发《关于完善赣江新区管理体制的实施方案》。

5月17日　江西与湖南两省在南昌举行湘赣边区域合作示范区建设第一次联席会议，共同构筑省际合作发展新平台。

5月18日—20日　以“高水平开放　高质量发展”为主题的第十一届中国中部投资贸易博览会在南昌举行。中部六省共签约项目406个，签约总金额4835.13亿元，其中江西签约项目198个，签约总金额1704.5亿元。

5月19日　在全国第十届残运会暨第七届特奥会上，江西运动员肖翠娟获55公斤级举重冠军。

5月20日—22日　中共中央总书记、国家主席、中央军委主席习近平在赣州深入企业、农村、革命纪念馆考察调研，在南昌主持召开推动中部地区崛起工作座谈会并发表重要讲话，对加快革命老区高质量发展、推动中部地区崛起等作出重要部署。

5 月 30 日　省政府办公厅印发《江西省优化提升营商环境十大行动方案》。

6 月 2 日　省政府办公厅印发《江西省深化收费公路制度改革取消高速公路省界收费站实施方案》，要求 2019 年底前基本取消全省高速公路省界收费站。

6 月 4 日　第十三届黄埔论坛在南昌举行。

6 月 6 日　2019 年全省旅游产业发展大会在铜鼓举行。中国 · 宜春文旅产业招商推介会在明月山温泉风景名胜区温汤镇举行。推介会上，签约项目 31 个，签约总金额达 193.9 亿元。

6 月 10 日—14 日　2019 年赣深赣港经贸合作交流活动在深、港、澳三地联动举办。

6 月 12 日　以“创新创业、三产融合”为主题的 2019 年赣深现代农业合作发展对接会在深圳举行。对接会现场签约农业重点投资合作项目 22 个，签约总金额 112.13 亿元。

6 月 13 日　省林业局印发《关于进一步加强建档立卡贫困人口生态护林员选聘管理工作的通知》。

同日　2019“可爱中国 · 美丽江西”文化旅游推介会在香港举行。

6 月 17 日　第 53 届巴黎航展在法国巴黎北郊的布尔歇展览中心开幕，航空工业洪都研制的 L15 高级教练机参展。

6 月 19 日　江西省首台第四代达 · 芬奇手术机器人在南昌大学第一附属医院外科手术台做手术。

6 月 21 日　全国重点地区防汛抗旱工作会议在南昌召开。中共中央政治局常委、国务院总理李克强作出重要批示。

6 月 22 日　宜春市被授予“全国富硒农业示范基地”称号，成为全国第二个获此荣誉的设区市。

6月25日—27日 全省“赣服通”设区市分厅集中上线，标志着江西成为继浙江、广东、江苏之后，全国第4个政务服务移动平台接通所有设区市的省份。

6月28日 省政府微信公众号“江西省人民政府发布”上线。这是江西推进“五型”政府建设的又一重要举措。

同日 省重点工程——总投资4.9亿元的昌西南500千伏输变电工程投运。这是2019年江西省投运的首个500千伏输变电工程。

6月30日 省教育厅等7部门联合印发《江西省家庭经济困难学生认定暂行办法》，确保不让一个学生因家庭经济困难而失学。

同日 省发改委、省扶贫办印发《关于做好光伏扶贫工作的指导意见》《关于进一步做好资产收益扶贫工作的通知》。

7月4日 江西省在上海证券交易所发行全国首只高标准农田建设专项债券。

7月4日—8日 在意大利奥龙佐举行的2019年皮划艇（静水）国际公开赛上，江西省水上运动管理中心女子划艇运动员程灵芝、李琪获6项冠军。

7月5日—6日 在意大利那不勒斯举行的第30届世界大学生夏季运动会上，江西省跳水运动员胡子杰获混合3米板和男子双人3米板项目的2枚金牌。

7月6日—8日 在第十一届中国国际商标品牌节暨2019中华品牌商标博览会上，泰和县地理标志商标“泰和乌鸡”获2019中华品牌商标博览会金奖。

7月9日 在加拿大羽毛球公开赛上，江西省球类运动管理中心羽毛球运动员李诗沣获男子单打冠军。

7月16日—17日 安远县三百山风景区发现素有“植物中的龙

凤”之称的国家一级保护濒危植物树种伯乐树和素有“仙树”之称的珍稀植物密花梭罗。

7月17日 省政府办公厅印发《关于深入开展消费扶贫助力打赢脱贫攻坚战的实施意见》。

7月18日 2019江西国际移动物联网博览会在鹰潭举行。会上举行项目签约仪式,现场签约金额逾115亿元。

7月23日 江西省建成运行覆盖省市县生态环境部门和企业的江西省危险废物监管平台。该平台为国家率先完成跨省转移电子联单的危废管理自检系统。

7月28日 江西省养老服务中心(一期)项目建成启用仪式在南昌举行。

7月29日 文旅部公布第一批全国乡村旅游重点村名单,江西12地入选,分别是婺源县江湾镇栗木坑村和赋春镇源头村、大余县黄龙镇大龙村、井冈山市大陇镇大陇村和厦坪镇菖蒲村、新余市仙女湖风景名胜区仰天岗办事处孝头村、靖安县中源乡三坪村、资溪县乌石镇新月村、龙南县临塘乡东坑村、鹰潭市余江区杨溪乡琯溪村、永修县柘林镇易家河村、南昌县黄马乡凤凰村。

7月30日 兴赣高速兴国枢纽互通正式通车,国家高速公路网昌韶高速全线贯通。

7月31日 国务院批复同意撤销上饶县,设立上饶市广信区。

8月1日 第七届世界军人运动会火炬在南昌点燃并启动传递。

8月8日 江铜耶兹铜箔有限公司三期年产1.5万吨电解铜箔改扩建项目开工。

8月8日—18日 第二届全国青年运动会在山西举行,江西体育代表团获44金38银57铜。

8月10日 住建部批复江西省制定的《江西省推进钢结构装配式

住宅建设试点工作方案》。南昌市、九江市、赣州市、抚州市、宜春市、新余市为首批确定试点城市。

8月13日 高安市筠阳街道青湖村花生种植基地“昌花18号”亩产431.7千克,“昌花10号”亩产373.8千克,均刷新江西省花生单产最高纪录。

8月14日 江西移动携手华为在南昌正式发售国内首款5G商用手机——华为Mate 20X(5G),现场诞生江西省首批移动5G商用手机用户。

8月19日 国务院新闻办公室在北京举行庆祝新中国成立70周年江西专场新闻发布会。

同日 中宣部第十五届精神文明建设“五个一工程”奖颁布,江西主导创作的电视连续剧《可爱的中国》入选“特别奖”,电影《信仰者》入选“优秀作品奖”。

8月20日 省扶贫办等4部门印发《关于规范扶贫车间建设促进农村贫困劳动力就业的通知》。

8月25日 在匈牙利塞格德举行的2019年静水皮划艇世锦赛上,江西省水上运动管理中心女子划艇运动员徐诗晓与国家队队友孙梦雅合作,获女子双人划艇500米项目冠军。

同日 第十四届世界龙舟锦标赛在泰国芭堤雅罗勇府落幕,江西金湖管理处虎山龙舟队获短距离项目200米、500米直道竞速赛冠军和中长距离项目2000米绕标赛亚军,其中在200米项目中以39.251秒打破世锦赛200米世界纪录。

8月25日—9月1日 全国第十届残运会暨第七届特奥会在天津举行。江西代表团在全国第十届残运会上获17金21银21铜;在第七届特奥会上获49金21银9铜。其中李启正、钟会敏分别在男子智力组铅球和女子视力F11级标枪项目上打破由他们自己保持的全国纪录。

8月26日 全省工业强省推进大会在南昌召开。会议强调,全省上下要加快推动工业高质量跨越式发展,矢志不渝重塑"江西制造"辉煌。

同日 国家发改委等5部门联合发布《关于进一步推进产业转型升级示范区建设的通知》,萍乡被纳入第二批国家产业转型升级示范区名单。

8月28日 经国务院同意,国家发改委、文旅部印发《景德镇国家陶瓷文化传承创新试验区实施方案》。

同日 第45届世界技能大赛在俄罗斯喀山闭幕。江西省电气装置项目选手肖星星和水处理技术项目选手曾璐锋获金牌,飞机维修项目选手叶钟盛获银牌,实现江西在世界技能大赛上金牌"零"的突破。

8月29日 国务院批复同意南昌、新余、景德镇、鹰潭、抚州、吉安、赣州高新技术产业开发区建设国家自主创新示范区。

9月1日 2019中国企业500强揭晓,江铜集团等8家赣企上榜。

9月2日 省委常委会召开会议,审议通过《江西高铁经济带发展规划(2019—2025年)》。

9月3日 江西省与阿里巴巴集团在南昌签署系列深化合作协议。阿里巴巴(江西)有限公司同时揭牌。

同日 省扶贫办等11部门印发《关于进一步做好易地扶贫搬迁后续扶持工作建立健全长效机制确保搬迁贫困户稳定脱贫的实施意见》。

9月3日—10日 国务院扶贫开发领导小组巡查组对江西脱贫攻坚工作开展巡查。

9月5日—6日 2019中国航空产业大会在景德镇举行。

9月7日 全国消费扶贫现场观摩暨培训班在江西省赣州市安远县举办。

同日 国务院扶贫开发领导小组组织由中组部牵头的巡查组对宜春市万载县脱贫攻坚工作进行巡查。

9月12日 省政府印发《江西高铁经济带发展规划(2019—2025年)》。

9月16日 全省稳定生猪生产保障市场供应调度会召开。会议指出,要全力抓好生猪增产保供工作,为全国稳定生猪生产、保障市场供应作出“江西贡献”。

9月19日 省政府印发《关于进一步降低企业成本30条政策措施》。

9月20日 全国脱贫攻坚奖评选表彰工作办公室发布《2019年全国脱贫攻坚奖获奖先进个人和先进单位公告》,江西省廖竹生获全国脱贫攻坚奖奋进奖,吴应谱、樊贞子夫妇获全国脱贫攻坚奖贡献奖,李维正获全国脱贫攻坚奖奉献奖,赣州市石城县获全国脱贫攻坚奖组织创新奖。

同日 国家重点工程、国家“西电东送”能源战略主要组成部分、江西首个落地特高压项目——雅中—江西±800千伏特高压直流输电工程(江西段)开工建设。至2020年12月26日,江西段320千米全线贯通。

同日 景德镇等10个城市被国际旅游联合会授予“最美中国文化旅游城市”称号。

9月23日 生态环境部首批“最美水站”推选结果公布,江西省7个水站入选,分别是上饶市铅山水站、宜春市港口水站、南昌市塔城水站、吉安市禾水河口水站、景德镇市鲇鱼山水站、赣州市赣县梅林水站、新余市湖心岛水站。

9月25日 国家发改委等6部委联合印发《国家产教融合建设试点实施方案》,江西省成为首批试点建设省份之一。

同日 甘祖昌、龚全珍夫妇和支月英、毛秉华、李泉新、邱娥国、梅汝璬荣获全国“最美奋斗者”称号。

9月28日 江西省首家民营银行江西裕民银行成立暨首笔贷款授信仪式在南昌举行。

同日 世界最长重载铁路浩吉铁路（内蒙古浩勒报吉至江西吉安）开通运营。

9月30日 省政府发布《关于2018年度江西省科学技术奖励的决定》，授予自然科学奖45项、技术发明奖14项、科技进步奖91项。

同日 省委、省政府印发《关于建立健全城乡融合发展体制机制和政策体系的实施意见》。

9月 国家发改委发布《关于加快推进战略性新兴产业集群建设有关工作的通知》，同意将“鹰潭市下一代信息网络产业集群”和“赣州市新型功能材料产业集群”纳入国家战略性新兴产业集群发展工程。

9月 农业农村部公布第九批全国一村一品示范村镇名单，江西省共有19个村镇上榜。

10月7日 国务院核定公布第八批全国重点文物保护单位，江西省共有35处入选。至此，全省共有全国重点文物保护单位160处，居全国第14位。

10月12日 省政府办公厅印发《江西省县域义务教育发展基本均衡巩固提升计划》。

10月12日—13日 由省扶贫办、省直机关工委、省发改委、省财政厅、省商务厅、省农业农村厅、省供销合作社等单位主办的江西省扶贫产品展示对接会在南昌举行。

10月15日 以“在加快革命老区高质量发展上作示范、在推动中部地区崛起上勇争先”为主题的2019江西智库峰会在南昌举办。

10月16日—18日 第50届全国药材药品交易会在樟树举行。

10月18日 2019中国景德镇国际陶瓷博览会开幕。

同日 “赣服通”县级分厅暨2.0版正式上线运行。

同日 江西省与中国科学院共建中国科学院稀土研究院战略合作协议签约暨中国科学院庐山植物园揭牌。

10月19日 2019红色旅游博览会在瑞金开幕。

同日 省委办公厅、省政府办公厅印发《深化庐山管理体制改革实施方案》。

10月19日—21日 以“VR让世界更精彩——VR+5G开启感知新时代”为主题的2019世界VR产业大会在南昌举办。

10月19日—11月底 2019年汤显祖戏剧节暨国际戏剧交流月活动在抚州举行。

10月21日 省扶贫办、省发改委印发《关于进一步做好易地扶贫搬迁有关工作的通知》。

同日 国家减灾委、应急管理部针对江西省近期严重旱情，紧急启动国家Ⅳ级救灾应急响应。

10月24日 江西省与中国农业发展银行签署农业政策性金融支持乡村振兴战略合作协议。

10月26日 全国首个省级能源公共服务平台“赣能通”发布。

11月2日—3日 2019南昌飞行大会在瑶湖机场举行。

11月5日—6日 全国生态循环农业发展经验推介会在新余召开。

11月6日 国务院批复同意调整南昌市部分行政区划，撤销南昌市湾里区，将其行政区域并入新建区；设立南昌市红谷滩区，将东湖区沙井街道、卫东街道和新建区生米镇划归红谷滩区管辖。

同日 国家版权局正式下文，批复同意景德镇市创建全国版权示范城市。

11月9日 共青城市苏家垱乡“一季中粳”千亩示范片测出平均

亩产 1022.2 千克,江西省一季中稻单产创新高。

11 月 12 日 文旅部办公厅发布《关于公布国家级非物质文化遗产代表性项目保护单位名单的通知》,江西省有 70 个非遗保护单位入选,覆盖项目类别包括民间文学、传统音乐、传统舞蹈、传统戏剧、曲艺、传统体育游艺与杂技、传统美术、传统技艺、传统医药、民俗共计 10 项,解缙故事、赣剧、兴国山歌、弋阳腔、万载得胜鼓、黎川舞白狮等非遗项目上榜。

11 月 13 日 省政府印发《关于支持赣西转型升级推动高质量跨越式发展的若干意见》。

11 月 14 日—15 日 中共中央政治局常委、国务院总理李克强在南昌主持召开部分省份经济形势和保障基本民生座谈会,并考察南昌、景德镇。

11 月 15 日 省政府与中国中医科学院签署共建中国中医科学院江西分院合作仪式在南昌举行。

同日 国家发改委印发《生态综合补偿试点方案》,江西被确定为 10 个国家生态综合补偿试点省份之一。

11 月 15 日—18 日 第十七届中国国际农产品交易会在南昌绿地国际博览中心举行。

11 月 16 日—17 日 生态环境部公布第三批"绿水青山就是金山银山"实践创新基地、第三批国家生态文明建设示范市县名单,江西井冈山市、崇义县入选"两山"基地,景德镇市等 5 个市县入选国家生态文明建设示范市县。

11 月 19 日 全球智慧城市大会中国赛区颁奖典礼在西班牙巴塞罗那举行,鹰潭荣获全球智慧城市中国区产业数字化转型奖、全球智慧城市数字化转型奖。

11 月 22 日 省委、省政府印发《关于建立全省国土空间规划体系并监督实施的意见》。

同日 由工信部、科技部、财政部、国家国防科工局、全国工商联等部门与江西省政府共同举办的2019年中国先进技术转化应用大赛在南昌举行颁奖仪式，江西省获1金1银4铜。

同日 2019年中国科学院院士增选当选院士名单公布，南昌大学材料科学与工程学院教授江风益当选中国科学院院士。

11月26日 南昌市对接"粤港澳"大湾区（广州）推介会在广州举行。

同日 由省科技厅、宜春市人民政府承办的第八届中国创新创业大赛新能源及节能环保行业总决赛开幕式在宜春举行。

11月27日 省政府办公厅印发《江西南城"建昌帮"中医药振兴发展实施方案》。

11月29日 江西首个单机容量最大风电场——华能打鼓寨风电场建成投产。

11月 萍乡市农业科学研究所选育并转化给种业公司开发的两优106、徽两优106、徽两优8061三个籼型两系杂交水稻新品种，顺利通过第四届国家农作物品种审定委员会第四次主任委员会会议审定。

12月5日 省委印发《中共江西省委贯彻落实〈中共中央关于坚持和完善中国特色社会主义制度、推进国家治理体系和治理能力现代化若干重大问题的决定〉的实施意见》。

12月6日—10日 2019鄱阳湖国际观鸟周活动在江西举行。

12月10日 峡江水利枢纽工程被授予中国建设工程鲁班奖。这是江西首个获此殊荣的水利工程。

12月12日 吉安市青原区文陂镇渼陂村、万安县高陂镇田北画村入选2019年中国美丽休闲乡村。

12月14日 南昌西汉海昏侯墓考古项目入选"世界重大田野考

古发现”。

同日 全国革命文物保护利用优秀案例宣传推介活动终评会在北京举行。江西省博物馆申报的“百件革命文物说江西”入选全国革命文物保护利用十佳案例,于都县博物馆申报的“于都县红军标语保护与利用”宣传推广项目入选全国革命文物保护利用优秀案例。

12月15日 国网江西省电力有限公司赣州西(虔州)500千伏变电站及配套线路顺利送电,标志着江西省首座500千伏电压等级最大投资电网基建项目赣州西(虔州)500千伏输变电工程正式投运。

12月16日 信丰县78岁退休干部袁守根获“全国离退休干部先进个人”称号,被誉为“赣南脐橙第一人”。

12月18日 2019世界跆拳道大满贯冠军系列赛暨2020奥运会资格赛在无锡太湖国际博览中心开赛。次日,中国小将周俐君(江西宜丰人)获得女子57公斤以下级冠军,为中国夺得首金。

12月19日 国家发改委等18部门印发《关于开展国家城乡融合发展试验区工作的通知》,鹰潭入围全国首批11个国家城乡融合发展试验区。

同日 省委办公厅、省政府办公厅印发《关于深化科技体制改革加快高质量发展的实施意见》。

12月23日 中央第十一巡视组与脱贫攻坚成效省际交叉考核工作组同步进驻,对江西开展脱贫攻坚专项巡视“回头看”。

12月24日 国务院批复同意在赣州设立跨境电子商务综合试验区。

同日 南昌昌北国际机场三期扩建暨昌九客专建设动员大会在南昌举行。

12月26日 昌赣高铁正式通车运营,宣告井冈山革命老区、赣南等原中央苏区迈入高铁时代。

12 月 30 日　省政府印发《关于表彰 2019 年度全省脱贫攻坚奖获得者的决定》。2019 年度全省脱贫攻坚奖共设奋进奖、贡献奖、作为奖、奉献奖、组织创新奖 5 个奖项，每个奖项表彰 10 名（个）对象，共 50 名（个）。丁建新等 40 名同志和寻乌县等 10 个集体获 2019 年度“全省脱贫攻坚奖”。

同日　省卫健委向省委、省政府上报《关于武汉市“不明原因肺炎”和我省防控应对准备情况的报告》。

12 月 31 日　省委、省政府印发《关于深化全省食品安全改革发展推进食品安全治理体系和治理能力现代化的实施意见》。

同日　第二轮《江西省志》分志第一次验收会在南昌召开，40 余名专家和相关工作人员参会。会议对《烟草志》《组织志》《信访志》《社会治安综合治理志》四部分志核查验收，标志着第二轮《江西省志》验收工作启动。

二〇二〇年

1月1日 列入长江流域重点水域的江西省水生生物保护区和长江干流江西段、鄱阳湖区域全面禁止天然渔业资源生产性捕捞，比国家规定时间提前1年。全省水生生物保护区实行长期禁捕，长江干流江西段和鄱阳湖禁捕期暂定10年。

1月2日 省委深改委第八次会议召开。会议审议并原则通过《省直有关部门贯彻落实省委十四届十次全会〈实施意见〉重要举措分工方案》《江西省鼓励引导人才向基层一线和贫困地区流动工作推进方案》《江西省构建市场导向的绿色技术创新体系的实施方案》《江西省关于改革和完善疫苗管理体制的实施意见》《江西省关于加强和改进乡村治理的实施意见》《江西省关于推进省直党政机关和事业单位经营性国有资产集中统一监管的实施方案》《江西省关于加强知识产权审判领域改革创新的实施意见》。

1月7日 省政府新闻办、省工信厅举行发布会，宣布2019年江西航空产业总收入1020亿元，增长18.16%。

1月8日 首届方志敏文学奖颁奖典礼在南昌举行。诗歌《中国，一个老兵的故事》、散文《方志敏最后的七个月》、小说《汀泗桥》等12部作品获首届方志敏文学奖。

1月10日 中国科学院稀土研究院在赣州挂牌成立。

同日 2019年度国家科学技术奖励大会在北京人民大会堂举行，江西省“L15高级教练机（AJT）研制项目”荣获国家科学技术进步一等奖。

1月11日 江西省大数据协会成立暨第一次全体会员大会在南昌举行,成为江西省首个数字经济领域行业协会。

1月13日 由省文旅厅主办的“云游江西”江西智慧旅游平台上线发布。

1月14日—17日 省政府办公厅印发《关于促进稀土产业高质量发展的实施意见》。

1月15日 江西省与中国卫星导航系统委员会在南昌举行国家(江西)北斗卫星导航综合应用示范项目启动会暨北斗相关项目签约仪式。

1月22日 江西启动联防联控工作机制,成立由党委、政府主要领导担任指挥长的新型冠状病毒感染的肺炎疫情防控应急指挥部。

1月23日 省政府办公厅印发《全省“项目建设提速年”活动方案》。

1月24日 江西省启动重大突发公共卫生事件一级响应。

1月26日 省卫健委在全省范围内抽调医务人员成立江西省援鄂医疗队,队员由三级综合医院和承担传染病救治任务的传染病专科医院医务人员组成。

1月27日 江西首批驰援湖北的医疗队138名队员由南昌启程赴鄂。疫情期间,江西共派出1271名队员支援湖北(支援随州407人),其中疾控防疫队员26名。4月7日,江西最后一批支援湖北防疫队凯旋,标志着江西省援鄂医疗防疫任务完成。

1月28日 省委组织部、省扶贫办印发《关于做好省派单位驻村干部和驻村工作队考核的指导意见》。

同日 江西省首家新型冠状病毒感染的肺炎在线免费教授义诊平台上线,群众可以通过“赣服通”赣州分厅在线联系赣南医学院第一附属医院专家团队,进行免费问诊和咨询。

1 月 29 日 省政府办公厅印发《关于延迟省内企业复工的通知》,要求全省区域内各类企业不早于 2020 年 2 月 9 日 24 时前复工。

同日 省委组织部印发《关于在坚决打赢疫情防控阻击战中充分发挥各级党组织和广大党员战斗堡垒和先锋模范作用的通知》。

1 月 30 日 由日本江西总商会捐赠的 1.2 万个医用口罩到达江西。这是江西省收到的首批抗击新型冠状病毒感染的肺炎疫情海外捐赠物资。

1 月 31 日 省政府办公厅发布《关于做好稳定粮食生产工作的通知》。

2 月 1 日 省扶贫办发布《关于做好新型冠状病毒感染肺炎疫情防控和脱贫攻坚有关工作的通知》。

2 月 2 日 省新型冠状病毒感染的肺炎疫情防控应急指挥部办公室发布《关于加强对近期返岗人员疫情防控工作的通知》。

2 月 4 日 省政府印发《关于有效应对疫情稳定经济增长 20 条政策措施》。

2 月 7 日 省委、省政府印发《关于有效应对新型冠状病毒感染的肺炎疫情坚决打赢脱贫攻坚战的意见》。

同日 省政府印发《2020 年民生实事工程安排方案》,提出 2020 年筹集财政性资金约 2000 亿元,集中办好涉及群众切身利益的 51 件实事。

2 月 9 日 省高等院校毕业生就业工作办公室印发《关于做好 2020 年普通高校"建档立卡"贫困家庭毕业生就业工作的通知》。

2 月 10 日 省政府主要领导主持召开省委应对新型冠状病毒感染的肺炎疫情工作领导小组会议,专题研究江西省对口支援湖北省随州市新冠肺炎防治工作。

同日 省十三届人大常委会第十八次会议举行。会议审议表决通过《江西省人民代表大会常务委员会关于依法全力做好新型冠状病毒肺炎疫情防控工作的决定》。

同日 江西省首例确诊的危重型新冠肺炎患者在南昌大学第一附属医院象湖院区治愈出院。

2月14日 省委常委会召开会议，审议并原则通过《关于贯彻〈景德镇国家陶瓷文化传承创新试验区实施方案〉的意见》《关于促进中小企业健康发展的实施意见》。

2月16日 省新冠肺炎疫情防控应急指挥部发布《关于进一步落实"科学防控、精准施策"要求，做好疫情防控和复工复产有关事项的公告》。

2月17日 南昌市克服新冠肺炎疫情影响，恢复赣欧班列常态化运行。

2月18日 赣州国际陆港2020年首趟中欧(亚)班列发车，标志着新冠肺炎疫情防控期间赣州中欧(亚)班列全面恢复常态化开行。

2月19日 省发改委等8部门联合发布《关于推进重大项目建设若干政策措施的通知》，提出15项应对疫情、落实全省"项目建设提速年"活动部署的政策措施。

同日 江西支援湖北的首批血液从南昌启程。该批血液全部为红细胞，总计21.62万毫升，由江西省血液中心及11个设区市中心血站紧急招募采集，江西省血液中心负责统一送往湖北省。

2月24日 江西省出台《江西重点水域退捕渔民养老保障指导意见》。

2月26日 省教育厅下发关于全省各级各类学校继续开展线上教学的通知，明确3月1日后继续开展线上教学，学生不到校。

同日 省扶贫办、省委网信办等10部门印发《江西省消费扶贫行动实施方案》。

2月27日 省委、省政府印发《关于贯彻〈景德镇国家陶瓷文化传承创新试验区实施方案〉的意见》。

2月28日 国务院应对新冠肺炎疫情联防联控机制工作指导组反馈意见会在南昌召开。

同日 省政府办公厅印发《关于加快发展流通促进商业消费的实施意见》,推出20条稳定消费预期、提振消费信心的政策措施。

同日 省扶贫办、省财政厅印发《关于积极应对新冠肺炎疫情影响加强财政专项扶贫资金项目管理工作的通知》。

2月29日 赣南医学院第一附属医院曾祥泰博士研究团队联合江西憶源多媒体科技有限公司徐林楠研究团队、北京万泰中联科技以及多家大型医院共同攻关,研发出国内首套非接触式可视化新冠肺炎院内智能筛查诊断及防控系统并投入试运行。

同日 国台办、国家发改委、工信部、商务部联合发文,正式批复江西省以“一区三园”模式设立“海峡两岸产业合作区”。

3月3日 省政府出台《关于以“两好”推进日常性新冠肺炎疫情防控工作的实施意见》。

同日 江西省首单疫情防控公司债“上饶市数字和金融产业投资集团有限公司2020年非公开发行公司债券(第一期)(疫情防控债)”发行。

3月10日 中国民用航空华东地区管理局向北京通用航空江西直升机有限公司颁发了JH-2直升机轻型运动直升机型号合格证,填补了国产轻型运动直升机的空白。

3月11日 江西省赣农投资发展集团有限公司揭牌,标志着江西省“三农”领域省级投资发展平台正式成立。

3月16日 江西省首个“不打烊政务大厅”——赣服通全天候智

能服务中心在景德镇启用，标志着江西省“智慧政务”建设有新突破，实现政务服务从8小时向“全天候”、从“窗口办”向“自助办”、从“分散办”向“集中办”的跨越。

同日 江西省在全省范围推行健康码——“赣通码”。

3月21日 省新冠肺炎疫情防控应急指挥部办公室印发《〈江西省全面恢复正常生产生活秩序工作指引〉的通知》。

同日 省政府办公厅印发《纵深推进“放管服”改革全面优化政务服务助力经济社会发展的若干措施》，从全力服务企业复工复产等5个方面提出20条具体措施。

3月26日 全省正式施行《江西省禁止非法交易和食用野生动物办法》。

3月30日 江西省首个港口资源整合项目——九江矶山公用码头在彭泽县开工建设。

3月31日 省新冠肺炎疫情防控应急指挥部印发《关于切实做好疫情防控期间学生“点对点”闭环管理工作的通知》。

4月1日 《江西省退役军人服务保障设施建设标准》施行。

4月6日 国务院批复同意设立江西内陆开放型经济试验区。

4月8日 新余市市场监管行政审批服务窗口颁发江西首张“一照含证”营业执照，标志着江西推行“一照含证”改革取得实质性突破。

4月13日 省政府印发《江西省数字经济发展三年行动计划(2020—2022年)》，把数字经济发展作为加快全省新动能培育的“一号工程”，实施数字技术创新等八大行动。

同日 省委常委会召开会议，审议并原则通过《江西省政法领域全面深化改革实施方案》。

4月16日 全省数字经济创新发展大会召开，会议提出到2022年，江西数字经济增加值达到1.5万亿元以上，占全省生产总值的45%。

4 月 17 日 由江西省派遣中国赴乌兹别克斯坦联合工作组从南昌启程，赴乌兹别克斯坦协助开展疫情防控工作。

4 月 26 日 省政府新闻办公室召开新闻发布会，宣布于都县、兴国县、宁都县、赣县区、鄱阳县、修水县、都昌县 7 个贫困县（区）脱贫退出，这是江西省第四批次贫困县脱贫退出。至此，全省 25 个贫困县全部脱贫退出，江西省区域性整体贫困问题得到基本解决。

4 月 28 日 江西省与国务院国资委以“屏对屏”形式，举行贯彻落实赣南等原中央苏区振兴战略暨央地合作视频会，会议进行有关合作项目的现场签约和线上签约，76 个央企入赣项目落地，“云签约”引资 1200.76 亿元。

同日 第 24 届“中国青年五四奖章”评选结果揭晓，中国铁路南昌局集团有限公司南昌疾病预防控制所消杀科科长杨波获“中国青年五四奖章”，南昌大学“稻渔工程”团队获“中国青年五四奖章集体”，萍乡市芦溪县银河镇长竹村卫生计生服务室医生陈祥田、莲花县湖上乡中心卫生院医生熊波被追授“中国青年五四奖章”。

同日 省政府办公厅印发《关于实施产业链链长制的工作方案》。

4 月 29 日 省高级人民法院、省人民检察院、省公安厅、省司法厅和省妇联联合发布江西省首届“依法维护妇女儿童权益十大案例”。

5 月 5 日 国务院办公厅发布《关于对 2019 年落实有关重大政策措施真抓实干成效明显地方予以督查激励的通报》，江西省高标准农田建设获督查激励通报。

5 月 5 日—12 日 江西省在 2019 年脱贫攻坚成效考核中被认定为完成年度计划、减贫成效显著、综合评价好。12 日，财政部、国务院扶贫办对江西等 14 个省份各奖励 3 亿元。

5 月 9 日 省政府召开全省“2 + 6 + N”产业高质量跨越式发展推

进暨实施产业链链长制工作部署视频会。

5月11日 省委常委会召开会议，审议通过《关于打击防范黑恶犯罪推动长效常治的指导意见》。

同日 2020届高校毕业生网络智能化就业专项招聘活动开启。这是江西省社会组织首次面向高校毕业生开展专项招聘。

5月12日 省政府印发《关于全面推行城乡供水一体化的指导意见》。

5月13日 首趟“深赣欧”班列从深圳盐田港发出，运抵赣州国际港二次转关后，开往德国杜伊斯堡。

5月14日 第四十六次省政府常务会议审议通过《关于做好“六稳”工作落实“六保”任务的实施意见》《关于促进乡村产业振兴的实施意见》。

同日 省委、省政府印发《关于优化营商环境支持民营企业改革发展的实施意见》。

5月15日 省卫健委、省医保局、省扶贫办印发《关于建立监测预警机制强化攻坚举措决战决胜健康扶贫的通知》。

5月16日 中国（赣州）跨境电子商务综合试验区首单跨境电商1210（“跨境电商保税备货模式”）业务开通暨首趟跨境电商班列开行。

5月18日 省扶贫办、省财政厅、省供销合作社印发《关于做细做实运用政府采购政策支持脱贫攻坚有关事宜的通知》。

5月19日 江西省文化馆在江西艺术中心（原美术馆）举行新馆开馆暨揭牌仪式。

5月20日 由位于江西景德镇的航空工业直升机所研制的AR500C高原型无人直升机在鄱阳无人机基地实现首飞，该型机的成功研制填补了中国高原型无人直升机领域的空白。

5月22日 中共中央政治局常委、全国人大常委会委员长栗战书

"两会"期间来到江西代表团,同代表们一起审议政府工作报告。

5月23日 上饶爱驰汽车生产的500辆智能电动汽车起运发往法国。这是2020年以来江西最大规模新能源汽车的出口订单。

5月30日 第二届全国创新争先奖表彰奖励大会在北京举行。寻乌中学黄才发获第二届全国创新争先奖章并享受省部级表彰奖励获得者待遇,中国直升机设计研究所邓景辉、江西中医药大学陈日新、南昌航空大学罗胜联、江西农业大学黄路生获第二届全国创新争先奖状。

6月2日 南昌—洛杉矶全货机定班航线的首班飞机起飞,标志着江西首条美洲货运定班航线正式开通。

同日 国家林业和草原局、民政部、国家卫生健康委员会、国家中医药管理局公布第一批国家森林康养基地名单,江西省有三县三项目入选,分别是婺源县、大余县、资溪县,萍乡市麓林湖养生公馆、新光山庄、南昌市茶园山生态实验林场森林康养基地。

6月4日 省政府印发《关于支持赣州打造对接融入粤港澳大湾区桥头堡的若干政策措施》《关于支持鄱阳湖国家自主创新示范区建设的若干政策措施》。

同日 文旅部正式批复同意设立景德镇陶瓷文化生态保护实验区。至此,全国23处国家级文化生态保护区中,江西省有3处,分别为徽州文化生态保护实验区、客家文化(赣南)生态保护实验区以及此次获批的景德镇陶瓷文化生态保护实验区。

6月9日 国家知识产权局公布2020年地理标志运用促进工程项目名单,江西吉安市"狗牯脑茶"入选地理标志运用促进工程项目。

6月17日 由江西省组织推荐的"基于人工智能技术的互联网康复技术研究""5G通信网络光模块开发"等50个项目获得"科技助力经济2020"重点专项立项,50家科技型中小微企业共获得3000万元的重点专项经费支持。

6 月 18 日—20 日 省扶贫办与新疆阿克陶县签订帮扶协议，助力阿克陶县 29 个挂牌督战村如期打赢脱贫攻坚战。

6 月 19 日 中央依法治国办公示第一批全国法治政府建设示范地区和项目名单，玉山县入围第一批全国法治政府建设示范市（县、区）。

6 月 23 日 国家禁毒委员会召开全国禁毒工作先进集体和先进个人表彰会，江西省 2 个集体、3 名个人受到表彰。

同日 省港口集团争取欧洲投资银行商业直贷首笔资金 4.86 亿元，用于信江八字嘴航电枢纽项目建设的 19.86 亿元商业直贷项目落地。这是江西省首笔外国银行商业直贷贷款，是欧洲投资银行投放给中国境内的首笔商业直贷贷款。

6 月 30 日 中国首个区块链服务大厅在江西赣州经济技术开发区区块链金融产业沙盒园正式运行。

同日 中宣部、财政部、文旅部、国家文物局公布第二批革命文物保护利用片区分县名单，江西共有 16 个县（市、区）分别列入长征片区（红一方面军）、皖中片区、湘鄂赣片区、鄂豫皖片区 4 个片区。

7 月 3 日 江西与阿里巴巴集团、蚂蚁集团在南昌举行深化战略合作第三轮重大事项集中签约仪式。

7 月 8 日 省委组织部印发《关于在防汛抗洪抢险救灾中充分发挥基层党组织战斗堡垒作用和党员先锋模范作用的通知》。

同日 江西省成为全国首个实现所有设区市主城区 5G 网络连续覆盖的省份。

7 月 10 日 省扶贫办印发《关于及时防范化解因洪涝地质灾害等返贫致贫风险的通知》。

同日 江西银保监局、省财政厅、人行南昌中心支行、省扶贫办 4 部门印发《关于转发进一步完善扶贫小额信贷有关政策的通知》。

7 月上中旬 江西遭遇集中大暴雨袭击，鄱阳湖流域发生超历史大洪水，鄱阳湖星子站水位一度涨至22.63米，超历史最高0.11米。洪涝灾害共造成903.7万人受灾，直接经济损失344.3亿元。江西转移安置群众71.5万人。

7月14日 江西公布第五批10处省级历史文化街区名单，此前已公布第一批18处、第二批14处、第三批18处、第四批15处。至此，全省共有75处省级历史文化街区。

同日 第21届中国专利奖揭晓，江西普正制药股份有限公司的"一种红花逍遥片的制备方法"等12项专利获中国专利优秀奖，江铃汽车股份有限公司的"汽车(352)"项目获中国外观设计优秀奖。

7月16日 《江西日报》报道，江西省重大疫情救治基地建设获国家发改委批准，落户南昌大学第一附属医院象湖院区。全省首个P3实验室亦将建于该基地。

同日 江西试水公务员聘任制。赣州市作为江西省首个试点地区正式启动该项工作，面向社会公开招聘6名聘任制公务员。

7月17日 孚能科技(赣州)股份有限公司在上海证券交易所发行上市，成为江西首家科创板上市企业，实现江西企业科创板发行上市"零"的突破。

7月28日 中共江西省委十四届十一次全体(扩大)会议在南昌举行。省委、省政府就《江西内陆开放型经济试验区建设实施方案(讨论稿)》《关于切实做好江西重点水域禁捕退捕工作助推长江经济带绿色发展的意见(讨论稿)》起草情况向全会作说明。

8月7日 第十三届中国医药产业发展高峰论坛在南昌举行。

8月11日 《江西日报》报道，省政府、教育部和国家中医药管理局联合发布《关于共建江西中医药大学的意见》，标志着江西中医药大学成为全省第11个省部共建高校。

8月24日 教育部、江西省共建职业教育创新发展高地启动大会在南昌召开。

8月28日 省人社厅、省民政厅、省财政厅、省扶贫办印发《关于进一步做好贫困人员基本养老保险应保尽保工作的通知》。

同日 江西首个“两山银行”在中国人民银行资溪县支行挂牌成立。

8月31日 中宣部授予九江市消防救援支队“时代楷模”称号。

同日 省政府办公厅印发《关于进一步优化营商环境更好服务市场主体政策措施》。

9月1日 江西高安市老虎山抗日英烈陵园入选第三批国家级抗战纪念设施、遗址名录。

9月2日 省工信厅打造的智慧工信“一网通办”云平台上线启用,在全省率先实现政务服务与政务办公系统全面贯通融合。

9月3日 省扶贫开发领导小组印发《关于建立健全就业扶贫长效机制促进贫困户稳定脱贫的指导意见》。

同日 省养老服务体系建设发展领导小组第一次会议在南昌召开。会议审议并原则通过《江西省养老服务体系建设发展领导小组议事规则》《江西省养老服务体系建设发展领导小组成员单位职责任务分工》等文件。

9月7日 鹰潭高新区发布全国首个铜箔行业5G+工业互联网智慧工厂应用成果。

9月8日 全国抗击新冠肺炎疫情表彰大会在北京人民大会堂举行,南昌大学第一附属医院院长、主任医师张伟等35人,江西省援鄂医疗队等10个集体分别获中共中央、国务院、中央军委表彰的全国抗击新冠肺炎疫情先进个人和先进集体。

同日 人民银行联合国家发改委、工信部、财政部、农业农村部、银保监会和证监会等部门向江西省政府印发《江西省赣州市、吉安市普惠金融改革试验区总体方案》。

9月9日 省扶贫开发领导小组印发《关于建立健全就业扶贫长效机制促进贫困户稳定脱贫的指导意见》《江西省消费扶贫行动推进方案》。

9月12日 “江西加强党的建设 引领新时代公立医院改革发展”获2019年度“推进医改,服务百姓健康”十大新举措。江西是全国唯一连续11年获评十大医改新举措(新闻人物)的省份。

9月16日 省委、省政府印发《关于新时代加快完善社会主义市场经济体制的实施意见》。

9月17日 省政府印发《海峡两岸产业合作区(江西)建设总体方案》。

9月18日 《江西省低空空域管理改革试点拓展实施方案》通过国家评审。

同日 2020年泛珠三角区域合作行政首长联席会议在三亚召开,泛珠区域“9+2”各方行政首长出席会议。会议审议通过《2020年泛珠三角区域合作行政首长联席会议纪要》,明确年度7个方面25项重点工作。

9月21日 2020中国航空产业大会在景德镇举行。

9月22日 2020“中国农民丰收节”江西活动在赣州市于都县潭头村梓山富硒蔬菜产业园启动。

9月24日—25日 第十七届赣台经贸文化合作交流大会在吉安举办。大会以“开放合作·融合发展”为主题,共签约赣台经贸合作重点项目63个,合同金额39.63亿美元。

9月25日 省住建厅与国家开发银行江西省分行签署战略合作协议,国家开发银行未来5年将提供300亿元信贷资金,支持全省老旧小区改造。

同日 中国财政科学研究院南昌创新基地暨南昌政府和社会资本合作(PPP)创新中心揭牌。

9月25日—26日 2020江西智库峰会暨国家级大院大所产业技术进江西活动在南昌举行。峰会以"'十四五'科技创新与中部崛起"为主题,中国工程院、中国科学院、国际欧亚科学院等国家级大院大所230多名高层次人才参会。

9月26日 南昌昌北国际机场货邮吞吐量达到12.3万吨,超过2019年全年货邮吞吐总量的12.25万吨,同比增长58.5%,增速位列国内千万级机场第一位。

9月28日 中央电视台、江西省委宣传部、浙江省委宣传部、福建省委宣传部等共同出品的重大革命历史题材电视剧《可爱的中国》荣获飞天奖优秀电视剧奖。

同日 中国企业联合会、中国企业家协会发布2020中国企业500强榜单,江西省的江西铜业集团有限公司、江铃汽车集团有限公司、正邦集团有限公司、双胞胎(集团)股份有限公司、新余钢铁集团有限公司、晶科能源有限公司、江西省建工集团有限责任公司、南昌市政公用投资控股有限责任公司8家企业上榜。

9月28日—29日 2020中国国际区块链技术与应用大会在南昌召开。

9月29日 最高人民法院、江西省委在南昌举行追授胡国运同志荣誉称号表彰大会。会议宣读了人社部、最高人民法院关于追授胡国运同志"全国模范法官"称号的决定,江西省委关于追授胡国运同志"全省优秀共产党员"称号的决定。

同日 抗击新冠肺炎疫情全国三八红旗手(集体)表彰云发布活动在北京举行,江西省人民医院副院长霍亚南、南昌大学第二附属医院重症医学科副主任医师许建宁等18名同志获评抗击新冠肺炎疫情全国三八红旗手，南昌大学第一附属医院护理部等4个集体获评抗击新冠肺炎疫情全国三八红旗集体。

同日 由教育部主办的“网上重走长征路”暨推动“四史”学习教育全国启动仪式在于都举行。

9月30日 省委、省政府向全省发布《江西消费扶贫行动倡议书》。

9月 中国人民银行等7部委联合印发《江西省赣州市、吉安市普惠金融改革试验区总体方案》，开启赣州市、吉安市普惠金融改革试验区建设。

10月10日 中国科学院赣江创新研究院在赣州揭牌成立。

同日 九江市武宁县、赣州市寻乌县、吉安市安福县、宜春市铜鼓县、抚州市宜黄县获评第四批“国家生态文明建设示范市县”称号，景德镇市浮梁县被命名为第四批“绿水青山就是金山银山”实践创新基地。

同日 “井冈山市茅坪镇神山村：多项扶贫措施相辅相成让山区变成景区”“婺源篁岭：共享经济领航与复兴‘篁岭晒秋’”“大余丫山：旅游扶贫‘三级受益’”入选“世界旅游联盟旅游减贫案例100”。

10月12日 由上饶作家程建平、史俊担任编剧的红色题材电影《幸福山歌》获2020年世界民族电影节“最佳编剧提名奖”。

10月14日 江联重工集团股份有限公司“运用基于数字赋能的五化两驱管理模式提升数字化质量管理水平的经验”被认定为“2020年全国质量标杆”。

10月15日 省委组织部、省委宣传部、省扶贫办联合开展江西“最美扶贫干部”学习宣传活动，发布53名“最美扶贫干部”名单。

10月17日 2020年全国脱贫攻坚奖表彰大会暨先进事迹报告会在北京举行，江西铭鸿达生态农业开发有限公司董事长黄小勇获全国脱贫攻坚奖奋进奖,奉新县澡下镇白洋教学点教师支月英获全国脱贫攻坚奖贡献奖,信丰县老科协顾问袁守根获全国脱贫攻坚奖奉献奖,修水县马坳镇黄溪村党支部书记徐万年获全国脱贫攻坚奖创新奖,赣州市扶贫办获全国脱贫攻坚奖组织创新奖。

10月18日—22日 2020中国景德镇国际陶瓷博览会在景德镇举行。景德镇市签约项目26个,签约投资总金额167.3亿元。

10月19日 2020世界VR产业大会云峰会在南昌开幕。

10月20日 由省内42家大型国有和民营企业共同发起的“江西省对外投资合作企业协会”在南昌成立。

10月23日 中央文明办、国家卫健委联合主办的“中国好医生、中国好护士”抗疫特别人物发布名单,江西中医药大学附属医院重症医学科护士长余知依,南昌大学第二附属医院副院长、主任医师徐建军,抚州市第一人民医院副主任医师李乐,丰城市人民医院护士聂庆入选。

10月24日 由中国美术家协会、新余市委市政府、省文联举办的“聚焦脱贫攻坚·走向小康生活——2020‘江山如此多娇·新余傅抱石’全国中国画作品展”暨全国美术家“聚焦脱贫攻坚”写生创作万里行作品展在北京中国政协文史馆开展,展出作品230余幅。

10月27日 省肿瘤医院创建的江西省首个“国家卫健委鼻咽癌个体化诊疗重点实验室”通过验收。

同日 九江市彭泽县九江红光国际港开港。

10月30日—11月1日 2020南昌飞行大会在南昌瑶湖机场举行,C919国产大飞机首次在航展上进行动态展示。

10月 省妇幼保健院在世界上首次发现妊娠期肝内胆汁淤积症(胆淤)的新致病基因ANO8。

11月1日 江西省启动第七次全国人口普查。

11月5日 江西首家创业板注册制上市企业江西日月明测控科技

股份有限公司在深圳证券交易所创业板上市。

11 月 6 日—8 日 首届江西林业产业博览会在南昌举办。

11 月 8 日 2020 江西民营企业 100 强峰会在南昌举行,会上发布了 2020 江西民营企业 100 强、江西民营企业制造业 100 强、江西民营企业服务业 20 强榜单以及《2020 江西上规模民营企业调研分析报告》等。

11 月 10 日 萍乡市、景德镇市和宜丰县、玉山县、芦溪县、大余县入选第六届全国文明城市。

11 月 13 日—16 日 第二届江西"生态鄱阳湖 · 绿色农产品"博览会在南昌举行。博览会签约 29 个重点农业项目、签约金额 274. 56 亿元,现场零售额 927. 68 万元,签约销售额 9313 万元。

11 月 17 日 省住建厅印发《江西省洪涝灾害灾后城乡住房恢复重建实施方案》。

11 月 25 日 江西省就业创业服务中心成立。

11 月 26 日—27 日 中国共产党江西省第十四届委员会第十二次全体(扩大)会议在南昌召开。会议审议通过了《中共江西省委关于制定全省国民经济和社会发展第十四个五年规划和二〇三五年远景目标的建议》《中国共产党江西省第十四届委员会第十二次全体(扩大)会议决议》。

11 月 江西武夷山国家级自然保护区发现柳杉叶马尾杉、西藏瓶蕨、灰背铁线蕨、骨牌蕨、异鳞鳞毛蕨、锯蕨、车桑子、大花腋花黄芩、岩藿香、高野山龙头草、九龙山凤仙花 11 种江西省植物新记录种。

12 月 1 日 赣南苏区高质量发展院士专家战略咨询委员会成立大会在赣州举行,33 名中国工程院院士受聘为咨询委员会委员。

12 月 3 日 赣深工作会谈在深圳举行,共同推动以粤港澳大湾区建设为引领,进一步深化两地交流合作,积极融入构建新发展格局。

同日 省政府办公厅印发《关于全面推进城镇老旧小区改造工作的实施意见》，明确提出，到“十四五”末，全省基本完成2000年底前建成的需改造老旧小区改造任务。

12月4日 崇仁县礼陂镇法律服务所所长、普法办主任、人民调解委员会主任黄寿孙被司法部、全国普法办公室评为“年度法治人物”，省高级人民法院原二级高级法官胡国运被评为“年度致敬英雄”。

同日 江西省对接粤港澳大湾区投资合作推介会在深圳举行，现场签约项目156个。

12月4日—5日 2020首届全国县级融媒体中心舆论引导能力建设年会在分宜县举行。

12月4日—7日 第十二届中国国际商标品牌节在南昌举行。

12月8日 江西省与保加利亚索非亚大区正式缔结友好省区关系。

12月10日 由中科院半导体研究所牵头，鸿利智汇等多家单位联合完成的高光效长寿命半导体照明关键技术与产业化项目，落户赣江新区临空组团，实现全球最大规模的LED芯片技术产业化与核心器件国产化。

12月10日—13日 江西代表团熊岑辉获第一届全国技能大赛飞机维修项目金牌。

12月11日 以“新时代、新格局、新合作、新发展”为主题的长江中游城市群省会城市第八届会商会在南昌举行，武汉、长沙、合肥、南昌四省会城市签署《长江中游城市群建设2021年合作重点事项》《长江中游城市群省会城市与观察员城市2021年合作重点事项》。

12月14日 《江西日报》报道，交通运输部印发《关于江西省开展赣州革命老区交通运输高质量发展等交通强国建设试点工作的意见》。

12月15日 江西省高层次人才产业园开园。

同日 江西省首条燃料乙醇生产线江西雨帆生物能源有限公司年产10万吨燃料乙醇生产线建成投产。

同日 江西省首个船舶LNG(液化天然气)加注工程——九江港湖口港区船舶LNG加注工程开工。

12月17日 工信部公布第四批国家工业遗产名单,江西省洪都机械厂旧址、江西星火化工厂、瑞昌铜岭铜矿遗址、景德镇国营建国瓷厂4个项目入选。

12月18日 江西省与北京大学在北京市签署战略合作协议。

12月18日—21日 第十三届中国绿色食品博览会在南昌绿地国际博览中心举行。绿博会以"绿色新动能、创新促发展"为主题,2000余商家参展,首次设立特色扶贫专题展区。

12月21日 省文旅厅向社会公布江西省第一批革命文物名录,包括不可移动革命文物1321处、国有可移动革命文物9759件套11737件。

同日 中国博物馆协会发布了第四批全国博物馆定级评估结果,江西省的八大山人纪念馆、九江市博物馆、庐山博物馆、赣州市博物馆、景德镇中国陶瓷博物馆、萍乡博物馆被评为国家一级博物馆。

12月25日 景德镇陶溪川文创街区入选国家级文化产业示范园区。

12月29日 生态环境部、住建部公布第四批环保设施和城市污水垃圾处理设施向公众开放单位名单,江西所有设区市实现环保设施和城市污水垃圾处理设施向公众开放全覆盖。

12月30日 江西省抗击新冠肺炎疫情表彰大会在南昌召开。会上宣读了省委、省政府《关于表彰江西省抗击新冠肺炎疫情先进个人和先进集体的决定》,807名先进个人、300个先进集体获得表彰。

同日 铜万高速公路宜丰联络线建成通车,标志着江西"十三五"

时期高速公路建设圆满收官。

12 月 31 日　江西省重点水域“十年禁渔”全面启动仪式在九江举行。

同日　九江市庐山西海景区正式跻身国家 5A 级旅游景区行列，成为江西省第 13 个国家 5A 级旅游景区。

12 月　高安市上湖乡大卢村发现一旧石器时代旷野遗址，出土有坐标记录的石制品 6302 件。

二〇二一年

1 月 1 日 《寻梦滕王阁》大型实景演出当晚在南昌滕王阁景区对外公演。

1 月 5 日 《江西日报》报道，全省地表水断面水质优良比例为95%，同比上升 1.3 个百分点，无劣Ⅴ类水质断面；国考断面水质优良比例为 96%，高于国家考核目标 10.7 个百分点。森林覆盖率稳定在63.1%，列全国第二位，率先实现国家森林城市、国家园林城市设区市全覆盖。

1 月 8 日 南昌市人社局向首批 49 位农民颁发新型职业农民职称证书，其中 10 位农民取得中级职称，39 位农民取得初级职称。这是江西省首次开展新型职业农民职称评定。

1 月 10 日 《江西日报》报道，工信部发布 2020 年度国家中小企业公共服务示范平台名单，江西省共有 3 个平台入选，分别为科睿特软件集团股份有限公司、江西金轩企业咨询集团有限公司、江西省油茶产品质量监督检验中心（赣州市产品质量监督检验所），有效期为 2021 年1 月 1 日至 2023 年 12 月 31 日。

1 月 18 日 赣江新区经贸国际商事调解中心正式挂牌，标志着赣江新区在全国率先探索建立“商事调解 + 仲裁 + 法律服务”的一站式国际商事争端解决机制，为建设江西内陆开放型经济试验区注入强大动能。

2 月 1 日 《江西省南昌汉代海昏侯国遗址保护办法》施行。

同日 省委常委会召开会议，审议并原则通过《关于全面推进乡村振兴加快农业农村现代化的实施意见》《关于实现巩固拓展脱贫攻坚成果同乡村振兴有效衔接的实施意见》。

2月8日 江西省确定并公布35个省级非物质文化遗产保护基地,其中生产性保护示范基地14个、研究基地3个、传承基地4个、传播基地14个。

2月18日 “美的家电”中远海运中欧班列专列,由南昌向塘国际陆港驶向俄罗斯莫斯科。这是江西开行中欧班列以来首次为家电企业开行的出口专列,班列货价约148万美元。

2月25日 成艳红等10人获评2020年度全国三八红旗手,南昌大学食物过敏创新团队等6个集体获评2020年度全国三八红旗集体。

同日 全国脱贫攻坚总结表彰大会在北京人民大会堂举行。江西省瑞金市叶坪乡获“全国脱贫攻坚楷模”称号,鲍峰庭等54名先进个人和赣州市扶贫办公室等40个先进集体受到表彰。

3月1日 省委召开全省党史学习教育动员会。

同日 江西财经大学经济学等10个专业入选国家级一流本科专业建设点,6个专业入选江西省一流本科专业建设点。

3月4日 由南昌穗仓科技有限公司申报的江西省第一票保税电商(即“1210”)出口海外仓业务落地。

3月8日 省民政厅、省文明办联合印发《关于开展婚丧领域移风易俗示范点建设的通知》,南昌市青云谱区、浮梁县、共青城市、萍乡市湘东区、新余市渝水区、全南县、丰城市、高安市、鄱阳县、吉安市吉州区、贵溪市、金溪县12个县(市、区)为全省试点单位。

3月9日 全省第一批政法队伍教育整顿驻点指导组动员培训会在南昌召开。动员培训会后,12个驻点指导组分赴各地,对11个设区市和省属监狱、戒毒所开展驻点督导。

3月11日 第四次赣京经济合作交流座谈会在北京举行。

同日　农业农村部与江西省政府在北京举行工作座谈会，并签订共建江西绿色有机农产品基地试点省合作框架协议。

3月12日　2021年省工业强省建设工作领导小组第一次会议召开。会议审议了《江西省制造业产业链提升行动计划（2021—2023年）》《2021世界VR产业大会云峰会总体方案》等。

3月17日　国家广电总局确定全国31档电视节目为建党百年重点节目，江西卫视《闪亮的坐标》《闪耀东方》入选。

同日　道路货物运输驾驶员考试制度改革后，江西省发出新规后首张普货驾驶员从业资格证。

3月22日　省部共建轨道交通基础设施性能监测与保障国家重点实验室在华东交通大学揭牌成立，标志着华东交大实现国家重点实验室"零"的突破，江西省国家重点实验室数量增至6家。

3月28日　江西省首家及唯一一家帕金森病一站式诊疗专病中心暨中国帕金森病诊疗培训基地启动及揭牌仪式在南昌举行，专病中心落户南昌大学第二附属医院。

3月29日　全国扫黑除恶专项斗争总结表彰大会在北京举行。江西成为全国受表彰数最多的省份之一。江西省扫黑除恶专项斗争领导小组及扫黑办获全国先进单位一等奖，九江市扫黑除恶专项斗争领导小组、九江市纪委监委、抚州市委组织部、鹰潭市委宣传部、赣州市章贡区人民法院、宜春市人民检察院第二检察部、鄱阳县公安局、宜黄县陈辉民案专案组等获全国扫黑除恶专项斗争先进集体荣誉称号；16名个人获全国扫黑除恶专项斗争先进工作者荣誉称号，12名表现突出的厅局级干部获嘉奖。

4月2日　北京大学南昌创新研究院在南昌正式揭牌。北京大学南昌创新研究院由南昌市人民政府与北京大学合作共建，落户于省高层次人才产业园，其定位为高水平新型研发机构。

4月7日 中央第四生态环境保护督察组进驻江西,开展为期1个月的生态环境保护督察。

同日 省政府与中兴通讯股份有限公司在南昌签署战略合作协议。双方将在5G网络、数字产业、数字政府、智慧城市等领域深化合作,形成全面战略合作伙伴关系,加快培育新经济新动能,促进江西数字经济高质量发展。

同日 “双区联动”跨境电商班列从赣州国际陆港驶出,标志着赣(州)深(圳)组合港正式开通运营。“赣深组合港”由南昌海关、深圳海关联合推出,为全国首创的“跨省、跨直属关区、跨陆海港”的组合港通关新模式。

4月8日 江西省与中国工程院在南昌举行科技座谈会。会上,双方签署《全面战略合作协议》《共建中国工程科技发展战略江西研究院合作协议》,并举行揭牌仪式。

4月12日—13日 江西省党政代表团在上海、安徽学习考察。江西省党政代表团考察中国商飞上海飞机制造公司、拼多多、商汤科技公司、上药信谊药厂公司、江淮蔚来先进制造基地、荃银高科种业股份公司、科大讯飞股份公司等企业。

4月13日 2021中国商飞—江西大飞机产业培育会、中国商飞全球供应商大会—江西省航空产业推介会在南昌举行。

4月15日 第六十五次省政府常务会议召开。会议审议并原则通过《关于减税减费减租减息减支32条政策措施》。

同日 在中国·石城温泉产业发展高层论坛上,石城县被授予“中国温泉之城”称号。

4月16日 省政府召开全省商贸消费升级工作推进会,部署推动全力打好促进商贸消费升级三年行动收官战。

同日 江西省公布首批全省化工园区名单,江西安义工业园区化工集中区、九江石化产业园等26家化工园区（化工集中区）入选。

4月17日—18日 第十一届全国大学生数学竞赛决赛在武汉大学举行，江西机电职业技术学院学生官协获得非数学专业组别一等奖。

4月19日 2021年全国先进女职工集体和个人表彰大会在北京人民大会堂举行，江西省10个集体获“全国五一巾帼标兵岗”荣誉称号，10人获“全国五一巾帼标兵”荣誉称号，其中1人获“全国五一巾帼奖章”。

4月20日 省委深改委第十五次会议召开。会议审议并原则通过《全省各地各部门主要负责同志抓改革情况专项督察报告》《江西省贯彻落实〈深化新时代教育评价改革总体方案〉有关举措》《江西省人民代表大会常务委员会关于加强国有资产管理情况监督的决定》。

同日 江西、湖南、湖北、安徽四省六地市法院在九江签订《长江中下游环资司法协作框架合作协议》。

4月21日 首届江西医学科技奖颁奖会在南昌举行。

4月24日 江西省数字经济学会成立暨第一届第一次全体会员大会在南昌举行。

4月25日 共青团中央公布全国五四红旗团委（团支部）、全国优秀共青团员、全国优秀共青团干部表彰名单。江西省南昌市政公用投资控股（集团）有限责任公司团委等6个团组织获“全国五四红旗团委”称号；国网江西省电力有限公司赣州供电分公司赣州智源电力勘测设计有限公司团支部等10个基层团组织获“全国五四红旗团支部（团总支）”称号；江西省女子监狱民警彭琳瑜、南昌大学马克思主义学院2018级马克思主义中国化研究专业硕士研究生梅博晗等16人获“全国优秀共青团员”称号；江西省水利厅直属机关团委书记吴瑶、江西省南昌市公安局团委书记谢志平等7人获“全国优秀共青团干部”称号。

同日 首届全国文化创意产品推介展在北京开幕。江西省博物馆“锦上添花”首饰、书签夹套装2个系列，景德镇中国陶瓷博物馆“景德双绝”系列，新余夏布绣博物馆“寓见美好　小有仙气”夏布绣背包系列等13件文创产品入选本届推介展。

4月26日　省对口支援新疆工作领导小组会议召开。会议审议并原则通过《江西省“十四五”对口支援新疆克州阿克陶县经济社会发展规划》等文件。

4月27日　2021年庆祝“五一”国际劳动节暨“建功‘十四五’、奋进新征程”主题劳动和技能竞赛动员大会在北京人民大会堂举行。南昌县莲塘第一中学等10个集体获“全国五一劳动奖状”，葛利伟等29人获“全国五一劳动奖章”，江铃汽车股份有限公司刘辉劳模创新工作室等33个集体获“全国工人先锋号”荣誉称号。

4月28日　中国（赣州）第八届家具产业博览会暨首届国际进口木材贸易博览会在南康家居小镇开幕。

同日　南昌大学第一附属医院在全省率先聘任“公共卫生首席专家”。这是江西省提出建立公共卫生首席专家制度以来的首个“首席”。南昌大学第一附属医院通过院内遴选、院长办公会研究、党委会确定，聘任江西省新冠肺炎疫情防控应急指挥部高级别专家组成员向天新博士为“公共卫生首席专家”。

4月29日　省委常委会召开会议，审议并原则通过《“我为群众办实事”实践活动工作实施方案》。

同日　第六十六次省政府常务会议召开。会议审议并原则通过《江西省设立镇（街道）标准》《江西省省级储备粮管理办法》。

4月30日　第二届全球饶商大会在上饶召开。会上，为受表彰的“杰出饶商”“创新饶商”“优秀新饶商”“优秀回归饶商”“饶商公益人物”“先进饶商商会工作者”“先进饶商商会”进行颁奖；发布《饶商回归升级倡议书》；进行现场项目签约活动，共签约项目45个，合同金额333.6亿元。

同日 由省农业农村厅、省供销联社、粤港澳大湾区“菜篮子”工作办公室、赣州市人民政府主办的粤港澳大湾区蔬菜产业合作交流大会(赣州)在信丰召开。在现代农业招商推介会暨重大项目签约活动中,赣州市有23个重点农业项目集中签约,签约总金额达168.2亿元。

4月 由东华理工大学申报的“防灾减灾科学与工程”本科专业通过教育部审批,列入《普通高等学校本科专业目录(2021年版)》。这是江西省首个获批开设的“防灾减灾科学与工程”本科专业。

4月 省纪委出台《关于加强新时代全省纪检监察干部队伍建设的意见》。

4月 省委组织部等9部门印发《关于实施“新时代赣鄱乡村好青年”选培计划的意见》,明确提出从2021年起,全省每年将选树培养“乡村好青年”2万名左右,计划用5年时间,全省累计选树培养10万名“乡村好青年”,进一步发挥青年在乡村振兴中的生力军作用。

5月7日 江西展区精彩亮相首届中国国际消费品博览会,江西省精选36家江西品牌和“老字号”企业、140余家采购商组成的江西交易团参与展示、交易。

同日 “情牵红土地”赣湘庆祝中国共产党成立100周年全媒体主题宣传活动在南昌小平小道陈列馆、长沙橘子洲毛泽东青年艺术雕塑广场同步启动。

5月9日 2021年全国射击冠军赛(步枪项目)在南昌湾里射击中心举行。

5月11日 江西出口商品网上交易会(越南、印尼、泰国站——日用陶瓷专场)开幕,标志着江西正式启动出口商品系列线上交易活动。600余家中国江西及越南、印尼、泰国企业线上参加。

5月12日 南昌市第九医院护理部主任、红十字志愿者胡敏华获第48届南丁格尔奖章,成为江西省第三位获此荣誉的红十字志愿者。

5 月 12 日—15 日　全国第十一届残疾人运动会暨第八届特殊奥林匹克运动会举重比赛在北京举行。江西运动员邓雪梅以 160.5 公斤的成绩获女子 86 公斤以上级金牌,打破全国纪录,超世界纪录;肖翠娟以 115 公斤的成绩获女子 55 公斤级金牌。

5 月 13 日　江西省与中国移动集团在南昌签署战略合作协议,并举行中国移动虚拟现实创新中心揭牌仪式。

5 月 14 日　中宣部在北京举行庆祝建党 100 周年江西专题新闻发布会。

5 月 16 日　江西运动员黄鑫获 2021 年全国国际式摔跤锦标赛暨第十四届全国运动会预赛摔跤项目 55 公斤级冠军。

5 月 16 日—23 日　2021 年中国网球巡回赛 CTA800(日照站)在山东日照举行,江西网球队员获得 1 金 1 银。

5 月 18 日　"赣服通"4.0 版正式上线运行,标志着江西省建成全国首个全省统一"区块链 + 企业信用服务"平台,推出全国首个全省性融合评价分"赣通分"。

5 月 25 日　省委农村工作领导小组会议暨省实施乡村振兴战略工作领导小组会议、省农村人居环境整治提升工作领导小组会议召开。会议审议并原则通过《2020 年度实施乡村振兴战略情况报告》《关于成立乡村振兴走前列五个工作专项小组的通知》《关于调整完善土地出让收入使用范围优先支持乡村振兴的实施意见》《关于加快推进乡村人才振兴的若干措施》等文件。

5 月 26 日—28 日　第十二届中国卫星导航年会在南昌绿地国际博览中心召开。

5 月 27 日　由省委宣传部、省直机关工委、省文旅厅、江西日报社(江西报业传媒集团)主办的首期江西省文化大讲堂在省博物馆一楼大报告厅开讲。

5月28日　“百艺庆百年”——江西省非物质文化遗产展在江西省美术馆开幕。

5月29日　首届“新长征杯”全国幼儿足球嘉年华活动在于都县体育中心举行启动仪式。

5月　永丰县蔬菜产业发展中心正式挂牌成立，成为江西省首个县级政府设立的蔬菜产业发展中心。

5月　2021年国际大学生数学建模竞赛成绩揭晓，江西应用技术职业学院获得国际一等奖1项、国际二等奖3项。这是全国高职高专院校在该项赛事上取得的历史最好成绩。

6月2日　万印华等10名科技工作者获评2021年江西省“最美科技工作者”。

6月3日　安义县入选全国水系连通及水美乡村建设试点县。

6月8日　全国乡村振兴（扶贫）系统先进集体、先进个人表彰大会在北京举行。省乡村振兴局考核评估处、南昌市乡村振兴局计划财务科、浮梁县扶贫办公室、贵溪市扶贫办公室、万安县扶贫办公室5个集体被授予“全国乡村振兴（扶贫）系统先进集体”称号，张天乐、曾宪利、林帅婷、何硕、朱耀盛、郭厚生、李华娇、危水发、古小亮9名个人被授予“全国乡村振兴（扶贫）系统先进个人”称号。

6月10日　2021国际产学研用合作会议在南昌开幕。会上，南昌大学、南昌航空大学、江西理工大学及有关企业，与俄罗斯、白俄罗斯、乌克兰、韩国等国家科研机构举行了创新平台揭牌、产学研用项目签约仪式。

同日　江西省18个项目（含6个“非遗”项目和12个“非遗”项目名录扩展项目）入选第五批国家级非物质文化遗产代表性项目名录。

6月11日　第七届中国国际“互联网+”大学生创新创业大赛“青年红色筑梦之旅”活动全国启动仪式在井冈山举行。

6 月 11 日—15 日 第一届中国米粉节在南昌举办。中国米粉节由省商务厅与中国饭店协会共同策划举办,该项活动永久落户江西。

6 月 18 日 中国商飞江西生产试飞中心首批下线的两架 ARJ21 飞机分别交付成都航空和江西航空,标志着江西生产试飞中心自此具备生产试飞交付能力,中国商飞公司开启了异地完工交付新模式。

同日 井冈山至韶山首趟红色专列正式发车。这标志着以全国首条红色旅游铁路为纽带,井冈山和韶山两个红色圣地紧密连在了一起。

同日 湘赣边区域合作示范区建设推进大会在湖南省醴陵市召开。

6 月 20 日 智荟赣鄱——江西省食品·环境与健康协调发展院士专家咨询会在南昌举行。会议邀请中国工程院院士曲久辉、朱蓓薇、徐祖信、李培武、任洪强、陈卫为江西省食品、环境与健康协调发展提供战略咨询。

6 月 21 日 省委、省政府授予邓明等 841 名同志“江西省脱贫攻坚先进个人”称号,授予赣州市纪委市监委机关等 396 个集体“江西省脱贫攻坚先进集体”称号。23 日,省委、省政府召开全省脱贫攻坚总结表彰大会。

同日 雅中—江西 ±800 千伏特高压直流工程竣工投产大会举行。该工程的竣工投产标志着江西正式迈入特高压时代。

6 月 22 日 江西航空研究院在南昌航空科创城揭牌成立。

6 月 25 日 省委授予邹德凤等 200 名共产党员“全省优秀共产党员”称号,授予刘伟平等 99 名党务工作者“全省优秀党务工作者”称号,授予煌上煌集团有限公司党委等 99 个基层党组织“全省先进基层党组织”称号。

6 月 25 日—26 日 由中国国际贸易促进委员会、全国政协人口资源环境委员会、国家林业和草原局、江西省人民政府联合主办的 2021

中国国际生态竞争力峰会在赣州举行。

6月28日 在庆祝中国共产党成立100周年之际,中央在北京表彰了一批全国优秀共产党员、全国优秀党务工作者和全国先进基层党组织以及全国优秀县委书记。江西省共有19名个人和13个基层党组织分别受到表彰:颜龙安、邹德凤、周裔开、姚石玉、陈步上、周淑琴、袁守根、陈训杨、兰念瑛9人被授予“全国优秀共产党员”称号;鲍峰庭、闵嗣生、李国华、葛桂兰、黄娜、霍井路、刘伟平7人被授予“全国优秀党务工作者”称号;瑞金市叶坪乡党委、煌上煌集团有限公司党委、九江市柴桑区特殊教育学校党支部、芦溪县银河镇紫溪村党总支、分宜县融媒体中心党支部、宜春市宜阳新区官园街道宜兴社区党总支、国家税务总局江西省鄱阳县税务局机关党委、吉安市青原区东固畲族乡党委、江西鄱阳湖国家级自然保护区管理局吴城保护管理站党支部、南昌航空大学测试与光电工程学院党委、中国铁路南昌局集团有限公司南昌客运段直达车队党总支、江西省吉安市永新县消防救援大队党委、赣州市扶贫办公室机关党总支13个基层党组织被授予“全国先进基层党组织”称号;遂川县委书记张智萍、横峰县委书记饶清华和南昌县委书记、南昌小蓝经济技术开发区党工委书记熊运浪3人被授予“全国优秀县委书记”称号。

6月 江西省政府与湖北省政府签订《跨省流域上下游突发水污染事件联防联控协议》。至此,江西省已与福建、浙江、广东、湖南、安徽、湖北6省签订相关协议,实现跨省流域上下游突发水污染事件联防联控合作全覆盖。

7月1日 江西省庆祝中国共产党成立100周年大会在井冈山举行。会议要求深入学习习近平总书记在庆祝中国共产党成立100周年大会上的重要讲话精神,弘扬伟大建党精神,昂首迈步新的征程,奋力谱写全面建设社会主义现代化国家江西篇章。

后　记

2021年2月25日，习近平总书记在全国脱贫攻坚总结表彰大会上庄严宣告，中国“完成了消除绝对贫困的艰巨任务，创造了又一个彪炳史册的人间奇迹”。7月1日，在庆祝中国共产党成立100周年大会上，他又庄严宣告，中国“实现了第一个百年奋斗目标，在中华大地上全面建成了小康社会，历史性地解决了绝对贫困问题”。

千年梦想，今朝梦圆。全面建成小康社会，坚定地迈出了实现中华民族伟大复兴中国梦的关键一步，具有伟大历史意义。为多维度、多视角记录和展现这一伟大历程，总结好伟大成就，阐释好其中蕴含的实践经验、理论创新和制度优势，保存好历史档案，在中共中央宣传部领导下，由中宣部新闻局牵头指导，人民出版社统筹协调，各省（区、市）和新疆生产建设兵团党委宣传部负责，各地方人民出版社具体承担，推出“纪录小康工程”大型丛书。

为贯彻落实中央的决策部署，中共江西省委、江西省人民政府高度重视丛书江西卷（5册）的编写工作。省委常委、宣传部部长庄兆林具体指导，常务副部长郭建晖、副部长傅云具体部署，新闻处、出版印刷发行处具体负责，对江西卷（5册）的编写出版工作给予了大力支持和有力指导，对各册内容进行了审定。

《全面建成小康社会江西大事记》是“纪录小康工程”大型丛书江西卷（5册）中的一册，以时间为纲、细分条目，全面、系统、简明地记述江西自新中国成立以来在全面建成小康社会进程中的大事要事，全方位展现江西全面建成小康社会的光辉历程。

江西省社会科学界联合会牵头负责本书的编写工作，江西日报社、省委党史研究室、省乡村振兴局为编写成员单位，省社联学术中心组织省情研究特聘专家具体承担编写任务，并多次协调相关厅局提供材料，保障了本书的顺利出版。省委党史研究室、省地方志研究院对本书编写工作给予了倾力支持，提供了大量的文献资料。省社联党组书记、主席罗勇兵精心布置、靠前指挥，党组成员、副主席刘清荣牵头组织、定期调度，学术中心主任赵华伟多方协调、落实落细。姚婷、黄清喜、肖中华、赵坤、赵金岭、谢建平等编写人员加班加点工作，保障本书能在短时间内形成文稿。白文松、万强、刘善庆、熊军、郑瑞强等专家对书稿提出了宝贵意见。姚婷对全书进行了统稿。江西人民出版社张德意、梁菁、余晖、李月华等承担了本书编辑出版方面的大量工作。本书还借鉴和参考了相关研究成果和资料，在此一并表示诚挚的谢意！

江西始终牢记习近平总书记视察江西的殷殷嘱托，坚持解放思想、开拓进取，最终胜利实现与全国同步全面建成小康社会。充分展示全面建成小康社会的江西成就，科学总结其中蕴含的江西经验，将助推江西“作示范、勇争先”，奋力书写全面建设社会主义现代化江西的精彩华章。70 多年江西小康社会建设史波澜壮阔、时间跨度大，在本书编写过程中，我们虽然查阅了大量资料，精心撰写，几易其稿，但由于时间紧张、水平有限和资料欠缺等，书中难免存在疏漏，敬请读者朋友不吝指正。

本书编写组

2022 年 6 月 9 日